本书获得江苏科技大学马克思主义学院学术著作出版基金资助
江苏科技大学博士启动基金项目

李英姿 著

传统与现代的变奏

——《论语》半月刊及其眼中的民国

齊魯書社

序

20世纪30年代，上海等通商口岸城市已开埠将近一百年，经历了难以置信的发展和繁荣，这是欧风美雨冲击浸润下近代中国发生的显著变化之一，而生活在城市的文人以及市民，又是这些城市的重要风景。《论语》就是这样应运而生，由城市文人创办，又面向新兴城市市民的大众文化刊物。它集结了林语堂、陶亢德、郁达夫、邵洵美、林达祖、李青崖、明耀五等著名的文人学子，发行量大，持续时间长，在当时造成了不小的影响。《论语》的成功，反过来又意味社会的变化——生活在城市的有一定教育水准的市民，他们的数量迅速增加并且还在膨胀，他们需要休闲，文娱休闲，有品位的休闲；意味生活在城市的文人，在政治诉求之外，需要有一个表达他们生活和情趣的媒介。而《论语》杂志本身，更是直接反映了城市化加快、社会迅速变化的时代文人们的思想、情趣、诉求，是民国时代社会和文化的缩影。所以，今天《论语》更成为我们了解那个时代和创办《论语》本身的文人的重要资料。

由于《论语》不直接介入政治，因而以往被单纯注重革命史政治史研究的史学界忽略，只是由于参与《论语》的多为文人，故能得到文学界一定程度的关注，但显然文学的视角代替不了史家的解析。如今这种情况即将改变，李英姿的《传统与现代的变奏——

〈论语〉半月刊及其眼中的民国》即将出版。英姿以史家的宏观视野，女性细腻的笔触，生动而又深入展示了《论语》的政治观、文化观、妇女观，《论语》的幽默文化、《论语》的作者和读者群。上海文人的特质，幽默、诙谐而又不能忘却政治和国家的前途，潇洒、豁达却又背负极深的忧患意识，向往西方民主政治又眷恋中国传统文化，读来跃然纸上。当然，以林语堂为代表的这些兼具中西文化背景，不直接从事政治的文人的思想、理念，他们的生存状态，他们的社会影响，以及他们涉及的报刊杂志——文化阵地，还需要更多更深入的研究，以便我们从更多的角度和侧面了解他们那个时代的历史。

英姿原就读兰州大学，师从王劲先生，2005 年考入首都师范大学，跟随我读博士。英姿天资聪颖，悟性很好，也肯努力。当初为了搜集资料，英姿在经济条件很困难的情况下专门到上海，得到不少珍贵资料，又经过缜密考证，弄清了好几个以前学界不甚清楚的问题。毕业以后，她克服了种种困难，终于将博士论文修改并正式出版，我很高兴。学术的道路还很长，追求真理和新知，需要更多的努力，我们师生共勉吧。是为序。

迟云飞

2012 年 6 月于北京花园村陋室

前 言

《论语》半月刊是1932年创办于上海的大众文化期刊。该刊以宣扬“幽默文化”为特色，自称宗旨为“不谈革命”、“经济独立”和“保持个性”。

该刊是由林语堂、邵洵美、李青崖、全增嘏、沈有乾、林微因、潘光旦、叶公超等文人群体创办，先后由林语堂、陶亢德、郁达夫、邵洵美、林达祖、李青崖、明耀五等七人担任主编。1937年8月13日，“八一三”事变爆发，该刊被迫停刊，所以自然分为前后两个时期。抗日战争胜利后，《论语》半月刊复刊，直至1949年5月16日停刊，历时10年，共发行177期。该刊不仅提出了独具特色的“论语同人戒条”，而且突出幽默文化，彻底改变了传统社会将幽默视为难登大雅之堂的民间搞笑形式的偏见；并将刊物定位为市民通俗刊物，选刊全国各阶层作者的作品，读者主要由城市中的市民阶层组成。该刊不仅稿源众多，内容丰富，而且在封面设计、栏目编排等方面都独具匠心；并依托时代印刷厂，将发行、印制和销售融于一体，大大降低了成本。由于价格低廉，销售量非常大，造成一定的社会影响。

该刊在政治上虽然标榜“不谈革命”，但仍对国民政府的伦理政治、符号仪式政治和官僚政治等展开辛辣的讽刺和批评。但是，这些批评是属于体制内、略带善意的批评，从根本上讲，他们承认国民政府的正统地位；在文化上，主张中西文化交流，既要汲取各国文化的精华，还要保留民族文化的个性，在翻译和传播国外文学的基础上，关注民间风俗习惯，自始至终体现出一种平民的文化性格；在妇女生活上，认为应该适当地回归传统，提倡以贤淑典雅为美，重视贞操，对婚姻与两性关系持严肃谨慎的态度，维持婚姻家庭的和谐稳定，以期恢复中国传统婚姻观和性道德中的积极因素，从而实现对“五四”运动以来所提倡的个性解放和妇女解放的反思，为中国社会的现代化进程提供了较为合理的伦理价值观。

《论语》半月刊是林语堂、邵洵美等文人群体宣扬自己政治观点、文化理念和生活理念的大舞台，充分展现出这一文人群体从传统到现代的嬗变。他们正处于时代和文化的“边缘”地位，林语堂的“两脚踏中西文化，一心评宇宙文章”便是对这一文人群体的边缘人理想的简明表达。他们既处在传统之中，又置身于传统之外；既跨进了现代的门槛，又未完全投身于现代的怀抱，这种尴尬的地位，使得其内心充满着痛苦和挣扎。这种痛苦和挣扎的心态即表现为对任何事物的看法都存在着巨大的矛盾，既标榜“不谈政治”，又不断挑战政府的新闻检查尺度；既要回归传统，又要传播西方文化；既支持妇女解放，又重视贞操；既宣扬自己的崇高理想，又注重实际的经济利益。

《论语》半月刊还是窥探民国社会转型的一扇窗口。由此可见，其一，中国作为一个后发外生型现代化国家，政治的现代化过程正处于一种难以摆脱的两难困境。既要进行现代化的政治改革，又不能丧失政权对政治力量和社会资源的控制力，从而使政权建设处于一种矛盾的状态之中。既要利用传统政治资源加强政府对政治的控制力,又试图最终在中国建立现代民主和法治国家,从而造成民国时期政权建设的悖论,这种悖论始终困扰着国民政府。其二,民国时期人们的生活方式发生现代化变迁。国外文化和生活习惯的大量涌入,与本土的文化和风俗相碰撞,形成富有现代意味的生活场景。中国人生活习惯日趋西化,以城市妇女生活和观念的西化程度最为突出。与此同时,传统的民间风俗习惯依旧存在,可见中国民族文化具有顽强的生命力。其三,近代中国传媒一改以往封建正统文化和精英文化的传统,其发展方向日趋大众化、世俗化和社会化。

《论语》半月刊作为民国时期的大众文化期刊,始终保持着一种小资情调,关注社会现实和普通市民的生活。与读者保持良好的沟通和交流关系,从而使文化传播从特权阶层中解放出来,逐渐走向大众生活。文本创造者身份的普泛化、传播机制的市场化和文化接受的大众化,是近代中国传媒前所未有的变革。

"古今中外"汇融的民国时期孕育了《论语》半月刊,而《论语》半月刊又以十分活泼的"幽默文化"风格参与了民国社会从传统向现代的转型。其"幽默"特色和身处南京国民政府时期的传统文人之心路历程,至今仍令人回味。

目 录

引　论

自1815年英国传教士马礼逊(Robert Morrison)、米怜(William Milne)创办的中文期刊《察世俗每月统记传》(Chinese Monthly Magazine)开始,中经1934年民国时期"杂志年"至今,期刊在中国已经有了近200年的发展历史。历经两个世纪,光阴荏苒,刊物层出不穷。与期刊的发展历史相比,史学界对期刊的研究则相对较少。2000年河南大学出版社出版的《中国期刊发展史》①一书,在论述20世纪20~30年代期刊的时候,更多地关注共产党的期刊编辑活动、进步文学期刊的崛起及时事政治文化期刊的出现,而没有述及当时许多有重大影响的刊物。

虽然近年来出现了大量以报纸为研究文本的论文和专著,但报纸研究毕竟不能代替期刊研究。期刊和报纸相比,虽然有很多相似之处,但也存在明显的区别。"报纸以报告新闻为主,而杂志以揭载评论为主,且材料之选择,报纸是比较一般的,而杂志是比较特殊的。……报纸之论说(article),对于时事表示临时的反映;杂志之论文(essay)则以研究对于时事之科学的解决,且杂志之能

① 宋应离主编:《中国期刊发展史》,开封:河南大学出版社2000年版。

力,乃在问题自身之解决,是尤有卓识也。"①报纸每日出版,迅速、及时而快捷地报道事实和发表言论,但报纸制作时间比较匆忙。期刊在报道新闻事件和发表言论的速度上,不及报纸,但期刊容量大,制作时间从容,对事件和言论的报道可以考虑得更周密和翔实,可以历史地和系统地记录某一事件,同时解释事件发生的背景和动向,论述更为深刻、透彻,可以给读者提供更多的思考余地和更广阔的观察视角。② 杂志"具有相当深厚的解释功能",是"一直把兴趣主要放在我们称为'因果关系'上——解释社会及其各部分,预测发展趋势,并把零碎的事实联系起来,阐明新闻的意义。换言之,杂志是伟大的注释家"③,所以通过对特定时期期刊的研究,可以获取当时社会的政治观念、文化理念、伦理变迁、价值观念、审美观念、文化传统和社会心理等方面的诸多信息;并在此基础上,理解当时的社会、政治及文化的走向。因而,从期刊入手来研究某时期的政治、文化及社会,是一个很好的切入点。

长期以来,中国近代史的撰写深受革命史范式的影响,即围绕着革命这个中心来撰写,与革命无关或不利于革命的事件都被有意无意地淡化甚至是丑化,因此许多历史事件都成为历史学研究的盲点。20 世纪 80 年代以来,随着思想的解放和视野的扩大,人们重新发现丰富、生动而复杂的历史。许多学者认识到历史并非是单线的历史,而是有多个侧面、多个维度发展的历史,因此,一些

① 戈公振:《中国报学史(插图整理本)》,上海:上海古籍出版社 2003 年版,第 6 页。

② 宋应离主编:《中国期刊发展史》,第 2 页。

③ [美]梅尔文·德费勒(M. L. Defleur)、[美]埃弗雷特·丹尼斯(E. D. Dennis):《大众传播通论》,颜建军等译,北京:华夏出版社 1989 年版,第 150 页。

历史问题重新进入学术研究的视野之内。笔者受现代化理论的启示，认为20世纪三四十年代的文化期刊《论语》是民国时期社会和文化的产物，其中蕴藏着民国政治、文化及社会变迁的因子，通过对该刊的研究可以更好地理解民国社会变迁，因此有独立考察的价值。又因为《论语》是民国时期大众文化传媒的成功范例，所以厘清该刊的宗旨、理念、特色和经营方法，可以为当今大众文化传媒业提供借鉴。

一、本论题的研究现状

20世纪30年代的中国文坛，兴起了一股"幽默小品文"的热潮。随着幽默刊物的大量出现，诙谐的文学作品相应而生。鲁迅就曾用"轰的一声，天下无不幽默和小品"[①]来形容这一时期幽默和小品文流行的盛况。究其源头应始于1932年林语堂主编的《论语》的创办。林语堂也因此获得"幽默大师"的称号。朱光潜曾说："在现代中国，一个有势力的文学刊物比一个大学的影响还要更广大，更深长。"[②]而《论语》就是这样"一个有势力的文学刊物"，其对民国时期的文坛和社会产生了不可忽视的影响。之后，林语堂等人又创办了《人间世》、《宇宙风》等刊物，并以此为中心，逐渐形成了一个提倡"幽默小品文"的文学派别——"论语派"。

自从1944年林语堂离开祖国到20世纪80年代末期，在40多年时间里，国内学术界很少有人研究林语堂，即便在《中国现代文

① 鲁迅：《花边文学·一思而行》，见《鲁迅全集》第5卷，北京：人民文学出版社2006年版，第499页。

② 朱光潜：《我与文学及其他·论小品文（一封公开信）——给〈天地人〉编辑徐先生》，见《朱光潜全集》第3卷，合肥：安徽教育出版社1987年版，第429页。

学史》里偶然提及，也被说成一个反面人物。90 年代以后，随着中国社会结构的重大调整，思想文化领域也冲破禁锢，学者们跨出“热衷政治”与“冷淡政治”的二元思维怪圈，开始以理性和多重的眼光重新审视历史。西方学术界开展的“文化研究”、“知识分子研究”以及“现代化”、“市民社会”等等新的理论和观念，给国内学术界带来强烈的震动和刺激，学者们开始尝试利用这些研究问题的新视角、新理论来研究和阐释中国近代思想文化问题，林语堂及其作品就是在这种背景下重新被关注的，其积极方面也开始受到肯定。与此相关，对《论语》的研究也随之兴起。

（一）《论语》半月刊研究

1.《论语》本身的研究

对《论语》的研究始于对其做出公允的评价。《论语》创刊于 1932 年“一·二八”事变之后，在国难当头的时候，该刊公然提倡“不谈革命”、“幽默闲适”，这被许多人认为不适宜于当时抗战和革命的需要，因而遭到以鲁迅为首的左翼文艺作家的严厉批评。这种批评深刻地影响了以后对该问题的研究。新中国建立之后直至改革开放前，几乎无人涉足《论语》的研究。虽然 20 世纪 50 年代中期曹聚仁在香港出版了回忆性的著作《文坛五十年》中，对《论语》给予了公允的评价：“林语堂提倡幽默，《论语》中文字，还是讽刺性质为多。即林氏的半月《论语》，也是批评时事，词句非常尖刻，大不为官僚绅士所容，因此，各地禁止《论语》销售，也和禁售《语丝》相同。”[①]但是因为当时这本著作的印数和发行范围有限，

---

① 曹聚仁：《〈人间世〉与〈太白〉·〈芒种〉》，见《文坛五十年》，上海：东方出版中心 1997 年版，第 271 页。

内地的广大读者很少读悉。

中国内地学术界真正开始客观公正地评价《论语》是从施建伟《试谈前期的〈论语〉半月刊》①一文开始的。作者根据《论语》的创作实践，探讨了1932年9月16日至1934年9、10月间《论语》的思想倾向以及相关问题，指出从主编林语堂的政治态度和主要撰稿人及所刊载文章的内容来看，前期的《论语》有一定的进步作用，不能笼统地把《论语》斥之为"引诱青年逃避现实，起了麻痹人民群众的作用"的毒草；直至1934年9月16日林语堂在《论语》第49期上发表了《四十自叙》之后，该刊才公开走向反动。施文首次提出将《论语》分前后两个时期进行研究，充分肯定其前期的进步作用，使该问题的研究走出了以往全面否定的误区。

此后学术界展开了对《论语》的创刊过程、宗旨、编辑及文体风格等基本问题的探讨。这类文章共有7篇。1988~1990年期间，曾与林语堂携手创办《论语》的章克标老人，在香港《明报月刊》和《读者良友》上分别发表了《林语堂》②、《闲话〈论语〉半月刊》③等文章，后又在《文汇月刊》上发表了《林语堂在上海》④，透露出了50年前自己和林语堂的一些逸事及《论语》的情况。曾经与邵洵美合编过《论语》的林达祖，也写了回忆性的文章，讲述了他与邵洵美合作的过程、《论语》名字的由来及其"造语幽默，亲切好读"、"广交朋友，各抒己见，群言堂"⑤等特色。沈立行在《林语堂与三十年代

① 施建伟：《试谈前期的〈论语〉半月刊》，《天津社会科学》，1983年第4期。
② 章克标：《林语堂》，《明报月刊》（香港），1988年第3期。
③ 章克标：《闲话〈论语〉半月刊》，《读者良友》（香港），1986年第6期。
④ 章克标：《林语堂在上海》，《文汇月刊》，1989年第10期。
⑤ 林达祖：《我与邵洵美合编〈论语〉之回忆》，《新文学史料》，1997年第3期。

的〈论语〉半月刊》[①]一文中，介绍了《论语》的诞生、“论语”二字的由来、杂志封面“论语”二字是谁的手迹、《论语》的“幽默”风格及该刊结局等相关问题。沙望孙在《也谈林语堂和〈论语〉上的一首打油诗》[②]一文中，根据自己的回忆，对《论语》上刊载的一首打油诗的具体历史背景做出了解释。这些回忆性、史料性的文章，勾勒出了《论语》的基本情况，为我们进一步研究提供了第一手的史料。

在此基础上，对《论语》的学术研究进一步向纵深发展，此后又有3篇论文问世。郑建军、韦庆丽的《〈论语〉半月刊的常与变》[③]一文，从办刊缘起、《论语》得名及文章选材等方面，看到《论语》“自由自在、不受拘束的‘论语’特色”，“亦庄亦谐、类型多样的幽默风格”及“灵活多变、风格多样的编辑特色”，从中总结出《论语》“常”与“变”两方面的特点。陈娇娥在《浅析〈论语〉杂志的文体风格》[④]一文中，把《论语》刊载的文章大致分为四类：正宗幽默、纯粹笑话、杂文、政治幽默；并且指出，由于文体的多种多样，造成风格难以简单用“幽默”或“闲适”来概括，因而《论语》丰富的文化遗产还有待进一步挖掘。这两篇文章对《论语》复杂的文体风格进行深入分析，揭示出《论语》的矛盾性和复杂性，充分肯定了《论语》的研究价值。田焱的《〈论语〉杂志研究》[⑤]一文对刊物的整体面貌及运作机制进行了考察，弄清刊物的基本面貌、栏目编排、营销与广告、

---

① 沈立行：《林语堂与三十年代的〈论语〉半月刊》，《纵横》，1999年第7期。

② 沙望孙：《也谈林语堂和〈论语〉上的一首打油诗》，《纵横》，2000年第3期。

③ 郑建军、韦庆丽：《〈论语〉半月刊的常与变》，《山西师大学报》(社会科学版)，2005年第6期。

④ 陈娇娥：《浅析〈论语〉杂志的文体风格》，《美与时代》，2005年第3期。

⑤ 田焱：《〈论语〉杂志研究》，硕士学位论文，上海师范大学中国现当代文学专业，2006年。

编辑理念及作家群体等问题，把握住了刊物的编辑意图，为《论语》的整体研究打下了坚实的基础。

2.《论语》与民国文化

20世纪80年代以后，“文化研究”在国内学术界形成热潮，这为《论语》的研究，提供了新的理论和视角。此时两套“论语派”刊物选萃[①]的出版，为这一问题的研究提供了史料基础，使学者们得以探究“论语派”刊物的内容及风格。从文化的角度来研究《论语》，成为这一时期的研究特征。

其一，从文化本身及文化冲突的角度来研究《论语》。比较有代表性的有谢其章[②]的《历史的哈哈镜——〈论语〉杂志的“专号”》[③]和郭晓鸿的《从〈论语〉鬼故事专号看现代中国的文化冲突》[④]。前者着重对《论语》诸多的“专号”进行详细的介绍，认为“如果说《论语》是20世纪三四十年代文坛的一道独特风景线，那么它的专号就是风景中一个曲径通幽的后园”；后者则通过对《论语》“鬼故事专号”的分析，得出精英文化与俗文化、中国传统文化与西方现代思潮之间的冲突，反映了中国现代市民知识分子心灵

---

① 1997年上海书店出版了《〈论语〉选萃》10卷本，1999年上海古籍出版社又出版了《钓台的春昼——〈论语〉萃编》和《午夜高楼——〈宇宙风〉萃编》。

② 按：谢其章，上海出生，久居北京，是当代一位旧书刊的爱好收藏者。近年来勤于撰述，出版多部关于旧书刊的专著，计有：《漫话老杂志》、《旧书收藏》、《老期刊收藏》、《创刊号风景》、《创刊号剪影》、《封面秀》、《梦影集——我的电影记忆》、《搜书记》、《终刊号丛话》，被誉为谢氏“书影系列”。其中《创刊号风景》中提到《论语》的刊名来源。

③ 谢其章：《历史的哈哈镜——〈论语〉杂志的“专号”》，《中国编辑》，2003年第6期。

④ 郭晓鸿：《从〈论语〉鬼故事专号看现代中国的文化冲突》，《太原师范学院学报》（社会科学版），2004年第3卷第4期。

矛盾的结论。二者都注意到《论语》所体现出的近代多种文化的冲突,并将该刊放入宏大的文化视角中去研究。

其二,援用“市民社会”理论、“大众文化”理论来研究《论语》。比较有代表性的成果有郭晓鸿的《现代市民话语的文化形态——〈论语〉杂志研究》[①]和《〈论语〉杂志的文化身份》[②],以及陈娇娥的《论语:现代中国幽默的发源之地》[③]。《现代市民话语的文化形态——〈论语〉杂志研究》一文以“市民社会”理论为学术切入点,从“市民话语”角度对《论语》所体现出来的“文化形态”做出考察,认为20世纪三四十年代“五四”的启蒙精神依然是新文学的中心;《论语》式的启蒙更具备现代市民社会所要求的世俗性、民间性和现代性,更能反映现代民主社会中知识分子的常态表现。《〈论语〉杂志的文化身份》则鲜明地指出《论语》杂志是一份由中国现代市民知识分子创办的,代表中国现代市民知识分子文化趣味、思想倾向和政治立场的刊物,它表现出的不中不西、不雅不俗却又中又西、又雅又俗的独特风格,与当时上海市民社会的文化形态有着同构的关系,也是中国走向现代化过程中的表现形态。《论语:现代中国幽默的发源之地》一文则认为,《论语》始终以“老百姓立场”自居,因而是一本真正的大众刊物;由于撰稿人基本上是“独立经济收入”的工薪阶层,“使他们有能力与社会主流保持着疏离感”,因而“表现出强烈的公共关怀,体现了一种立场的中间性”。上述几篇文章的作者都敏锐地察觉到了《论语》的市民气息和大众化倾

---

① 郭晓鸿:《现代市民话语的文化形态——〈论语〉杂志研究》,博士学位论文,中国社会科学院现当代文学专业,2001年。

② 郭晓鸿:《〈论语〉杂志的文化身份》,《文学评论》,2002年第2期。

③ 陈娇娥:《论语:现代中国幽默的发源之地》,《厦门文学》,2005年第4期。

向，试图合理地运用“市民社会”理论、“大众文化”理论来解读《论语》，并以一种“同情的理解”的研究态度，重新审视《论语》，力图还原历史事物本来的场景。

3.《论语》与民国文学

还有许多学者从文学的角度来思考《论语》的价值。《论语》除诗歌、散文、小说、小品文之外，还包含大量具有传统特色的对联、联话、笑话、寓言、竹枝词、打油诗及西方漫画等等。刊物始终保持一种幽默的风格，给民国文学带来一股“闲适”、“幽默”的文风。

首先，指出《论语》引入了英国式的幽默。杨义在《中国新文学图志》中论及《论语》时指出：“《论语》试图把英美式的幽默引入中国，这用意无可厚非，其用力不谓不勤，其效果也相当可观。但二十世纪中叶的中国，正值民族危亡之际，不绝于耳的枪炮声没有给英国式的幽默提供多少超越的空间，刀光剑影的政治风云也使自由主义者无法自由选择。”①

其次，将《论语》纳入“海派文学”。许道明在其《插图本中国新文学史》一书中认为，《论语》的幽默文学，“表现了一种惟‘海派’才有的游戏规则，用商业文化来说明颇合适，它的散逸、精巧和实用享乐性，是一种参与和创造兼备的现代娱乐文学”②。俞王毛则认为，以《论语》为代表的林氏刊物发展了海派文学，“注重知识性和趣味性的结合，从学养文化方面另辟一途，获得了独特的审美价值”；该刊的出现使“海派文学从此走上亦庄亦谐、亦俗亦雅的稳

① 杨义主笔，[日]中井政喜、张中良合著：《中国新文学图志》下册，北京：人民文学出版社1997年版，第423页。

② 许道明：《插图本中国新文学史》，上海：上海古籍出版社2005年版，第401页。

健发展之路”①。

再次，提出《论语》是趣味文学的代表。赵海彦在其《中国现代趣味主义文学思潮》一书中认为，林语堂主编《论语》期间，“着力进行了‘幽默’文学和‘闲适’文学的理论建构，企图以此为基础，重建轻松、趣味文学写作与阅读的合法性与合理性”②。

以上这些研究成果不仅指出了《论语》“幽默性”、“趣味性”、“娱乐性”的特点，而且一改现代文学史上对《论语》的偏见，充分肯定其在民国时期文学史上的贡献。

总体上来说，对《论语》的研究大致可分为两个阶段：改革开放至20世纪90年代初期，研究的重点是该刊的性质和评价问题，具有代表性的研究成果是施建伟的《试谈前期的〈论语〉半月刊》；90年代后期至今，主要从“文化角度”思考该刊的价值，充分肯定其在文学史上的贡献，具有代表性的研究成果是郭晓鸿的博士论文《现代市民话语的文化形态——〈论语〉杂志研究》。

（二）关于“论语派”的研究

文学界还从文学流派史的角度，来研究以《论语》、《人间世》、《宇宙风》为活动中心的“论语派”，主要研究成果如下：

1.“论语派”的定性与定位

关于“论语派”的研究也和《论语》一样，经历着一个由全面否定到逐渐肯定的过程。因林语堂等人曾遭到以鲁迅为首的左翼文艺作家的批评，所以“论语派”在文学流派史上一直处于被批判的

① 俞王毛：《林氏刊物与海派文学》，《美与时代》，2005年第12期。

② 赵海彦：《中国现代趣味主义文学思潮》，北京：中国社会科学出版社2005年版，第232页。

地位。

直至1979年陈金淦发表了《评“论语派”》[①]一文,“论语派”的研究工作才开始艰难的复兴。该文作者认为,“论语派”始终坚持“中间立场”和资产阶级自由主义的办刊方针,充分体现出了当时士大夫式自由资产阶级文人的精神状态;并首次提出要正确评价“论语派”,使该问题的研究走出了以往全面否定的误区。虽然由于时代的局限,该文仍然带有相当浓厚的阶级分析色彩,但以此为转折点,有关“论语派”的研究渐趋客观和理性。

在此基础上,学者也开始关注“论语派”与“语丝派”、“左联”之间的关系问题。施建伟先后发表了《语丝派的分化和论语派的歧途——语丝派与论语派比较研究之一》[②]、《论语派及〈论语〉的矛盾性和复杂性》[③]及《“左联”与论语派》[④]3篇文章。作者认为从学术流派演变来看,“语丝派”与“论语派”有前后继承的关系,“论语派”和“左联”并不是简单的“论敌”关系,鲁迅对林语堂的批评是语丝派内部的论争,而不是敌我斗争。以《论语》为主要阵地的“论语派”依然是20世纪30年代一个带有资产阶级自由主义色彩的文学派别,它的动摇性和矛盾性,正反映了中国民族资产阶级和中间阶级政治上的两面性。

另外,还有学者如唐弢、万平近等人,以林语堂研究为学术切入点,并对“论语派”做了比较客观的评价,在一定程度上肯定了林

① 陈金淦:《评“论语派”》,《徐州师范学院学报》,1979年第3期。

② 施建伟:《语丝派的分化和论语派的歧途——语丝派与论语派比较研究之一》,《南开学报》(哲学社会科学版),1984年第2期。

③ 施建伟:《论语派及〈论语〉的矛盾性和复杂性》,《中国现代文学研究丛刊》,1984年第3期。

④ 施建伟:《“左联”与论语派》,《社会科学》,1991年第3期。

语堂提倡的“幽默”文学。

2.“论语派”的风格与内涵

时至20世纪90年代后期，学者们开始试图援用“文化研究”、“市民社会”及“知识分子研究”的理论来思考“论语派”的问题，使该问题的研究进入迅猛发展时期。

对“论语派”的研究打破坚冰，迅猛发展肇始于对其文体风格的评价。20世纪90年代后期，各种新编现代文学史、现代文学社团流派史和现代文学思潮论争史的专著，像雨后春笋一般相继问世。这些专著在提及“论语派”时，都在一定程度上肯定了“论语派”所提倡的幽默、闲适小品文的积极意义。《中国现代文学三十年》中提及“论语派”的散文风格时说：“30年代前期，文坛上曾风行过幽默小品与闲适小品，活跃了散文创作，拓宽了散文文体探索的路子，是现代散文发展史上的引人注目的现象。”肯定了“林语堂的多数小品文都追求幽默的情味”，“融会了东西方的智慧，从学养文化方面另辟一途”①，但也看到林语堂的小品文脱离现实和远离主流文学的不足。陈安湖主编《中国现代文学社团流派史》讲述“论语派”时，从文化取向、文学创作等方面分析“论语派”，高度概括出“论语派”的思想文化取向的同时，将其“闲适”、“幽默”、“性灵”文体风格做了详细的说明。廖超慧的《中国现代文学思潮论争史》一书中，在论述左翼文学主潮与林语堂为代表的“论语派”的论争时，指出两派论争的原因除了对传统文化、西方文化择取不同外，还强调了两派审美追求上的差异，“鲁迅主要是从审美的时代

① 钱理群、温儒敏、吴福辉：《中国现代文学三十年（修订本）》，北京：北京大学出版社1998年版，第394、397页。

性、阶级性和民族性上去理解和创作幽默文学,林语堂则多从审美趣味、审美感受等方面去研究和完善幽默文学的主张”[①]。除以上所提三种外,其余相关专著也均较为客观地评价了“论语派”的文体风格。这些研究成果为“论语派”的进一步研究打下了坚实的基础。

继文学史客观评价“论语派”的文体风格之后,又有3篇论文问世。杨剑龙的《论幽默闲适小品创作热潮的滥觞与兴盛》[②]、《论语派小品文创作论》[③]与《论语派小品文的闲适笔调论》[④],重点阐述了20世纪30年代“论语派”闲适小品文产生的原因、“论语派”刊物的内容及风格。他认为“论语派”的“小品文娓语闲谈式的闲适笔调,使其具有与说理文匕首投枪式的笔调迥然不同的风格”。

从广义上讲,“论语派”的产生是一种独特的文化现象,是一种文化走向变迁的必然产物。“论语派”的矛盾性和复杂性充分反映出丰富的文化内涵。因而,继学术界关注“论语派”的文体风格之后,又开始探讨其文化内涵。学者们试图从“市民文化”、“道家文化”及“中西文化冲突”等角度出发,解读“论语派”所具有的独特的文化编码,为“论语派”的研究向纵深发展提供了契机。

其一,援用“市民文化”理论来解读“论语派”。

吕若涵著的《“论语派”论》[⑤]首次从流派角度对“论语派”进行

---

① 廖超慧:《中国现代文学思潮论争史》,武汉:武汉出版社1997年版,第667页。

② 杨剑龙:《论幽默闲适小品创作热潮的滥觞与兴盛》,《社会科学辑刊》,2001年第3期。

③ 杨剑龙:《论语派小品文创作论》,《学术月刊》,2001年第9期。

④ 杨剑龙:《论语派小品文的闲适笔调论》,《中山大学学报》(社会科学版),2005年第2期。

⑤ 吕若涵:《“论语派”论》,上海:上海三联书店2002年版。

全面宏观的研究。作者将流派的生成植入现代文学发展进程中，从纵深处发掘"论语派"散文的美学逻辑，试图弄清在小品文文体、幽默闲适思潮、自由主义与个性主义思想理念、文学的现代性追求及相随而来的现代性反思等等之间所构成的内在的张力和深层的逻辑性；摒弃了陈陈相因的陈词滥调和带意识形态偏见的研究思路，充分揭示"论语派"和幽默闲适思潮的丰富内涵。专著之外，作者还发表多篇论文，阐述"论语派"知识分子的立场、心境的改变、文化理念及政治理念。她还援引西方市民社会的理论来解读"论语派"①。她认为，当时上海出现了某些市民社会的特点，"论语派"正是市民知识分子的代表，其所办刊物体现出浓重的市民气息和商业化运行的机制。作者从上海独特的人文环境出发，完整地理解"论语派"的文化内涵，肯定"论语派"市民性和商业性的特点，见解独到，但其研究也存在不足，没有深入探讨"论语派"的人事关系，作为一个文学流派史的研究略显欠缺。

其二，从道家文化中寻找解读"论语派"的文化编码。田青的《道家心性意识与"论语派"的文化编码》②一文，认为"论语派"在审美立场、创作实践及文化心态的选择上与"左翼"主流文化不同；"论语派"试图向中国传统的道家心性主义靠拢，寻找自己的文化编码，形成自己独特的个性。该文将"论语派"提倡的理念与道家的观点相比较，认为"论语派"重归道家心性。虽然这种比较的研究方法值得提倡，但将"论语派"的理念与道家的观点

---

① 吕若涵：《20世纪30年代"小品文热"的文化学透视》，《广西师范大学学报》（哲学社会科学版），2006年第2期。

② 田青：《道家心性意识与"论语派"的文化编码》，《呼伦贝尔学院学报》，2004年第1期。

一一对照的方法略显牵强。“论语派”虽提倡“不谈政治”，但密切关注社会现实。并没有像道家一样，完全避世而居。“论语派”之所以提倡“闲适”、“性灵”，是有特定历史原因的，并非本意回归道家。

其三，从中西文化冲突的角度来剖析“论语派”。陈琳琳的《论三十年代林语堂及论语派的文学创作》[①]一文，从中西文化冲突的角度，对林语堂及“论语派”的文学创作进行梳理、分析，着力探寻以林语堂为代表的“论语派”的文化心态。并指出林语堂的文艺理论体系，是在对西方表现主义美学、中国传统性灵文学的借鉴、创新和某种程度的“误读”中构建起来的，对该问题的了解有助于我们理解和反思现代文学史上一类自由主义知识分子的创作心灵历程。

（三）林语堂的相关研究

在祖国大陆，从20世纪80年代至今，关于林语堂的研究成果层出不穷，出现了一批研究林语堂的学者，如万平近[②]、施建伟[③]、刘炎生[④]、

---

① 陈琳琳：《论三十年代林语堂及论语派的文学创作》，博士学位论文，复旦大学现当代文学，1999年。

② 万平近：《林语堂论》，西安：陕西人民出版社1987年版；万平近编：《林语堂论中西文化》，上海：上海社会科学院出版社1989年版；万平近：《林语堂评传》，重庆：重庆出版社1996年版；万平近：《林语堂传》，福州：海峡文艺出版社1998年版；万平近：《林语堂评传》，上海：上海远东出版社2008年版，等。

③ 施建伟：《林语堂在大陆》，北京：北京十月文艺出版社1991年版；施建伟：《林语堂在海外》，天津：百花文艺出版社1992年版；施建伟：《幽默大师：林语堂传》，台北：业强出版社1994年版；施建伟编：《幽默大师：名人笔下的林语堂　林语堂笔下的名人》，上海：东方出版中心1998年版；施建伟：《林语堂传》，北京：北京十月文艺出版社1999年版；施建伟：《幽默大师林语堂》，上海：上海书店出版社1999年版；施建伟编注：《林语堂集》，广州：花城出版社2006年版，等。

④ 刘炎生：《林语堂评传》，南昌：百花洲文艺出版社1994年版。

王兆胜①、陈平原②等人,他们不断扩展研究视野,对林语堂的文化观、审美观、宗教观、编辑思想、文艺思想和文学作品进行了全方位的研究。近年来,随着子通主编的《林语堂评说 70 年》③、王兆胜的《林语堂:两脚踏中西文化》④、施萍的《林语堂:文化转型的人格符号》⑤和陈亚联的《林语堂的才情人生》⑥等书相继问世,社会上再次掀起了林语堂研究热。2005 年陕西师范大学出版社和大象出版社先后出版了《林语堂文集》和《林语堂自述》;2005 年 4 月,漳州师范学院成立林语堂研究中心,林语堂的本土学术研究步入正轨,他们集合了中文、历史、哲学、外语系六七十个老师的研究力量,对林语堂的美学观、哲学观、宗教观等方面进行系统研究,计划出版 18 本林语堂研究丛书,目前已有 5 本付梓。2011 年 10 月,漳州师范学院组织《林语堂全集》编写团队,力争用三年时间完成《林语堂全集》一书的编订工作。同时,社会各界人士也开始关注林语堂的处世哲学、生活智慧和幽默思想的研究。

在中国台湾,东吴大学主管的"林语堂故居",游客过往频繁,还不定期地举办有关林语堂的学术研讨会,一些台湾当代名家如

---

① 王兆胜:《林语堂的文化情怀》,北京:中国社会科学出版社 1998 年版;王兆胜:《闲话林语堂》,北京:中国国际广播出版社 2002 年版;王兆胜:《林语堂的文化选择》,台北:秀威资讯科技股份有限公司 2004 年版;王兆胜:《林语堂大传》,北京:作家出版社 2006 年版;王兆胜:《林语堂与中国文化》,北京:社会科学文献出版社 2007 年版;王兆胜:《林语堂正传》,南京:江苏文艺出版社 2010 年版,等。

② 陈平原:《林语堂的审美观与东西文化》,《文艺研究》,1986 年第 3 期;陈平原:《在东西方文化碰撞中》,杭州:浙江文艺出版社 1987 年版。

③ 子通主编:《林语堂评说 70 年》,北京:中国华侨出版社 2003 年版。

④ 王兆胜:《林语堂:两脚踏中西文化》,北京:文津出版社 2005 年版。

⑤ 施萍:《林语堂:文化转型的人格符号》,北京:北京大学出版社 2005 年版。

⑥ 陈亚联编:《林语堂的才情人生》,北京:东方出版社 2006 年版。

张晓风等都曾为之写过范文，市民参与的积极性很高。另外，这座故居收藏有大量林语堂资料，成为台湾学者进行林语堂研究不可绕过的地方。目前，台湾学术界对于林语堂的研究不如大陆对其研究的全面而系统，主要集中于林语堂文化立场的转变、小品文、幽默文化和闲适思想及小说研究等四个方面。

首先，以林语堂的文化立场为研究对象的成果有专著：张世珍《论语时期的林语堂研究》[①]一书，是国内第一本研究林语堂从《语丝》时期到《论语》时期的创作理论及文化思想的专论。本书研究对象是林语堂创办的《论语》、《人间世》及《宇宙风》等系列刊物的幽默文学和性灵小品，介绍了林语堂由《语丝》时期转入《论语》时期的心路历程，阐述了幽默文学产生的时代背景，及林语堂的幽默观和文学理论，说明《论语》、《人间世》和《宇宙风》的特色与风格。该书将研究重点放在探讨林语堂于当时环境下的文学活动和主张，肯定了其时代意义和历史地位，还将林语堂在《论语》时期的作品做详尽的分类，从思想内容方面和形式风格方面做探讨，对研究林语堂《论语》时期小品文提供了完整的资料。学位论文有蔡元唯的《林语堂研究：从政府的批判者到幽默的独立作家（一九二三～一九三六）》[②]，主要探讨林语堂政治态度的转变，从其北京时期对北洋政府的批判，到 30 年代提倡幽默文化，进而解释林语堂与政治的关系；以政治立场切入探讨林语堂，以语丝时期为探讨重点。

---

① 张世珍：《论语时期的林语堂研究》，台北：文史哲出版社 1993 年版。

② 蔡元唯：《林语堂研究：从政府的批判者到幽默的独立作家（一九二三～一九三六）》，硕士学位论文，“中国文化大学”史学研究所，2005 年。

此外还有周仁政的《论林语堂的自由个人主义文化观》[①]等。

其次，对林语堂小品文研究的成果有刘心皇的《卅年代文学对我国的影响》[②]一文，对林语堂系列刊物做了详尽的描述，指出这一系列刊物，对小品文散文来说是一种发展。学位论文有郑颖的《五四新文学时期的小品文研究》[③]一文，探讨周作人、鲁迅、林语堂等几位小品文家对小品文意义的诠释，以及对小品文功能性的不同看法，建构出他们各自的小品文理论；黄怡静的《林语堂中文散文研究》[④]一文，就林语堂在大陆期间及在台湾期间的中文创作为主要探讨内容，对每个阶段林语堂散文的发展状况及思想传承进行研究，并为林语堂的中文散文定位，找出其独特性和重要性，并能在散文史及文学史上给予正确的评价；李丽英的《林语堂论语时期小品文研究》[⑤]一文，则研究林语堂《论语》时期小品文的创作历程和创作风格，分析《论语》的小品文特质和理论基础，探讨林语堂的成长背景及时代环境对其文学创作的影响，评估林语堂《论语》时期小品文创作在现代文学史上的地位，并正面评价林语堂小品文的意义。邱华苓的《林语堂散文研究》[⑥]则定位为林语堂以中文发

---

① 周仁政:《论林语堂的自由个人主义文化观》,《中国文化月刊》,1999 年第 236 期。

② 见刘心皇:《现代中国文学史话》第 3 卷,台北:正中书局 1979 年版。

③ 见郑颖:《五四新文学时期的小品文研究》,硕士学位论文,“中国文化大学”中国文学研究所,1996 年。

④ 黄怡静:《林语堂中文散文研究》,硕士学位论文,佛光人文社会学院文学系,2005 年。

⑤ 李丽英:《林语堂论语时期小品文研究》,硕士学位论文,台湾师范大学国文学系,2007 年。

⑥ 邱华苓:《林语堂散文研究》,博士学位论文,“中国文化大学”中国文学系,2012 年。

表的原始作品，排除英文写作作品与翻译作品，并排除书评及内容纯为学术性探讨的文章；由散文的整理去追溯出林语堂的思想渊源，以及他如何应用这些思想成为他个人的生活观与文学的创作主张；通过对林语堂散文各个层次的探讨，纵向和横向地勾勒出林语堂散文的独特性和重要性，并给予林语堂散文清楚的定位与评价。

再次，对林语堂提倡的幽默文化和闲适思想研究的成果专著有沈谦的《林语堂与萧伯纳：看文人妙语生花》①一书，再现林语堂的幽默、诙谐文体风格，在台湾引起了很大反响。学位论文有邱华苓的《林语堂〈论语〉时期幽默文学研究》②一文，该文以林语堂的幽默文学为探讨重点，探讨20世纪30年代林语堂提倡幽默文化的中心思想和特色；黄于真的《林语堂闲适思想之研究——以〈生活的艺术〉为据》③一文，主要研究了林语堂的"闲适思想"，并主张当代人放慢脚步，享受悠闲，以纾解各方面的压力。期刊论文有沈谦的《从金圣叹到林语堂——评〈来台后二十四快事〉》④、《林语堂论幽默的真谛》⑤等文；张世珍的《幽默大师"林语堂"的幽默观》⑥、《〈人间世〉初探》⑦；郑明娳的《林语堂的幽默理念与创作风格》⑧；

---

① 沈谦：《林语堂与萧伯纳：看文人妙语生花》，台北：九歌出版社1999年版。

② 邱华苓：《林语堂〈论语〉时期幽默文学研究》，硕士学位论文，中正大学中国文学系，2002年。

③ 黄于真：《林语堂闲适思想之研究——以〈生活的艺术〉为据》，硕士学位论文，高雄师范大学国文教学硕士班，2004年。

④ 沈谦：《从金圣叹到林语堂——评〈来台后二十四快事〉》，《中国现代文学理论》，1997年第8期。

⑤ 沈谦：《林语堂论幽默的真谛》，《明道文艺》，2003年第329卷。

⑥ 张世珍：《幽默大师"林语堂"的幽默观》，台北《警专学报》，1993年第6期。

⑦ 张世珍：《〈人间世〉初探》，台北《警专学报》，1999年第6期。

⑧ 发表于纪念林语堂百年诞辰学术研讨会，1994年。

江石江的《林语堂反对左倾提倡幽默的理由》[①];沈云龙的《林语堂与幽默文学》[②];许讦的《追思林语堂先生》[③];黄绍梅的《林语堂〈论语〉中幽默的散文风格》[④];俞蓉蓉的《幽默大师林语堂——两脚踏东西文化、一心评宇宙文章》[⑤];李栩钰的《幽默大师林语堂的文艺理论——以“性灵”、“闲适”、“幽默”为讨论中心》[⑥],等等。

最后,研究林语堂小说的主要学位论文有宫以斯贴的《林语堂〈京华烟云〉(张译本)之研究》[⑦],主要探讨林语堂《京华烟云》的时代意义及林语堂对翻译文学的贡献;胡馨丹的《林语堂长篇小说研究》[⑧]一文,针对林语堂的《京华烟云》、《风声鹤唳》、《朱门》、《唐人街》、《远景》、《红牡丹》、《赖柏英》、《逃向自由城》等八部小说做全面性的探讨,分析其小说结构及主题思想,并进而探讨林语堂在小说创作上的文学地位;陈丽娟的《林语堂〈京华烟云〉研究》[⑨]一文,对《京华烟云》中的人物形象、儒道思想和小说的写作技巧等方面问题做了研究,以此唤起社会大众对优良小说的重视;周怡伶的

---

① 江石江:《林语堂反对左倾提倡幽默的理由》,台北《传记文学》,1997 年第 1 期。

② 沈云龙:《林语堂与幽默文学》,台北《传记文学》,1997 年第 6 期。

③ 许讦:《追思林语堂先生》,台北《传记文学》,1997 年第 6 期。

④ 黄绍梅:《林语堂〈论语〉中幽默的散文风格》,《中国文化月刊》,2000 年第 245 期。

⑤ 俞蓉蓉:《幽默大师林语堂——两脚踏东西文化、一心评宇宙文章》,台北《传记文学》,2002 年第 3 期。

⑥ 李栩钰:《幽默大师林语堂的文艺理论——以“性灵”、“闲适”、“幽默”为讨论中心》,台中《岭东学报》,2000 年第 11 期。

⑦ 宫以斯贴:《林语堂〈京华烟云〉(张译本)之研究》,硕士学位论文,“中国文化大学”中国文学研究所,1992 年。

⑧ 胡馨丹:《林语堂长篇小说研究》,硕士学位论文,东海大学中国文学研究所,1993 年。

⑨ 陈丽娟:《林语堂〈京华烟云〉研究》,硕士学位论文,“中国文化大学”中国文学研究所,2003 年。

《林语堂小说研究》[①]采用叙事学的文学理论，分析林语堂的八部小说，探讨林语堂小说的情节结构、叙述模式及时间幻化、独特时间刻度的叙事谋略的使用，统整出林语堂小说的整体叙事结构。

（四）与《论语》半月刊相关的人物研究

其一，关于“论语八仙”的说法。

1937 年上海文史半月刊《逸经》刊载了一篇《瑶斋漫笔》[②]三则，第三则是根据汪子美所作《八仙过海图》写成的《新旧八仙考》。此文勾勒了一幅“论语八仙”图。这“八仙”是吕洞宾——林语堂、张果老——周作人、蓝采和——俞平伯、铁拐李——老舍、曹国舅——大华烈士、汉钟离——丰子恺、韩湘子——郁达夫、何仙姑——姚颖，此后便出现了“论语八仙”的说法。关于“论语八仙”是哪八仙，学术界一直存在争论。除以上说法外，比较常见的还有三种说法：一说，周作人、林语堂、老舍、老向（王向辰）、姚颖、何容、海戈（张海平）、大华烈士（简又文）等人[③]；二说，林语堂、周作人、老舍、老向、老谈（何容）、姚颖、大华烈士、黄嘉音；三说，林语堂、周作人、老舍、老向、姚颖、大华烈士、海戈、陶亢德[④]。虽然多种“论语八仙”的说法不尽相同，但是对《论语》主要撰稿人做了全面的介绍，为今后该问题的研究打下了基础。

其二，老舍与《论语》的关系研究。

---

① 周怡伶：《林语堂小说研究》，硕士学位论文，台湾中山大学中国文学研究所，2008 年。

② 五知：《瑶斋漫笔 · 新旧八仙考》，《逸经》第 28 期，1937 年 4 月 20 日，第 40 页。

③ 逄增玉：《三十年代“论语派”和“论语八仙”》，《吉林日报》2000 年 8 月 11 日，第 B04 版。

④ 第二、三种说法参见施建伟：《林语堂传》，北京：北京十月文艺出版社 1999 年版，第 345 页。

万平近的《老舍与林语堂及其论语派》[①]一文，在深入研究林语堂的基础上，开始关注“论语派”的代表人物。他认为，虽然老舍在《论语》上发表了若干作品，但他并不是刊物的发言人，也没有参加具体编务，而且林语堂也没有将老舍看作是“论语派”中人。因而，老舍并不属于“论语派”，而且将同一时期老舍的文学作品与林语堂的文学作品作比较，认为老舍和林语堂在文学创作的起点和道路上截然不同。万文引起学术界对“论语派”中人的具体思考。而陈学勇则认为，凡是在《论语》上发表过文章的人都应属于“论语派”中人。“论语派”除了林语堂和徐讦外，还包括老舍、郁达夫、全增嘏、潘光旦、李青崖、邵洵美、章克标、陶亢德、老向、姚颖等人；并认为不能由于鲁迅的批评而否定“论语派”的进步作用。[②] 不管作者对“论语派”的界定如何，但这种研究的思路值得赞赏。

其三，郁达夫与《论语》的关系研究。

许风才的《郁达夫与〈论语〉》[③]一文，根据郁达夫日记，得出郁达夫在《论语》的创刊和编辑过程中起到很大作用。因而，《论语》的宗旨和文学主张，在很大程度上与郁达夫当时的思想和情趣相吻合。但遗憾的是文中存在着多处史实上的错误。

其四，丰子恺与《论语》的关系研究。

近期，也有学者开始关注丰子恺与《论语》的关系问题。如徐

① 万平近：《老舍与林语堂及其论语派》，《新文学论丛》，1984 年第 4 辑，第 129 ~ 142 页。

② 陈学勇：《老舍、郁达夫与论语派》，《书屋》，1998 年第 1 期，第 44 ~ 47 页。

③ 许风才：《郁达夫与〈论语〉》，《河北师范大学学报》（哲学社会科学版），1986 年第 3 期，第 20 ~ 25 页。

型的《貌合神离：丰子恺与“论语派”》①一文，认为丰子恺虽然在《论语》上发表过大量的随笔、漫画，但是其思想内容与《论语》的办刊宗旨存在很大差异，因而丰子恺不能算“论语派”中人，他同“论语派”的关系是貌合神离的。

其五，邵洵美与《论语》的关系研究。

2006年正值邵洵美诞辰一百周年之际，学术界和社会各界人士纷纷提出重评邵洵美的功过是非问题。许多学者不同意鲁迅的一条注释“掩埋”邵洵美一生的情况。邵洵美生前的好友、合作伙伴及妻、女、女婿相继著书立说，澄清历史②。其他学者也不断推出关于邵洵美的研究成果③。这些研究成果表明，《论语》的创刊、复

---

① 徐型：《貌合神离：丰子恺与“论语派”》，《南通大学学报》（社会科学版），2005年第3期，第66～70页。

② 林达祖：《追念邵洵美》，《湖州师专学报》（社会科学版），1985年第2期；林达祖：《出版家、翻译家、诗人邵洵美》，《南通师专学报》（社会科学版），1991年第4期；林达祖：《我与洵美合编〈论语〉之回忆》，《新文学史料》，1997年第3期；章克标：《九十自述》，北京：中国文联出版社2001年版；章克标：《章克标文集》，上海：上海社会科学院出版社2003年版；盛佩玉著，邵阳、吴立岚编注：《盛氏家族·邵洵美与我：盛佩玉的回忆》，北京：人民文学出版社2004年版；邵绡红：《我的爸爸邵洵美》，上海：上海书店出版社2005年版；绡红：《黄苗子、郁风夫妇及丁聪谈邵洵美往事》，《新文学史料》，2006年第1期；吴立岚：《读两篇记录章克标谈话的文章有感》，《湖州师专学报》（社会科学版），1985年第2期，等。

③ 专著有林淇：《海上才子：邵洵美传》，上海：上海人民出版社2002年版；邵洵美著、陈子善编：《洵美文存》，沈阳：辽宁教育出版社2006年版。学位论文有王京芳：《邵洵美和他的出版事业》，博士学位论文，华东师范大学中国现当代文学专业，2007年；叶芳芳：《邵洵美的文艺探索之路——从〈狮吼〉、〈金屋〉到〈论语〉》，硕士学位论文，华东师范大学文学与传媒专业，2009年；韩爱萍：《邵洵美与〈论语〉杂志关系之探析》，硕士学位论文，杭州师范大学中国现当代文学专业，2011年。论文有王小敬：《邵洵美研究综述》，《哈尔滨师专学报》，2000年第6期；葛胜华：《点击“邵洵美”》，《现代语文》，2002年第8期；《毁家兴书的邵洵美》，《出版参考》，2004年第32期；王京芳：《邵洵美年表》，《新文学史料》，2006年第1期；张伟：《邵洵美和他的出版事业》，《中国编辑》，2006年第4期，等。

刊、编辑及发行都离不开邵洵美的心血和努力。对于《论语》的研究，邵洵美的缺席显然是不合适的。

虽然，学者援用新理论、新视角研究与《论语》相关的一系列问题，并取得了一定成果，但就《论语》的研究仍存在缺憾。其一，研究领域方面。从事《论语》和相关人物研究的学者，主要是文学领域的工作者，《论语》作为一个独特的历史现象，从来未纳入历史学科的研究视域内。其二，关注内容方面。以往的研究侧重于对其文化意义和文学价值的阐述，很少关注该刊所反映出的民国社会、政治和文化的情况，目前只有一文对该问题有所提及①。因而，《论语》的研究工作还有较大的空间和余地。

二、本书的论述范畴及方法

从时间来看，由于本文以《论语》作为研究对象，因而研究时段是《论语》的存续时间，即 1932 年 9 月 16 日至 1949 年 5 月 16 日，中间除去《论语》的停刊时段(1937 年 8 月 1 日至 1946 年 12 月 16 日)。

从研究区域来说，以上海地区为主，但也兼顾全国。因为《论语》虽创刊于上海，其读者也多来自上海的市民阶层，但《论语》关注的内容涉及全国的政治、社会和文化，其视野非常广阔，所以本文研究区域立足于全国范围内。

从研究内容来讲，以往对该刊的研究多侧重于文学作品的分析和文学风格的总结上，虽然田焱的《〈论语〉杂志研究》一文，已经

① 金小明:《〈京话〉:现形民国南京怪现状》,《金陵晚报》,2006 年 9 月 13 日第 9 版。

对该刊的运作机制、栏目编排、营销与广告、编辑理念及作家群体等方面做出分析和研究,但在史料占有和方法运用上略显不足。本文进一步挖掘原始资料,对《论语》的创刊过程、编辑、稿源、作者群、读者群、经营策略和社会效益等一系列问题做出系统的分析和研究;重点分析 1932 ~ 1937 年该刊所反映的民国政治、文化和城市妇女等方面的情况①,以期更好地理解民国社会的变迁;并在此基础上深刻理解传统文人的现代化转型。

从方法上来看,利用历史学的实证方法、政治学、杂志学、文化传播学和社会心理学等多种方法来研究《论语》。将《论语》看作是传播大众文化的载体,借用大众传播学的"5W"研究模式②,对《论语》进行定性和定量分析,具体而全面地考察《论语》,对其缘起、变迁、编辑、稿源、作者群、读者群以及经营策略和社会效益等一系列问题做出系统的分析和研究。利用了上海市档案馆馆藏的时代印刷厂的档案史料,分析《论语》的经营、发行、销售和印制等情况及《论语》与南京国民政府之间政治上的互动关系;搜集当时报刊和

① 如果按照《论语》停刊和复刊来划分该刊分期,可以将其分前后两个时期:前期是 1932 年 9 月 16 日 ~ 1937 年 8 月 1 日;后期是 1946 年 12 月 16 日 ~ 1949 年 5 月 16 日。后期《论语》,社会动荡不安,时代大环境已经不允许该刊关注政治以外的事情,《论语》逐渐丧失了以前独特的风格,关注内容单一,偏重政论性的论述,文风也与前期有所不同,因而本文以 1932 ~ 1937 年的《论语》,作为探讨民国时期政治、文化和城市妇女生活变迁的文本,并在此基础上理解民国时期社会变迁与传统文人的现代化转型。

② "早期在传播方面的一个口语化模式是 1948 年哈罗德 · 拉丝韦尔(Harold Lasswell)提出的:谁(Who);说了什么(Says What);通过什么渠道(In Which Channel);对谁说的(To Whom);产生了什么效果(With What Effect),简称 5W 模式。拉丝韦尔这种大众传播模式虽然由于它似乎暗示存在一个传播者和一则有目的的信息存在,而遭到众多非议,但是,同任何一个好模式一样,它也集中注意了传播中的基本方面,而受到人们的普遍肯定。"参见[美]沃纳 · 赛佛林(Werner J. Severin)、[美]小詹姆斯 · 坦卡德(James W. Tankard,Jr.):《传播理论:起源、方法与应用》,郭镇之等译,北京:华夏出版社 2000 年版,第 46 页。

杂志中所有与《论语》相关的资料;并积极利用时人文集、日记和回忆录,多维立体地透视该刊。

将刊物看作是一种独特的文化现象来研究,既注重文本本身的阐释和理解,又结合当时历史环境去考察,具体分析刊物所关注政治、社会和文化等方面的问题,关注刊物与当时政治、社会和文化的互动关系,通过对这种互动关系的研究,进一步把握民国时期的社会、政治、文化及传统文人的现代化转型。

由于本文以《论语》半月刊作为研究对象,所以文中不免反复提及该刊的名称,为了避免啰唆,文中除目录和文章标题之外,正文中出现的"《论语》半月刊"字样,一律以"《论语》"二字代替。

三、资料使用情况

1. 杂志和报刊

由上海时代图书公司于 1932 年 9 月 16 日开始发行的《论语》,是本文最主要的史料来源。除此之外,本文还利用与《论语》有密切关系的《人间世》、《逸经》,与其处于同时代的《太白》、《现代》等刊物,以及《申报》、《中央日报》等报纸,以期更好地阐释《论语》的生存环境和社会影响。

2. 档案资料

利用上海档案馆收藏的《上海市军管会为军管时代印刷厂命令》、《上海军管会新闻出版处有关军管时代印刷厂报告》、《时代印刷厂物资清册》、《上海市时代图书公司〈时代画报〉、〈论语〉半月刊登记申请表》、《上海市社会局关于办理时代图书公司复刊,合法登记证事与上海市社会局、中宣部、时代图书公司的来往文书》、《时代印刷厂的概况调查》、《上海市社会局查禁其他书刊》等档案资料，来研究《论语》的经营、发行、销售、印制和复刊等情况以及该刊与南京国民政府之间的关系，以期更好地论述《论语》的经营及与政治的关系。

3. 资料汇编

利用《中国现代出版史料》、《上海研究资料》、《民国时期社会调查丛编》、《元以来西藏地方与中央政府关系档案史料汇编》等资料汇编，为《论语》内容的研究提供了丰富的背景资料。

4. 文集、日记和回忆录

利用《林语堂名著全集》、《老舍全集》、《鲁迅全集》、《朱光潜全集》、《阿英全集》、《郁达夫全集》、《沈从文全集》、《章克标文集》等文集，以及和《论语》有密切关系人物的回忆录，如章克标的《九十自述》、盛佩玉的《盛氏家族 · 邵洵美与我》、老舍的《老舍自述》、曹聚仁的《文坛五十年》等，多维立体地解读《论语》，力图再现该刊的生存场景。由于这部分史料是当事人对亲身经历的回忆，虽有利于揭示《论语》台前幕后的事情，但也是最易受个人主观因素影响，因而应结合其他史料来运用。

第一章 《论语》半月刊的发展历程与幽默文化

自1857年墨海书馆创办上海首种期刊《六合丛刊》月刊起，上海的期刊业迅猛发展。1915年《新青年》在上海创办，成为五四运动的主要阵地。1927年国民党为加强上海地区的宣传，先后创办《新生命》、《前进》、《前驱》、《革命妇女》、《革命青年》、《党魂》、《青年》、《浦东评论》、《警钟》等多种期刊。与此同时，中国共产党、共青团和工会组织也先后创办《布尔什维克》、《宣传者》、《无产青年》、《列宁青年》、《学习》、《飞沙》、《中国工人》、《工人宝鉴》等多种刊物，宣传马列主义和报道革命活动。同一时期，多种文艺期刊创办，成为20世纪30年代"杂志年"的前奏。及至20年代末、30年代上半期，又有大批期刊创办。1933年有期刊186种，1935年增至398种，包括政治、文学、经济、金融、漫画、工商业、农业、医药、新闻出版、教育、妇女、青年等。①

1934年"杂志年"到来，时任中国左翼作家联盟常务委员和中国左翼文化同盟常务委员的阿英（钱杏邨）曾经对当时期刊繁荣的

---

① 参见《上海通志》编纂委员会编：《上海通志》第9册第41卷，上海：上海人民出版社、上海社会科学院出版社2005年版，第6065～6066页。

场景进行过分析,"为什么杂志有这样'繁荣的市面'呢? 我不能同意于一般的解释,在定价便宜上来做结论。在经济恐慌的今日,读者的购买力单弱,不能不避重就轻,这是原因。但事实上并不止于此。这只要看也有许多杂志,并不能获得很多的读者,终于消灭下去的事实,就可以明白。在经济而外,还有使杂志必然繁荣的其他条件,这是许多人不曾注意到的。条件之一,是大家有更多的话要说,更多的话希望有人代说。中国的民众,现在是处于非常不幸的地位,外而帝国主义的压迫,内而封建势力的侵害,使大家陷于极端的苦恼,烦闷。有苦恼希望诉说,在迷途要摸索一条路,这是不可变易的事理。这些,只有杂志能随时随地担负起,一一的去实践。'杂志年'的形成,这也是主要的原因之一。从杂志的繁荣上,也可以看到中国民众对于自身而外注意力的加强。一向只有个人观念的中国民众,由于切身的利害关系,使他们不得不注意到个人以外,不得不希望从报纸杂志的言论上,来帮助他们对于许多当前现象的了解,寻觅自己的路。大型的报纸杂志,不能使他们得到满足,小型杂志便适应这样的要求而产生,读者注意的重心,也因此趋向这一方面。'杂志年'的形式,是基于这三种关系上"①。可见,"杂志年"现象的产生有着深刻的政治、文化和社会三方面的原因。具体到《论语》的产生,也是如此。

---

① 阿英:《杂志年》,见《阿英全集》第4卷,合肥:安徽教育出版社2003年版,第49页。

第一节 《论语》半月刊的时代背景

正像阿英所说,《论语》正产生于“外而帝国主义的压迫,内而封建势力的侵害”的中国。自南京国民政府成立之始,国民党从未停止建立一党专政的活动。

国民党逐步通过高度动员的政治体系和军事手段进行权力与资源的社会整合,建立以党治为核心的政治霸权秩序,加强中央集权的凝聚力,尤其是蒋介石作为国民党领袖的权力中枢地位。其一,重新阐释三民主义,争取政治上的权威地位。孙中山逝世后,国民党各派都试图重新阐释三民主义,如西山会议派、戴季陶、第三党、改组派和胡汉民都对三民主义思想进行了重新定位。这些做法的目的是将自己的政治主张和孙中山思想对接,进而谋求在国民党内的理论权威地位和政治发言权。其二,加强以党治国。1928 年 2 月 4 日,国民党二届四中全会通过《中华民国国民政府组织法》,再一次强调了“党治”原则。同年 10 月 3 日,国民党中常会第 172 次会议通过了《训政纲领》,规定训政时期由国民党全国代表大会代表国民大会,国民党全国代表大会闭幕时,以国民党中执会执行其权力,由国民党中央政治会议负责指导监督国民政府处理国务。1931 年 6 月 1 日公布的《中华民国训政时期约法》,更以宪法的形式对国民党“一党治国”的政治体制加以确认。而国民党始终掌握着军队的绝对最高权力。1928 年 2 月,国民党二届四中全会通过的《国民政府军事委员会组织大纲》和《国民革命军总司令部组织大纲》,规定军事委员会的委员由国民党中执会推选,国民革命军总司令由国民政府特任。蒋介石将身兼军事委员会主席和国民革命军总司令两职。其三,对行政机构进行大规模的改革,加强行政权力。其四,宣传法西斯主义和构建特务体系。1931 年 5 月 5 日,蒋介石在国民会议上提倡法西斯主义思潮。后又在蒋介石的倡导下,国民党先后建立复兴社、中国文化学会和“中国文化建设学会”,以此为依托掀起一股法西斯主义的热潮。①

在建立政治集权的同时,国民党政府还出台大量有关新闻出版的法令、法规,剥夺和限制进步的文艺作品与刊物的出版自由,以达到控制舆论的目的。第一,国民政府对异己的文艺作品和刊物的出版自由,加以剥夺和限制。1928 年 2 月,国民党政府下令取缔各种左翼和不满国民政府的小报和小册子;1929 年 1 月 10 日,国民党中央宣传部制定《宣传品审查条例》,6 月又公布了《取缔销售共产书籍办法》;1930 年 12 月国民党政府颁布《出版法》,“在这个《出版法》里面,对于报纸、杂志、书籍及其他出版品的限制,无微不至”;1931 年 10 月,又颁布了《出版法施行细则》二十五条,“把《出版法》中的原则和办法,加以具体的规定”,对报纸、杂志、书籍和出版发行做了严格的限制;1932 年 11 月,国民党中央宣传部又颁布了《宣传品审查标准》,“在这个‘审查标准’里头,规定凡宣传共产主义,便被认为‘反动’,凡批评国民党的不抵抗政策,要求抗日者,便被认为‘危害中华民国’,凡对国民党政府有些微不满的,便被认有替共产党张目,一律严予禁止”②。1933 年 1 月 19 日,国

① 参见张岂之主编:《中国历史 · 晚清民国卷》,北京:高等教育出版社 2005 年版,第 274 ~ 280 页。

② 柳叔:《第二次国内革命战争时期国民党反动政府是如何进行文化“围剿”的》,见张静庐辑注:《中国近现代出版史料》现代乙编,上海:上海书店出版社 2003 年版,第 50 页。

民党又公布了《新闻检查标准》;1933 年 10 月国民党行政院下达《查禁普罗文艺密令》。

第二,在上述一系列条例、禁令和规定之下,国民党当局通过各种渠道对进步书刊进行查禁。据 1931 年 9 月国民党湖南长沙市党务整理委员会所编的《工作报告书》,当时收录查禁书刊目录共 228 种[①];据国民党中央宣传部印制的《中央取缔社会科学反动书刊一览》统计,从 1929 年至 1936 年共查禁社会科学书刊 676 种,其种类包括“共产党刊物”、“国家主义派刊物”、“无政府主义派刊物”、“第三党刊物”、“社会民主党刊物”、“帝国主义刊物”、“傀儡组织刊物”等,而这 676 种还不包括“其关于文艺部分之反动刊物”[②]。关于文艺书刊的查禁情况,鲁迅曾写过《国民党反动派查禁一百四十九种文艺书的经过》[③]一文,详细讲述了国民党查禁文艺书刊的经过。国民党政府不仅查禁进步书刊,还施行了书报审查制度。1934 年 5 月,国民党中央宣传部在上海设立了“图书杂志审查委员会”,6 月,又公布了《图书杂志审查办法》,“规定一切图书杂志应于付印前将稿本送‘国民党中央宣传委员会图书杂志审查委员会’审查,如果不送请审查,就要‘予以处分’。‘审查委员会’可以随意删改稿本,印出后如果发现没有照改,又要‘予以处分’。这样一来,全国出版品便被压制和阉割得不成样子了”。而且还规定:“凡是被他们删去的地方不许留空白,必须接起来,使读者看不

① 《国民党反动政府查禁二百二十八种书刊目录》,见张静庐辑注:《中国现代出版史料》现代乙编,第 173 ~ 189 页。

② 《国民党反动派查禁六百七十六种社会科学书刊目录》,见张静庐辑注:《中国现代出版史料》现代乙编,第 205 ~ 254 页。

③ 张静庐辑注:《中国现代出版史料》现代乙编,第 190 页;又见鲁迅:《后记》,见《且介亭杂文二集》,《鲁迅全集》第 6 卷,第 467 ~ 473 页。

见检查删削的痕迹，使一切糊涂恍惚不通之处，都归到作者身上。”①这样经过“审查官”的“禁、删、查”，作品和出版物常常被弄得面目全非。鲁迅曾说：“‘中央图书杂志审查委员会’到底在上海出现了，于是每本出版物上，就有了一行‘中宣会图书杂志审委会查证……字第……号’字样，说明着该抽去的已经抽去，该删改的已经删改，并且保证着发卖的安全。”②

第三，在查禁书刊之外，国民党还派军警特务、侦探和组织流氓、暴徒袭击与捣毁持激进态度的文化机构、报馆、书店、影视公司和电影院，投寄匿名恐吓信，绑架和暗杀共产党作家与持不同政见的人士。1929 年 2 月，查封了革命文学团体创造社；1933 年 11 月 12 日，上海艺华影片公司被特务捣毁；特务除向“影界”进行迫害外，又捣毁书店，向出版界进攻，首先遭殃的是良友图书公司。1933 年 11 月 13 日，特务分子捣毁了上海良友图书公司门市部，同时期被捣毁的书店还有神州国光社及北新等书店。1930 年秋，在南京枪杀中国左翼戏剧家联盟的会员宗晖。1931 年 1 月 17 日，逮捕左联的五作家柔石、胡也频、殷夫、李伟森和冯铿，并于 2 月 7 日在上海龙华国民党警备司令部处决。1933 年 5 月，国民党特务在上海绑架了著名作家潘梓年和丁玲，监禁在南京的监狱里，并当场打死拒捕的作家应修人。1934 年国民党还枪杀了中国民权保障同盟总干事杨杏佛和《申报》主持人史量才。国民党浙江省党部许绍棣曾呈请南京“通缉堕落文人鲁迅”，鲁迅在上海屡遭迫害，不得不

---

① 柳叔：《第二次国内革命战争时期国民党反动政府是如何进行文化“围剿”的》，见张静庐辑注：《中国近现代出版史料》现代乙编，第 50～51 页。

② 鲁迅：《后记》，见《且介亭杂文二集》，《鲁迅全集》第 6 卷，第 476 页。

躲到别处去避难，鲁迅是带着“通缉令”死去的。[①] 1933 年 12 月，《生活周刊》因文字获罪而停办，由杜重远先生接下去创办的《新生周刊》，由寒松先生相助，内容精彩，风行海内外[②]。1935 年 7 月，《新生周刊》因刊登《闲话皇帝》一文，开罪于日本政府，日本政府以“侮辱天皇，伤害邦交”为借口，向国民党政府提出严重抗议，国民政府遂查封《新生周刊》，并以“诽谤罪”判处主编杜重远有期徒刑一年零两个月。

国民党加强独裁统治的政策也对上海文化界产生了影响，鲁迅就曾说：“上海曾大热，近已稍凉，而文禁如毛，缇骑遍地，则今昔不异，久见而惯，故旅舍或人家被捕去一少年，已不如捕去一鸡之耸人耳目矣。我亦颇麻木，绝无作品，真所谓食菽而已。”[③]这便是《论语》产生的政治环境。

其次，《论语》产生于都市化、商业化和初步具备公共领域的上海社会。晚清时期，上海已展露其近代化国际性大都市的雏形；到了民国时期，上海的都市化进程又有长足发展，逐步具备了新兴都市便捷、舒适的生活环境。以电灯、煤气、自来水、排污工程、公共交通、电话通讯等为主要标识的近代城市生活基础设施的建立，在民国时期已发展为规模经营，为上海市区居民生活质量的根本改

---

① 参见柳叔：《第二次国内革命战争时期国民党反动政府是如何进行文化“围剿”的》，见张静庐辑注：《中国近现代出版史料》现代乙编，第 51 ~ 56 页。

② 韬奋：《生活史话》，见张静庐辑注：《中国近现代出版史料》现代乙编，第 321 页。

③ 鲁迅：《致台静农》（1932 年 8 月 15 日夜），见《书信（1927 ~ 1933）》，《鲁迅全集》第 12 卷，第 322 页。

善奠定了基础。[1] 在这个新兴城市中，传统一元化的政治制度和社会结构被打破，出现了新的阶级、阶层，从而构成了一个多元的社会群体。到20世纪30年代，上海社会逐渐形成了一个包括工人、商人及资本家、一般职员、知识分子在内的现代化市民群体。其中，各地新型知识分子聚集于上海，依托于新闻出版媒体产业发表自己的观点并获取相应的稿酬，他们已经拥有独立的经济来源和广阔的发言场所，因此“终于与乡村完全斩断了精神上的脐带，成为完完全全的都市人”[2]；他们发言的空间也从明清时期的书院、会馆和青楼发展到民国时期新闻出版媒体产业，由此形成了都市批判型公共领域[3]。另外，与都市化相伴而生的是商品化程度的逐渐提高，新的价值观已被社会基本认同，“金钱崇拜”、“摩登时尚”、“消费至上”、“娱乐休闲”、“个人主义”等生活理念主导着上海社会。“一·二八”事变之后，尽管上海社会处于战争的阴霾下，但是上海仍旧是一个摩登、休闲和注重个人主义的社会，“宁做太平一只狗，不为乱世流离人”依旧是普通民众的主流思想。

再次，《论语》产生于“古今中外”文化碰撞的背景下。新文化运动之后，由于上海远离政治中心，文化和思想有一个较为平和的发展环境，日益成为新文化事业的中心。国内绝大多数的传媒和出版等现代文化机构聚集于上海，并吸引大批文化人来到上海寻找自己的事业基点。1926年“三一八”惨案之后，众多学者、教授和

① 罗苏文、宋钻友：《民国社会》，见熊月之主编：《上海通史》第9卷，上海：上海人民出版社1999年版，第2页。

② 许纪霖：《总序》，见王儒年：《欲望的想像：1920～1930年代〈申报〉广告的文化史研究》，上海：上海人民出版社2007年版，第11页。

③ 许纪霖：《总序》，见王儒年：《欲望的想像：1920～1930年代〈申报〉广告的文化史研究》，第9页。

记者为躲避北洋军阀的镇压和迫害离开北京，南下逃往上海；自海外归来的大批留学生也逗留于上海，20世纪30年代上海已经成为全国文化人才最为密集的城市。与此同时，上海也愈益赢得欧美人的青睐。在他们眼里，上海是一处商业繁盛、市政有序的东方乐土，所以大量外侨移居上海。各国侨民的移入为上海社会带来了多元的西方文化。西方的商业精神和市民意识逐步深入上海社会。深受其影响的上海人具有了崇洋、重利、趋新、时髦等特质。此外，又由于上海市民多来自江浙皖江南的小城镇移民，他们给上海社会带来了"小市民意识"。这种中西合璧、土洋混合的现象，使得上海的市民文化、市民意识庞杂纷乱。上海的政治、经济和文化逐渐脱离中央政权和文化正统，产生了相对独立的文化生态圈，成为中西文化交流的枢纽，而留学生频繁的往来过往，又成为文化传播的因子；外国有影响的文化人士不断来访，为上海文化界了解世界文化创造了条件。从1919年到1924年，杜威、柏格森、罗素、爱因斯坦、爱罗先珂、泰戈尔等人先后来到上海讲学和访问，这些都引起上海文化界的强烈反应。受西方文化的影响，上海文化界的知识分子开始借用西方文化来批判传统文化，使传统文化在上海发生了巨大的变化，"文人情趣正在被市民情趣所替代，那些过去非传统的、非典籍的、民间的、在野的文化形式，逐渐成为社会上最惹人注意的东西。这种颠倒雅俗的情形是对正统观念的挑战与背叛，并且为知识分子所重视"①。

以上诸种因素为《论语》的产生提供了社会文化的土壤，其产生于政治高压、文化碰撞的上海市民文化之中。

---

① 许敏：《民国文化》，见熊月之主编：《上海通史》第10卷，第2页。

第二节 《论语》半月刊的发展历程

一、《论语》半月刊概说

《论语》,16 开本,由林语堂、邵洵美、李青崖、全增嘏、沈有乾、林微因、张光宇、张振宇、曹涵美、潘光旦和叶公超等人于 1932 年 9 月 16 日在上海创办的提倡幽默的刊物,中经停刊复刊,直至 1949 年 5 月 16 日停刊,历时 10 年,共出 177 期。

(一)刊物的缘起

《论语》的产生有一定偶然性。其办刊的想法是几个私交甚好的朋友在茶余饭后闲聊时产生的,林语堂、李青崖、全增嘏、沈有乾、林微因及画家张光宇三兄弟、潘光旦、叶公超[①]等人经常聚集于邵洵美家中客厅里讨论办刊的具体问题;刊物本身发展的过程也可以看出其创刊的偶然性,《论语》第 1 期的封面是素面,除了刊登措辞幽默的《缘起》外,没有透露关于刊物的任何信息,直到第 2 期才出现了"长期撰稿员"及"论语社同人戒条";而且第 1 期的"本刊投稿规约"写道:"来稿概无金钱上之报酬",第 2 期的"本刊投稿规约"便规定"来稿概无金钱上之报酬,但酌赠本刊",直到第 13 期的"本刊投稿规约"规定"来稿一经刊登酌酬现金或本刊";以上信息都可以表明,《论语》的发起者在创刊之始并没有精心策划,虽然朋友之间友谊甚笃,但关系涣散,因而也没有考虑到"长期撰稿员"、

---

① 章克标:《林语堂在上海》,见子通主编:《林语堂评说 70 年》,北京:中国华侨出版社 2003 年版,第 119 页。

“同人戒条”及“编辑费”、“稿酬”等问题。直到第10期之后，时代书店才开始为《论语》付编辑费及稿酬。对此，章克标曾说：“抱歉的是十期以前的，一律‘既往不咎’一风吹。”①

即便如此，办刊者一开始就有着鲜明的政治态度和办刊理念。《论语》第1期上发表的“缘起”开宗明义：“《论语》社同人，鉴于世道日微，人心日危，发了悲天悯人之念，办一刊物，聊抒愚见，以贡献于社会国家。大概其缘起是这样的。”②表明本刊不失启蒙民众、挽救民族危亡、贡献国家之功效。“大概办报的消息传出之第二天，就有友人来访。……‘吾兄为什么要办报？敢问宣传什么主义？’‘没有！没有！’……‘诸位办报，持什么主张？’‘岂敢！岂敢！’……‘诸位办报应该有个立场呵！敢问你们站在什么立场上’‘请坐！请坐！’……‘你们钱哪里来的？是孙是胡？是汪公？是蒋公？’‘不知道，’我说。”③写作风格虽俏皮且滑稽，但充分表明刊物远离“主义”，不介入政治，采取“中立立场”和经济独立的办刊理念。正如施建伟所说：“《论语》的‘缘起’完全出于自发。这‘自发’的意思并不是要抹杀产生《论语》的时代原因，而是指《论语》的诞生没有党派的政治背景，而是文坛上的一群以不左不右为标榜的自由主义文士们的雅兴所致。”④

（二）刊名的确定

《论语》刊名的确定，还有一段有趣的故事。章克标在《论语》创刊号的《编辑后记》中提到：“诸位都知道论语是孔子门人所作的

---

① 章克标：《闲话〈论语〉半月刊》，《读者良友》（香港），1986年第6期，第63页。
② 《缘起》，《论语》第1期，1932年9月16日，第1页。
③ 《缘起》，《论语》第1期，1932年9月16日，第2页。
④ 施建伟：《林语堂传》，北京：北京十月文艺出版社1999年版，第262页。

一部大书，我们当然是冒牌的。但是，我们并不是这个意思，我们并不存心冒孔家店的招牌。我们同人，时常聚首谈论，论到国家大事，男女私情，又好品论人物，又好评论新著，这是我们的论字的来源。至于语字，就是说话的意思，便是指我们的谈天，因除了可以归入论字的话题以外，我们还有不少的谈话，这些全部归入这语字去的，这是语字的来源。这样的二个字拼凑起来，便成了论语，格式内容里也和孔夫子的《论语》差不多，因为也是甲一句，乙一句，东一句，西一句，拉拉杂杂一大堆大道理。"①在后来他写的回忆性的文章中，也提到："《论语》创刊前，大家在邵洵美家客厅里商谈过不少于三次，都是晚饭后的黄昏辰光，时当炎夏，一面纳凉、一面闲谈，大家讲起要出一本刊物来消消闲，发发牢骚，解解闷气，好在邵洵美开着时代书店可以发行出去，推销没有困难。关于刊物内容，谈的不多；刊物的名字叫什么，谈得最久。都想要有一个雅俗共赏、有吸引力、号召力、要喊得响、站得起，而且惊人又迷人，又是大家都熟悉的，用来一炮打响，出奇制胜。大家来动脑筋，一时谁也想不出好名目来，就拖下去下次再谈，大概是第三次的会了，还这也不行，那也不好，议论纷纷，众口嘈嘈之际，我忽然想到了林语堂的大名'林语'两字声音相似的《论语》，心里想不是大家在又论又议么？有论有语，论论议议，干脆借中国人全知道的《论语》，孔夫子的这本书名来作我们刊物的名字，岂不是好，随口提出来之后，想不到大家一致欢呼，拍手叫好。刊物的名字就这样决定了。"②

---

① 记者 K.：《编辑后记》，《论语》第 1 期，1932 年 9 月 16 日，第 46 页。K. 是章克标笔名，据徐乃翔、钦鸿编：《中国现代文学作者笔名录》，长沙：湖南文艺出版社 1988 年版，第 612 页。

② 章克标：《闲话〈论语〉半月刊》，《读者良友》（香港），1986 年 6 期，第 62 页。

响亮的刊名确实有利于《论语》的发行和销售,“《论语》半月刊出版之后,销路意外地好,创刊号重版了几次,一下子轰动了读书界。大家归功于我这个刊名取得好,其实当然是内容吸引人”①。章克标在谈及《论语》刊名确定时,虽有自谦的成分,但毋庸置疑的是一个吸引人且耳熟能详的刊名确实能够引起社会上的普遍关注,《论语》一经发行,社会上立刻掀起借旧书名来命名刊物的风气。“现在有一种借旧书名来做名字的风气。自从去年九月出了《论语》,后来接着有《中庸》,最近又出了《大学》,一部四书只三缺一了(最好有什么姓孟的人来凑局)。此外还有《春秋》《聊斋》。中外新闻第二号说起罗隆基还预备出《战国策》。”②

二、“论语社同人戒条”

为了进一步规范、细化办刊宗旨和原则,从第2期《论语》开始刊登“论语社同人戒条”。据曹聚仁回忆,“最幽默的‘论语十戒’,有一戒是不许说‘我的朋友胡适之’,正对着章衣萍说的,还是邵兄的手笔”③。可见,该戒条有邵洵美的手笔,至于其他戒条由谁制定曹聚仁没有交代。也有人说“论语社同人戒条”是林语堂一手制定的。笔者认为“论语社同人戒条”应该是《论语》发起人集体智慧的结晶,其内容如下:

一、不反革命。

二、不评论我们看不起的人(自郐以下的悉列入《子不

① 章克标:《闲话〈论语〉半月刊》,《读者良友》(香港),1986年第6期,第63页。
② 上海通社编:《上海研究资料》,上海:上海书店1984年版,第400页。
③ 曹聚仁:《谈邵洵美》,见《天一阁人物谭》,上海:上海人民出版社2000年版,第166~167页。

语》），但我们所爱护的，要尽量批评（如我们的祖国，现代武人，有希望的作家，及非绝对无望的革命家）。

三、不破口骂人（要谑而不虐，尊国贼为父固不可，名之为忘八蛋也不必）。

四、不拿别人的钱，不说他人的话（不为任何方作有津贴的宣传，但可做义务的宣传，甚至反宣传）。

五、不附庸风雅，更不附庸权贵（决不捧旧剧明星，电影明星，交际明星，文艺明星，政治明星，及其他任何明星）。

六、不互相标榜；反对肉麻主义（避免一切如"学者""诗人""我的朋友胡适之"等口调）。

七、不做痰迷调；不登香艳词。

八、不主张公道；只谈老实的私见。

九、不戒癖好（如吸烟，啜茗，看梅，读书等），并不劝人戒烟。

十、不说自己的文章不好。①

"不反革命"一语双关，即不反蒋也不反共，表明超然于政治党派之外的政治态度；"不评论我们看不起的人，但我们所爱护的，要尽量批评（如我们的祖国，现代武人，有希望的作家，及非绝对无望的革命家）"，表明刊物对现实政治仍采取关注批评的态度；"不破口骂人"、"要谑而不虐"反映出刊物温和的文化态度，与刊物的幽默风格相一致；"不附庸风雅，更不附庸权贵"、"不互相标榜；反对肉麻主义"、"不做痰迷调；不登香艳词"是针对当时文坛上恶劣习气而发，表明刊物格调高雅；"不主张公道；只谈老实的私见"、"不

① 《论语社同人戒条》，《论语》第2期，1932年10月1日，封二。

戒癖好”、“不说自己的文章不好”表明刊物保持独特的个性。“论语社同人戒条”体现了该刊不左不右、不卑不亢的中立原则。

超然的政治态度固然与当时国民政府高压的文化政策有关，但也反映出这一文人群体独特的心理状态。自五四运动以来，爱国主义风雷激荡，催促着人们走向新的觉醒。大批知识分子积极寻找救国图存的道路，希望能通过自己的努力给中国社会找到一剂良药，于是积极涉足于有如潮涌的学说主义风潮中，如进化论、自由主义、无政府主义、现实主义、浪漫主义、唯美主义、弗洛伊德学说、实用主义、马克思主义、白璧德的新人文主义、克罗齐的表现主义、托尔斯泰的人道主义等等。在众多的外来思想和学说面前，人们一时来不及冷静审视、辨析和消化，只是按照自己的理解来兼收并蓄，从而引起中西文化的碰撞，并展开一系列的思想论争，先后发生问题与主义之争、东西文化论争、科学与人生观论战、中国社会性质问题论战及革命文学论争等等。几经喧嚣，直到 1930 年 3 月，中国左翼作家联盟在上海成立，马克思列宁主义成为文艺界的指导思想。然而汇聚于《论语》周围的文人多是自由主义的知识分子，在目睹国民党“四一二”清党运动的残酷之后，对政治产生了失望和畏惧的情绪，但是他们又不想加入任何的派别，因而在《论语》创刊之始，首先表明自己与政治保持距离的文化立场。但实际上，在当时的国情下，要保持绝对的中立立场，彻底独立于党派政治之外是不可能的。

20 世纪 30 年代，上海的文化商业化现象严重，由于急功近利的商业化原则，造成了文化庸俗化的倾向，产生大量低级趣味、荒诞不经、黄色下流的刊物。《论语》不屑与之苟同，在“论语社同人戒条”中表明本刊高雅的格调，并试图通过刊物的宣传，引领民众树立较高层次的娱乐文化观念，保持自己独特的个性。正像郭晓鸿评价《论语》："关注社会政治，评说道德人生，论析风俗文化，以世俗人生为皈依，进行现代性文化模式和自由人性的构建。"①由于《论语》提出并遵守"论语社同人戒条"，才使该刊得以生存和发展。对于这一点海戈（张海平）曾有清醒的认识："故《论语》三年来，曾不左派，而也常反对右派；曾捧要人，而也常痛骂要人；曾为有名的主编，而无名者也能继续编得下去；曾负亡国责任，曾被人骂得要死；而国也不亡，《论语》也不死：我以为这全是为了大家能遵从那'十大戒条'的原故。"②

三、《论语》半月刊的七位主编

主编是一个刊物的"把关人"，他所承担的责任是刊物编辑中最为复杂的，他要承担多种职责，并需要具备各种能力。主编不仅要对刊物的内容和风格负责任，而且还要了解读者的兴趣、爱好以及协调编辑部中人事关系等等；主编不仅应是一位作家和语言大师，而且还应该是位机智巧妙、具有判断力的管理者。《论语》先后有七人出任主编。第1～26期由林语堂任主编；第27～82期由陶亢德任主编；第83～105期由郁达夫、邵洵美共同担任主编；第106～109期由邵洵美任文字编读（相当于主编）；第110～117期由邵洵美、林达祖共同担任文字编读；第118～121期由李青崖担任主编；第122～176期由邵洵美担任主编；第177期由明耀五担任主编。

---

① 郭晓鸿：《〈论语〉杂志的文化身份》，《文学评论》，2002年第2期，第122页。
② 海戈：《纪"三"》，《论语》第73期，1935年10月1日，第60页。

(一)林语堂主编《论语》半月刊

1. 林语堂简介及与《论语》的关系

林语堂是《论语》最重要的创办人和主编。林语堂(1895～1976)原名和乐,后改名玉堂,笔名语堂、毛驴、宰予、宰我、堂、岂青、萨天师等,福建龙溪坂仔村人。1912 年入上海圣约翰大学,1916 年任北京清华学校中等科英文教员,1919 年赴美国哈佛大学比较文学研究学所留学,攻读硕士学位,曾到德国耶拿大学补充学分,获得硕士学位后又入莱比锡大学攻读语言学,1923 年获博士学位。1923 年回国,任北京大学教授。1924 年参加语丝社,是其主要撰稿人之一。1925 年受聘为北京女子师范大学英文教授兼英文系主任。1926 年任厦门大学文科主任兼国学研究院秘书,1927 年去汉口任国民政府外交部秘书。1930 年任中央研究院国际出版物交换处处长。1932 年参加中国民权保障同盟。1932 年 9 月 16 日,参与创办《论语》。《论语》的成功,与林语堂的努力密不可分。

1932 年到 1936 年的短短五年内,林语堂在《论语》上发表了大小文章共 198 篇(具体见附录一),撰写《论语》"缘起"①,在表明刊物政治态度和创刊理念的同时,亲自制作了一个"幽默"样品,确定刊物的幽默风格。在《答青崖论幽默译名》中,将英文"Humour"一词译作"幽默",并指出:"《论语》发刊以提倡幽默为目标,而杂以谐谑,但吾辈非长此道,资格相差尚远。除介绍中外幽默文字以外,只求能以'谑而不虐'四字自相规劝罢了"②,从而对《论语》的

---

① 《缘起》,《论语》第 1 期,1932 年 9 月 16 日,第 1～2 页。

② 青崖、语堂:《"幽默"与"语妙"之讨论》,《论语》第 1 期,1932 年 9 月 16 日,"群言堂"栏目,第 45 页。

办刊目标做出界定。《我们的态度》、《会心的微笑》两文，进一步澄清国人对《论语》的误解，指出幽默是一种“会心的微笑”①，而非单纯的“滑稽”②；表明《论语》并不是“专载游戏文字”，而是“使青年读者，注重观察现实”③。可见，《论语》的缘起、写作风格和办刊目标都是由林语堂确定的，难怪曹聚仁说：“林语堂以《论语》而传，《论语》呢，也以林语堂而传。”④

林语堂主编《论语》期间，还广泛利用自己的社会影响力，向社会名流约稿。他曾向鲁迅约稿，鲁迅应约写了《论语一年》一文，文中提到：“说是《论语》办到一年了，语堂先生命令我做文章。”⑤他还向胡适约稿，《胡适来往书信选》中就有一封“林语堂致胡适”的信，信中写道：

适之兄：

前日得晤谈两次，甚快。承允为《论语》写几行一关于拘捕你们几位提议的读后感，尤喜。请你于接到此信之后，登时拿起笔来写几字，以免我再来麻烦。《幽默文选》尤请随时指示材料为荷！敬请起居！

弟语堂廿一，一，九日⑥

这封信标记的时间是 1932 年 1 月 9 日，然而《论语》是在 1932 年 9

---

① 语：《会心的微笑》，《论语》第 7 期，1932 年 12 月 16 日，“论语”栏目，第 214 页。

② 《我们的态度》，《论语》第 3 期，1932 年 10 月 16 日，第 85 页。

③ 《我们的态度》，《论语》第 3 期，1932 年 10 月 16 日，第 85 页。

④ 曹聚仁：《〈论语〉与幽默》，见《我与我的世界》，北京：人民文学出版社 1983 年版，第 461 页。

⑤ 鲁迅：《论语一年》，《论语》第 25 期，1933 年 9 月 16 日，第 16 页。

⑥ 《林语堂致胡适》，见中国社会科学院近代史研究所中华民国史组编：《胡适来往书信选》中册，北京：中华书局 1979 年版，第 102 页。

月16日才创刊,所以这封信的时间值得怀疑。笔者怀疑是编者在选编过程中把时间弄错了。但是不管怎样,该信透露出一条重要的信息:林语堂曾经为编辑《论语》向胡适约稿,而且当时胡适也答应了。至于胡适为什么没给《论语》写稿,就不得而知了。

2. 林语堂的编辑思想对《论语》的影响

林语堂的编辑思想直接影响着《论语》的内容和风格。首先,林语堂认为,"期刊是一个国家文化进步最好的体现",是"作为一种媒介,起到教育大众、观察最重要的国内外形势,介绍或提倡艺术、文学和思想的新动向,以及不断引导思想潮流和矫正其错误的作用"①。因而,他主编的《论语》,其定位是针对具备一定知识的市民阶层、内容涉及社会的各个层面、具有引导民众舆论等特点。

其次,林语堂还认为与西方杂志相比,国内杂志有着"新闻写作风格还不适应大众的需要"②的特点,"是文人在亭子间制造出来的玩意,是读书人互相慰藉无聊的消遣品而已"③。可见,中国杂志是少数文人写给自己看的,所以高高在上,很少描写民众喜闻乐见的东西,因而林语堂认为,在办刊理念上中国要向西方学习。为了使文学作品大众化和普及化,林语堂主编《论语》时,在内容和形式上都非常强调通俗性,刊载许多民间艺术形式,如民歌、对联、联话、笑话、寓言、竹枝词、打油诗以及西方漫画;以幽默风趣的风格博得了众多读者的喜爱。

再次,林语堂曾受克罗齐(Benedetto Croce)美学思想的影响,

---

① Lin Yutang, *A History of the Press and Public Opinion in China*, Chicago: The University of Chicago Press, 1936, p. 150.

② Lin Yutang, *A History of the Press and Public Opinion in China*, p. 157.

③ 林语堂:《林语堂自传》,南京:江苏文艺出版社1995年版,第242页。

这一美学思想表现在文学批评上就是斯宾加恩(Spingarn)表现主义批评。[①] 表现主义主张打破一切桎梏,推翻一切模型;文章不能脱离个性,个性是自然不可抑制的。林语堂对崇尚个性的表现主义极为信服和推崇,因而《论语》自始至终都强调个性,这也是《论语》在战时还能提倡"会心的微笑"和"幽默"的一个原因。另外,林语堂十分推崇孔子、苏轼、袁中郎、李笠翁、张潮、郑板桥等人,所以《论语》的封面上经常会出现"凡人苟非民社系身,饥寒迫体,稍堪自逸者,则当以三时行事,一夏养生。过此危关,然后出而应酬世故,未为晚也"[②];"新诗日日千余言,诗中无一忧民字。旁人道我真聩聩,口不能答指山翠"[③],诸如此类的名句。并在"古香斋"栏目中重新阐释孔子的思想;介绍袁中郎、李笠翁、张影等人的文章和思想。即使林语堂不再担任《论语》主编,他对现实政治的幽默讽刺,主张回归民众日常的立场,崇尚自然,提倡本色的文风及"谑而不虐"悠然自得的处世态度,仍旧影响着《论语》。

林语堂在担任《论语》主编期间,主张开放的办刊原则,正如《与陶亢德书》中说的那样:"论语地盘向来完全公开。"[④]政治观和文艺观不同的作者都曾在《论语》上发表过文章,如宋庆龄、鲁迅、茅盾等著名的左翼人士都曾为之撰稿,这无疑扩大了《论语》的生存发展空间和读者群。对于作者而言,稿件不会因观点和风格与刊物不同而拒之门外;而对读者来说,不同精神需求的读者也可以

① 参见胡风:《林语堂论》,见《中国新文学大系:1927~1937》第1集,上海:上海文艺出版社1987年版,第615~616页。

② 《李笠翁夏季行乐之法》,《论语》第46期,1934年8月1日,封一。

③ 袁中郎作,《论语》第47期,1934年8月16日,封一。

④ 林语堂:《与陶亢德书》,《论语》第28期,1933年11月1日,第173页。

各取所需，这就为《论语》拥有丰富的稿源和庞大读者群打下了基础。综上所述，林语堂的编辑思想深刻地影响着《论语》。

3. 林语堂离开《论语》

1933 年 10 月 16 日，林语堂在第 27 期《论语》上发表启事："本人承论语社同人之托主编《论语》，幸得海内同志踊跃匡助，安度一年，基础粗定。现因本人另有编辑计划，势难兼顾，决定自本期起脱离编辑职务，并已请陶亢德先生继续主编，所喜海内为本刊长期撰稿者不下数十人，陶先生编辑经验丰富，定可循序渐进发扬光大。本人仍以社员地位逐期撰稿，另辟'我的话'刊载，尚希海内爱护本刊之作者，续赞助多赐佳作为荷。"①后又在第 28 期上发表了《与陶亢德书》："我孕育《论语》，使之出世，鞠之育之，爱之惜之，面目粗具，五官俱全，今将有远行，交先生抚养，安能无数句叮咛语耶？人人视其文章，亦各如其血脉骨肉，今举众胎儿以托于子，又安可无数句叮咛语耶？吾不知话从何说起，惟子知其饥则哺之，寒则衣之，毋使傲慢荒嬉，亦毋使失其赤子之心天真之乐。吾知子之爱之，故以托子，吾不知话从何说起也。"②可见，林语堂将《论语》视如己出，在临别之前恋恋不舍，反复叮嘱和交代陶亢德把它照顾好，表现出对《论语》无限的眷恋之情。

《论语》大获成功后，林语堂却离开了《论语》。关于林语堂离开《论语》的原因一直存在争论。一种说法是林语堂和邵洵美争夺办刊权的缘故。章克标曾回忆："因为《论语》销路好，计算起来是有利可图的。林语堂有点想法，以为《论语》是他用心费力打出来

① 《林语堂启事》，《论语》第 27 期，1933 年 10 月 16 日，封二。
② 林语堂：《与陶亢德书》，《论语》第 28 期，1933 年 11 月 1 日，第 173 页。

的天下,他也应该分润到点好处,不能让做老板的邵洵美独擅其利,所以后来他就自己另办刊物了。”[①]林语堂在《八十自叙》中也提到,“我在上海办《论语》大赚其钱时,有一个印刷股东认为这个杂志应当归他所有。我说:‘那么,由你办吧。’我那位朋友接过去。这份杂志不久就降格而成为滑稽笑话的性质,后来也就无疾而终”[②]。林语堂的述说虽然不甚准确[③],但是也道出自己离开《论语》是因为与某位股东争夺《论语》办刊权。到底和谁发生了争夺,林语堂没有具体说明,或许林语堂认为当事人都心知肚明,不必再详细说明;或许有一些事情自己也不愿意说出,比如过多的索要编辑费用。另一种说法是由于编辑费用的问题,与章克标发生了矛盾。1989 年章克标在上海《文汇月刊》上发表的《林语堂在上海》一文,谈及林语堂离开《论语》的原因时说:“至于说林语堂和邵洵美后来发生矛盾,为了争夺《论语》的主权,似乎没有这件明确的事情,只是在编辑费与稿费上有了意见。”[④]章克标谈及该问题时前后相互矛盾,足见这件事情另有隐情。施建伟在《林语堂传》中论及此事时认为,由于林语堂要求增加编辑部支出,估计章克标不会答应,所以他绕过章克标直接给邵洵美说,最终达到目的。事后,章克标不好公开反对,但是时间一久,林语堂和章克标的矛盾便暴露出来了。章克标认为林语堂太重利轻义,而林语堂则认为《论语》因他而成功,他应该有所回报。正巧此时良友图书公司准备办刊

---

① 章克标:《闲话〈论语〉半月刊》,《读者良友》(香港),1986 年第 6 期,第 65 页。

② 林语堂:《林语堂名著全集》第 10 卷,长春:东北师范大学出版社 1994 年版,第 294 页。

③ 《论语》并没有在林语堂离开后无疾而终,而是由于“八一三”事变后,日本占领上海而被迫停刊。

④ 子通主编:《林语堂评说 70 年》,第 120 页。

物,林语堂便以承包的方式到良友来办《人间世》了①。关于林语堂离开《论语》的原因众说纷纭,使得我们无从判断,但是有一点可以肯定,良友图书公司支付的编辑薪金和作者稿费要比时代图书公司给的多,“林语堂主编《论语》,编辑费每月三百五十元;主编《人间世》,编辑费用每月五百元”②。先前与邵洵美和章克标的矛盾,继续担任《论语》的主编已经不可能,因而,林语堂另谋高就。虽然林语堂不再担任《论语》的主编,但是他仍然在《论语》上发表文章,并且在“群言堂”栏目中继续回答读者的来信。就像《林语堂启事》所说:“本人仍以社员地位逐期撰稿,另辟‘我的话’刊载,尚希海内爱护本刊之作者,续赞助多赐佳作为荷。”③

(二)陶亢德主编《论语》半月刊

1. 陶亢德简介及与《论语》的关系

陶亢德(1908~1983),原名陶哲庵,又名陶光燮,浙江绍兴人,笔名徒然、哲庵、室暗、知安、德、实庵、陶徒然、窒暗、孺子牛等。陶亢德出身贫寒,早年在苏州当学徒,后到沈阳工作,并为《生活》周刊写东北通讯。1931 年“九一八”事变爆发后到上海。他没有受过什么正规的教育,却靠着浙东人的坚韧进行自学,最后达到了通晓五六国语言的地步。

陶亢德到上海后,曾任《生活》周刊编辑,常用“徒然”的笔名写些短文。1933 年 12 月,《生活》周刊被国民党查禁之后,林语堂招

---

① 施建伟:《林语堂传》,第 334 页。

② 何如:《林语堂是一位大包作头》,《上海报》,1934 年 5 月 6 日,转引自李楠:《晚清、民国时期上海小报研究——一种综合的文化、文学考察》,人民文学出版社 2005 年版,第 119 页。

③ 《林语堂启事》,《论语》第 27 期,1933 年 10 月 16 日,封二。

聘陶亢德来到《论语》,和徐讦一起担任执行编辑[①],成为林语堂的得力助手。1933 年 10 月 16 日,林语堂去办《人间世》,陶亢德开始担任《论语》的主编,从第 26 期一直到第 82 期。由于他在《生活》周刊工作了近两年的时间,练就了从编辑到拉稿、从读者到广告等一整套办刊技能,因而在他担任主编期间,《论语》始终保持幽默的风格,拥有丰富的稿源及保持较高的销售量。

2. 陶亢德对《论语》的影响

陶亢德接手《论语》之后,仍然坚持开放办刊的原则,继续刊登与《论语》不同观点的文章,同时还坚持《论语》的幽默风格和办刊宗旨。他曾模仿《论语》第 2 期封面的题词"程子曰:今人不会读书。如读《论语》,未读时是此等人,读了后又只是此等人,便是不曾读"的句子,来驳斥于德纯批评何容先生不懂修辞的观点,认为于德纯并不懂幽默,继续坚持"不说自己的文章不好"的宗旨[②];并在《答扉先生书》中说:"中国人太好哭,好呻吟了。论语就是想矫正中国人的好呻吟及好哭"[③],以此来重申《论语》"会心的微笑"的幽默风格。

由于陶亢德恪守《论语》最初的办刊风格,所以许多读者并没有觉察到刊物的内容和风格上有多大变化,以至部分读者误认为陶亢德是林语堂的化名,并来信问:"有人证明:《论语》新编者陶亢德即林语堂化名。然又有人说:此项消息,系书贾故意泄漏,盖自

---

① 徐讦:《追思林语堂先生》,见子通主编:《林语堂评说 70 年》,第 137 页。

② "德纯先生:汝不会读论语。未读时是此等人,读了后亦是此等人。"编者:《答于德纯"何容先生'善修辞(?)'"书》,《论语》第 27 期,1933 年 10 月 16 日,"群言堂"栏目,第 164 页。

③ 编者:《答扉先生书》,《论语》第 29 期,1933 年 11 月 16 日,"群言堂"栏目,第 253 页。

幽默大师下坛后，此‘改良笑林广记’销路已一落千丈云。”[①]对此陶亢德作出答复：“按事实，语堂先生姓林，我亢德姓陶，陶即林的消息虽是谣言，可毋庸辟。但此项消息，沪报亦有之，为恐远道传闻失实，且论语销路并不一落千丈，特赘数语如上，以慰咒诅论语者。”[②]陶亢德幽默的回答，不仅申明自己并非林语堂的化名，而且用极为自信的口吻“特赘数语如上，以慰咒诅论语者”，批驳了《论语》销售一落千丈的谣言。这种自信，给读者一种心理上的暗示：《论语》虽换主编，但销售量丝毫没有受到影响，希望读者继续购买《论语》，因为《论语》内容将更为精彩。

陶亢德在担任《论语》主编期间，还撰写了生动活泼的征稿启事：

> 谈漫步；闲谈
>
> 谈书籍；读书
>
> 对于右四题之一或二或全数有心得佳意者，请轻描淡写，随意落笔。每篇字数不限，截止收稿无期。[③]

并增加稿酬，“本刊本期起文字稿费增至千字四元，图画每帧三元”[④]；还在第 50 期发出“求知本刊与读者个人生活之关系。望读者为文叙述购读《论语》的经验，以‘论语与我’为题，自五十三期起可以陆续登刊，每期一二篇，或来的多时，作为特辑刊出亦无不

① 胡徇道：《借花献佛》，《论语》第 33 期，1934 年 1 月 16 日，“群言堂”栏目，第 475 页。

② 编者：《答胡徇道“借花献佛”书》，《论语》第 33 期，1934 年 1 月 16 日，“群言堂”栏目，第 476 页。

③ 《征稿四题》，《论语》第 37 期，1934 年 3 月 16 日，第 617 页。

④ 《启事》，《论语》第 36 期，1934 年 3 月 1 日，第 573 页。

可”①的征文,使读者有机会说出自己和《论语》相知相识的过程,直到第64期该类文章才因篇幅原因停止刊登。由于陶亢德的悉心经营,《论语》始终保持着鲜明的个性和幽默的风格,就连林语堂也承认这一点。他在《再与陶亢德书》一文中说:“惟论语已立足得住,先生抚养以来,更形活泼可爱,吾甚放心”;并且表明等《人间世》立住脚跟之后,还要交给陶亢德来办的想法:“人间世初出……且俟其长成,立足得住时,亦非托先生抚养不可。”②可见,林语堂充分肯定了陶亢德的办刊才能。

3. 陶亢德离开《论语》

1936年2月,陶亢德追随林语堂来到《人间世》,辞去了《论语》的编务工作。临行之前,发表启事:“亢德主编论语,两年又半,承辱作者赞助,读者爱护,幸免陨越,感荷良深。兹以个人事务忙碌,对本刊实难兼顾,因自八十三期起辞去编务,完全脱离关系。所有已刊文画未发稿费,统由时代公司负责发清。一切存稿,亦经移交时代公司负责。以后友好赐函,请寄上海愚园路愚谷村二十号敝寓是荷。”③

(三)郁达夫主编《论语》半月刊

1. 郁达夫简介及与《论语》的关系

郁达夫(1896~1945),名文,字达夫,小字荫生,浙江富阳人。少年在家乡入私塾及小学,1911年入嘉兴府中学堂,后转入杭州第一中学堂。1912年春,入私立之江大学预科,后转入杭州蕙兰中

---

① 《征文启事》,《论语》第50期,1934年10月1日,第85页。
② 语堂:《再与陶亢德书》,《论语》第38期,1934年4月1日,第661页。
③ 《陶亢德启事》,《论语》第82期,1936年2月16日,第467页。

学。1913 年 9 月，赴日本留学。1914 年夏，入东京第一高等学校预科。1915 年秋，入名古屋第八高等学校，先习医科，后转法科。1919 年，考入东京帝国大学经济学科。1922 年回国，与郭沫若等成立创造社（创造社成立于 1921 年——笔者注），发行《创造周报》；同年，赴安庆任公立安徽法政专门学校英文科主任。1923 年至 1926 年间，先后编辑《创造季刊》、《创造日》、《洪水》等刊物，并先后在国立北京大学、国立武昌师范大学、国立广州中山大学任教。1928 年，与鲁迅合编《奔流》杂志，创办与主编《大众文艺》，任私立上海艺术大学教务长。1929 年，与宋庆龄等发起组织中国自由大同盟（中国自由大同盟成立于 1930 年——笔者注）。1930 年 3 月，参加中国左翼作家联盟；同年秋，任省立安徽大学教授。[①]

陶亢德离开《论语》之后，邵洵美开始物色新的主编。1936 年 2 月 12 日晚，邵洵美给郁达夫打电话，邀请他出任《论语》的主编。郁达夫在日记中曾提及此事：“昨晚接洵美来电，坚嘱担任《论语》编辑，并约于二十日前写一篇《编者言》寄去，当作航空覆信一答应了他。”[②]由于郁达夫在《论语》发起之时就是“叨陪末座的一个”[③]，所以，郁达夫答应了邵洵美的邀请。1936 年 2 月 16 日，《论语》上刊登出《本刊启事》、《陶亢德启事》及《郁达夫启事》三则启事。《本刊启事》写道：“本刊编辑陶亢德先生，因事务繁忙，自即期起完全脱离编辑职务。本刊自下期起由郁达夫先生主编。特此郑重声

① 参见徐友春主编：《民国人物大辞典》上册，石家庄：河北人民出版社 2007 年版，第 854 页。

② 郁达夫：《闽游日记》，1936 年 2 月 13 日，星期四，晴爽。见郁达夫：《日记》，《郁达夫全集》第 12 卷，杭州：浙江文艺出版社 1992 年版，第 448 页。

③ 郁达夫：《继编论语的话》，《论语》第 83 期，1936 年 3 月 1 日，第 513 页。

明。”[①]郁达夫也发出了向广大同仁征稿的启事:“本人自下期起接受论语半月刊编辑事务,如蒙海内外同仁赐与佳作,请寄交上海福州路三百号上海时代图书公司转论语社编辑部收。”[②]

根据郁达夫日记中“为《论语》写的一篇《编辑者言》,也于今天写好,明日当一同寄出”[③]的记载可知,1936 年 2 月 19 日,郁达夫为《论语》写了《编辑者言》,于次日寄出。1936 年 3 月 1 日,郁达夫的《继编论语的话》一文发表在《论语》第 83 期上。文中说:“要我这一个根本就缺少幽默性的笨者来规随继武,即使旁人不说,我也早晓得是不能胜任的。但是洵美的脾气,却又是不肯把说话收回去的人,我虽远离在几千里路外的闽中,一时不及赶回上海去埋头苦干,但拉拉稿子,陈述陈述编辑的意见,或者一时来得及,也写篇把不三不四的文章的责任,想来总是不得不负的了。所以在最近两三个月之内,当由洵美偏劳一下;等我从七闽回航之后。再来浆糊剪子地作文抄文简以及小丑的劳工。”[④]可见,郁达夫继任《论语》的主编完全是碍于邵洵美的面子不得不答应的,而且他当时已应福建省政府主席陈仪之邀,离开杭州去福建游览,并于 1936 年 2 月 7 日出任福建省政府参议[⑤],根本没有时间去做《论语》的编务工作。因而,此时《论语》的编务工作是由邵洵美负责,郁达夫只是以主编的身份约稿、陈述编辑意见和写几篇文章而已。

---

① 《本刊启事》,《论语》第 82 期,1936 年 2 月 16 日,第 467 页。

② 《郁达夫启事》,《论语》第 82 期,1936 年 2 月 16 日,第 467 页。

③ 郁达夫:《闽游日记》,1936 年 2 月 19 日,星期三,阴闷。见郁达夫:《日记》,《郁达夫全集》第 12 卷,第 451 页。

④ 郁达夫:《继编论语的话》,《论语》第 83 期,1936 年 3 月 1 日,第 513 页。

⑤ 郁达夫:《郁达夫生平系年》,见郁达夫:《日记》,《郁达夫全集》第 12 卷,第 525 页。

2. 郁达夫对《论语》的影响

既然郁达夫并没有时间和精力出任《论语》的编务工作，那么为什么邵洵美还邀请郁达夫出任主编一职呢？原因有三：一、邵洵美与郁达夫是浙江老乡，私交甚好；二、郁达夫自《论语》创刊之始，就始终为《论语》撰稿，已经有一定影响力和读者群；三、利用郁达夫的名人效应，继续保持《论语》的销售量。正是出于这种考虑，邵洵美邀请郁达夫出任主编，而自己则甘愿作“浆糊剪子地作文抄文简以及小丑的劳工”。

这种做法收到了预期的效果，启事一经登出，读者出于对郁达夫的崇敬，每天来访信函不绝，投寄稿件倍增，但一些投稿信件上写“郁达夫先生亲启”，弄得《论语》编辑部无所适从①，不得不在第85期的《论语》上，刊登出一则《编辑部启事》：“郁达夫因事羁闽，约一月后方能返沪，蒙赐稿件，请直接寄交论语编辑部，勿写私人姓名，以免往返周折，至幸。”②这个“挂名编辑”，郁达夫担任了一年之久，直到1937年2月16日才在第106期的《论语》中除去他的主编名字。

（四）邵洵美主编《论语》半月刊

1. 邵洵美简介及与《论语》的关系

邵洵美（1906～1968），原名云龙，改名洵美，笔名郭明、北峰、逸名、闲大、荀枚、初盦、邵年、绍文、浩文、邵浩平等，浙江余姚人，原籍河南，世居上海。幼年入私塾读书，中学就读于圣约翰中学，1923年夏毕业于公立上海南洋路矿学校。1925年乘船赴欧，先赴

① 参见郁云：《我的父亲郁达夫》，台北：兰亭书店1986年版，第143页。

② 《编辑部启事》，《论语》第85期，1936年4月1日，第601页。

意大利,4 月抵达伦敦及剑桥大学。在伦敦留学期间,利用暑假到法国巴黎画院学习绘画,参加了徐悲鸿、江小鹣、王济远、张道藩、常玉等人组织的团体“天狗会”。同年 12 月考入剑桥大学,初读依曼纽学院经济系,后改为专攻英国文学。1926 年 5 月回国。1927 年 5 月到 8 月,出任南京特别市市长刘纪文的秘书。1928 年 3 月,在上海创办金屋书店。1929 年 1 月,在上海与章克标编辑《金屋月刊》,鼓吹唯美主义。1930 年 10 月起,金屋书店的书刊交由《时代画报》的发行兼编辑者——中国美术刊行社代理总发行,金屋书店基本结束。后邵洵美应《时代画报》老板张光宇、张振宇兄弟要求,投资财力不足的《时代画报》。1930 年 11 月 16 日,国际笔会中国分会成立,其当选为理事,并任会计。1931 年 1 月 20 日,与徐志摩创办不定期刊《诗刊》。1932 年“一·二八”淞沪抗战发生后,在上海出版抗战宣传小报《时事新报》,以照片为主,共办 16 期。1932 年 9 月 16 日,与林语堂在上海创办《论语》。

从第 83 ~ 176 期,除了中间第 118 ~ 121 期四期由李青崖主编外,邵洵美担任了 90 期《论语》的编辑工作。第 83 ~ 105 期的《论语》名义上虽是由郁达夫、邵洵美共同担任主编,但是郁达夫只是一个“挂名编辑”而已,具体的编务还是由邵洵美来负责。后邵洵美又请林达祖帮他办《论语》,但基本上还是邵洵美总负责。除此之外,邵洵美还是《论语》的老板。据章克标回忆《论语》酝酿创刊时,大家想到“好在邵洵美开着时代书店可以发行出去,推销没有困难”[①]。所谓“时代书店”,是指邵洵美、曹涵美共同投资合办的时代印刷有限公司。1931 年 7 月邵洵美出资购买影写版印刷机运

① 章克标:《闲话〈论语〉半月刊》,《读者良友》(香港),1986 年第 6 期,第 62 页。

抵上海，1932 年 6 月 1 日邵洵美自营的时代印刷公司开始营业，同年 9 月时代印刷有限公司正式成立，它是国人经营的第一家采用影写版印刷技术的印刷公司[①]。《论语》正是由时代印刷有限公司发行。而且邵洵美一直承担《论语》的排版、校订、装订等具体工作，在他的协调努力下，《论语》编辑、印刷、发行三位一体。如果说，林语堂是《论语》的灵魂人物，那么邵洵美就是《论语》的核心人物。

2. 邵洵美在《论语》中所起的作用

《论语》之所以能够保持极强的个性和拥有较高的销售业绩，与邵洵美的个人努力不无关系。首先，《论语》是由邵洵美私人投资，经济来源独立，不接受任何人的经济援助，所以在言论上可以保持一定程度的自由和独立。其次，《论语》的发行是由邵洵美、曹涵美合资的时代图书公司负责，所以《论语》创刊之初，就拥有了成熟的发行和销售网络。再次，《论语》的印制工作也由邵洵美独资创办的时代印刷厂承担，该厂拥有最先进的德国生产的影写版印刷机，能够保证刊物物美价廉，这些都为《论语》的成功奠定了基础。

而且，邵洵美还利用与张道藩的私人关系，为办刊创造有利条件。据盛毓贤回忆："邵洵美早年即留学英国，在剑桥大学读书，后来又到过美法等国，家境很好，在外国时，常常帮许多有困难的中国人的忙，张道藩也是其中的一个。"[②]由于邵洵美乐善好施，所以

① 王京芳：《邵洵美年表》，《新文学史料》，2006 年第 1 期，第 30 页。

② 盛毓贤：《邵洵美与张道藩之关系》，上海市档案馆，Q431—1—208，1949 年，《时代印刷厂》，第 36 页。

结交了很多朋友，张道藩就是其中的一个。1925 年夏，邵洵美到法国巴黎画院学习绘画时，结识了徐悲鸿、江小鹣、王济远、张道藩、常玉等人，并参加了他们组织的团体“天狗会”，“四好友结为金兰。谢寿康为老大，徐悲鸿为老二，张道藩为老三，洵美为老四”[①]。因此，邵洵美与张道藩私交甚好。

张道藩(1897～1968)，字卫之，贵州盘县人，原籍江苏江宁府。1919 年 11 月赴欧洲，1921 年秋，考入伦敦大学的大学院美术部思乃德学院。1923 年在伦敦加入中国国民党，并当选为驻伦敦总支部评议部长。旋即赴法入巴黎最高美术学院。在法国期间，认识了邵洵美并结为金兰。1926 年 6 月回国，任广东省政府农工厅秘书；11 月任国民党贵州省党务指导员。1928 年春，任国民党中央组织部秘书；12 月兼任南京市政府秘书长。1929 年 3 月当选为国民党第三届候补中央执行委员；11 月任国民党江苏党务整理委员。1931 年 6 月兼任国民党中央组织部副部长；12 月任国民党第四届候补中央委员。1932 年 12 月任国民政府交通部常务次长。1936 年 2 月任内政部常务次长；11 月当选为国民党第五届中央执行委员，兼任国民大会选举事务所副总干事。1938 年 1 月，调任教育部常务次长；5 月兼任中央社会部副部长；6 月兼任教育部教科用书编辑委员会主委。1939 年 9 月，任国立中央政治学校教务主任；12 月兼任中央文化运动委员会主委。1942 年 12 月，任国民党中央宣传部部长。1943 年，当选为三民主义青年团第一届中央干事会干事。1945 年 5 月当选为国民党第六届中央执行委员、常务委员，并

① 盛佩玉：《盛氏家族·邵洵美与我：盛佩玉的回忆》，北京：人民文学出版社 2004 年版，第 68 页。

任中央文化运动委员会主任委员。1946 年 3 月，任国民大会筹备委员会委员兼秘书长；6 月任中央电影企业公司董事长；11 月当选为制宪国民大会代表。

抗战胜利后，邵洵美恢复时代印刷厂时，曾利用与张道藩的私人关系，为时代印刷厂安装电话。“至卅五年八月间，由邵洵美以私人关系商恳张道藩借用中央运动委员会名义去信电话公司。十月装出电话，牌子亦商得同意挂用，同年九月份即正式开始营业，十二月一日又论语出版。至卅七年四月电话公司可以过户，当时又商得张道藩借用文化运动委员会名义过出，时代印刷厂即于该时过回，即过去二十月中电话费，均由时代厂付，有账拟可查，即经济部登记、社会局登记、同业工会、电力公司、煤气公司、银行往来等均可查明事实，以上系大概情形，完全实情。”①由于时代印刷厂曾经悬挂过“中央文化运动委员会”的招牌，所以中国人民解放军进入上海后，曾将其纳入军事管制单位。②

3. 邵洵美的编辑理念对《论语》的影响

《论语》在邵洵美主编期间，编辑理念与以往截然不同。由先前的“我来办刊”，变为“大家共同办刊”；“编辑决不可和他的作者

① 盛毓贤：《时代印刷厂情况》，上海市档案馆，Q431—1—208，1949 年，《时代印刷厂》。

② 1949 年 6 月 3 日，中国人民解放军上海市军事管制委员会主任陈毅、副主任粟裕曾下令曾将时代印刷厂纳入军事管制单位。后来经过调查后，认为：“①该厂曾挂过‘中央文化运动委员会沪东办事处’招牌，原因是该厂想装电话，当时电话公司规定非行政或军事机关不得装置，另一原因即恐惧驻军队。②邵洵美与张道藩私交甚笃，除借用以上招牌以外，并由张设法护照代中国农业影片公司赴美洽购机器。③经调阅伪社会局档案，时代确为邵独资。④关于邵曾为国民党宣传做国际宣传工作一点，现尚未查出实据。……根据以上情况，军事管理未能进一步查出实据，拟请撤销管制并会邵洵美具结，如何请示。”参见《时代印刷厂》，上海市档案馆，Q431—1—208。

竞争。——一个编辑当然可以,也应当,在自己编辑的刊物里撰著。可是他更大的责任,是要随时能发现杰出的作者”①。可见,邵洵美认为编者的本职工作是选择、编辑读者来稿,刊登优秀的作品与广大读者共同分享,而不是编者自己高谈阔论,夸夸其谈。办刊的目的是引领读者关注现实,就现实问题发表自己的看法,而不是宣扬编者自己的主张。刊物的性质是编辑和读者交流与讨论的园地,而不是编者单方面向读者灌输的场所。依照这些编辑理念办刊,最终让读者把《论语》当作自己最好的朋友。“所以我们的目的便是要使《论语》能变成读者的好朋友:当你们有什么得意找不到人来赞美的时候;当你们有什么不如意而找不到人来安慰的时候;当你们有了疑问找不到答案的时候;当你们有了秘密怕人知道的时候,或是怕人不知道的时候;当你们有冤没处伸,有钱没处用的时候;总之,在你真正感到孤独的时候,我们要使《论语》成为你最需要最接近最坦白最诚恳的伴侣”②。

为了贯彻自己的办刊理念,从第 91 期《论语》开始,邵洵美用“编辑随笔”栏目取代了“论语”栏目。因为邵洵美认为:“刊物的编辑者,议论越少发越好;有人还会把你的议论作为刊物撰稿人大家的主张,那么,你又何忍拖人落水!所以我们决定把‘论语栏’停止了。我的‘编辑随笔’便单讲编辑上的话:他将成为我的感兴的记录,要说什么便说什么。”③在该栏目中,“投稿人和编辑者确有真正合作的可能。我们应当尽量的使两者中间的距离缩短,使两者

① 邵洵美:《再函达祖(代编辑随笔)》,《论语》第 145 期,1948 年 1 月 16 日,第 1224 页。

② 邵洵美:《编辑随笔》,《论语》第 104 期,1937 年 1 月 16 日,第 388 页。

③ 邵洵美:《编辑随笔》,《论语》第 92 期,1936 年 7 月 16 日,第 1017 ~ 1018 页。

中间的障碍去除；换句话说，就是两者中间的交接，尽使依赖着通信，可是应当设法做到，好像早晚在一起切磋讨论。编辑者应当让投稿人知道什么是当前急需的文章，同时投稿人也应当修正或是鼓励这个意见，在可能的范围里，尽量的给予他帮助，使他的希望实现”①。因而，“编辑随笔”主要刊登编者在编辑刊物过程中的想法、介绍来稿作者的情况、点评该期所发文章、预告下期要发表的文章及编者对当时局势的看法等，为读者更好地了解编者的意图创造了条件；在编者和读者之间搭建了沟通的平台，拉近编者与读者的距离。同时该栏目还起到文章导读的作用，能够引领读者正确阅读和理解《论语》。对于这一点，邵洵美曾颇感自豪地写道：“读者也许早已注意到了，自从九十一期到现在，有许多素来不为《论语》写文章的，蒙他们都惠赐稿件；将来的《论语》，应当不再像以前那样狭隘。可见人总是重情的动物，你诚心了人家也就诚意，什么事情只要公开了就有人和你合作：救国如是，做人如是，编辑刊物也如是。”②

与此同时，邵洵美借口“揖让为礼乃我国之盛德，越俎代谋是当世之新风，爰用我的笔，来写你的话，所以顺天理，徇人情也”③，从《论语》第94期开始，开设“你的话”栏目，取代先前“我的话”栏目，更能反映其编辑理念的变化。叙事方式由第一人称改为第二人称，表明所发表的观点并不是编者自己的主张，而是编者为读者代言，如果有不妥的地方，也不应该由编者和读者共同负责。而且

① 邵洵美：《编辑随笔》，《论语》第93期，1936年8月1日，第1064页。

② 邵洵美：《编辑随笔》，《论语》第93期，1936年8月1日，第1064页。

③ 邵洵美：《我的话》，《论语》第94期，1936年8月16日，第1070页。

由于人称的不同，给读者的心理感受也截然不同。“我的话”是编者自己对某事的态度和看法，作为读者只有单方面的接受；而“你的话”虽然还是编者所写，但它的理念是“爰用我的笔，来写你的话”，使读者感到《论语》是我们大家共同编成，而不是编者自身意志的体现。这样更有利于增强读者共同办刊的参与意识。

邵洵美加强与读者沟通的编辑理念，也引起了读者的反馈。第97期《论语》“群言堂”栏目中刊登了漠驼的《致论语编者的一封公开信》，信中写道：“似乎你还是个好好编辑之流，在你每期编辑随笔一栏里，不时读到你真挚流露的文章，不搭编辑先生的豆腐臭架子，肯说话，肯和作者们‘缩短距离’，所以我也乐得写这封信给你”①，在肯定了《论语》积极与读者沟通的前提下，以《论语》两期“鬼故事专号”上多采用名人稿件为例，来质疑邵洵美既提倡尊重作者个性，又给作者规定文章体裁的前后矛盾的编辑理念。邵洵美也在同一期的“编辑随笔”中，逐一回答了漠驼所提出的疑问，希望得到“漠驼先生及其他爱护本刊的写作者更深一步的谅解”②。邵洵美这种真挚的文章风格和坦诚的沟通态度，足以感动读者。我们有理由相信，邵洵美编辑的《论语》在读者群中能够博得十足的好感。

邵洵美还继承了林语堂的办刊理念，继续坚持刊物关注社会现实的原则。“我们所希望的是‘读者对于社会上的一切问题，以及对于本刊的一切意见’能简单地幽默地用信件的方式，或是讨论

---

① 漠驼：《致论语编者的一封公开信》，《论语》第97期，“群言堂”栏目，1936年10月1日，第39页。

② 邵洵美：《编辑随笔》，《论语》第97期，1936年10月1日，第44页。

的方式，写出来”[①]。读者来稿经常在“群言堂”栏目中刊出，多是针砭时弊的文章，如《论语》第99期“群言堂”栏目中，刊登了读者来稿《当断不断》一文。该文借古讽今，以南宋灭亡的教训来警示当前政府，希望政府能团结一致，形成共同的想法，统一对日政策，不要让敌人钻空子。

邵洵美还独创“文字编读”[②]替代“编辑”一词，体现出一丝不苟的办刊态度和追求刊物风格、内容高度统一的编辑理念。1937年3月12日，《辛报》第二版上有个补白，问起《论语》的底页里为什么不用“编辑”而用“文字编读”，并且认为这是出版界一个新名词。邵洵美在《编辑随笔》中答道：“这区区四个字是表示着编者一些心愿的。因为我们希望一个编者不要把寄来的文章，看看作者的名字，看看题目，再约略看看内容，便把来‘编辑’起来。一个‘编者’同时须得有‘读者’一样的忍耐和诚心：他须和读者一般也能有欣赏每一篇文章的机会。所以我们把‘编辑’改为‘编读’了。”只有这样，才能使《论语》“有它最严密的组织与系统的……给予读者的力量是一个整个的声音。这是一种集团的表现”[③]，避免刊物出现风格不统一、内容相互矛盾的缺点。

（五）林达祖主编《论语》半月刊

1. 林达祖简介及与《论语》的关系

林达祖字涵之，笔名沅芷、克展，江苏省苏州人。20世纪30年代初毕业于无锡国语专科学校，后获上海持志大学文学士。曾任

① 邵洵美：《编辑随笔》，《论语》第98期，1936年10月16日，第88页。

② “文字编读”从第106期开始采用，第117期停刊时停用。复刊后，没有继续采用“文字编读”，仍用“编辑”一词。

③ 邵洵美：《编辑随笔》，《论语》第108期，1937年3月16日，第598页。

天津《大公报》江南旅行记者,南京《京报》副刊编辑,上海育才中学高中语文教师等。诗文散见于多种报刊。主要著作有《高楼杂写》、《孔孟之道》及《明代兴亡记》等①。

据林达祖"和洵美是通过《论语》半月刊相识的"②的回忆,以及邵绡红"林达祖是苏州的一名读者,后来常向《论语》投稿"③的记载可知,林达祖是通过向《论语》投稿而与邵洵美和该刊结下不解之缘的。当时,林达祖看到自己的《谈谈子路》一文刊登在《论语》第85期上,"一稿打中,于是,高高兴兴地静待《论语》编辑部寄该期刊物来,当然还有稿费。不料,一等两个多月,竟音讯全无。我火了,拿起笔来,修书一封给邵洵美,责索稿费,并要求约期会晤。回信倒很快就来了,说稿费已通知会计处结算,约期会晤则定于某日某时某地。我的信旺旺火气,邵洵美的回信却是谦谦客气,这倒弄得我有点不好意思起来"④。可见,林达祖和邵洵美的首次接触并不是相当愉快的,但是此事为两人的进一步了解创造了机会,也为后来两人的合作埋下了伏笔。最终林达祖和《论语》结下了不解之缘。林达祖先后两次参与《论语》的编辑工作:第一次是从1937年6月16日至1937年8月1日;第二次是从1947年2月1日至1949年5月1日,总共参编了63期。前一次是具名的编辑,后一次则不具名。

林达祖接手《论语》的具体时间是1937年6月,即邵洵美回老

① 阎纯德:《中国文学家辞典》现代第5分册,成都:四川文艺出版社1992年版,第502页。

② 林达祖:《记邵洵美》,见陆坚心、完颜绍元编辑:《20世纪上海文史资料文库》第6辑,上海:上海书店出版社1999年,第281页。

③ 邵绡红:《我的爸爸邵洵美》,上海:上海书店出版社2005年版,第159页。

④ 林淇:《海上才子:邵洵美传》,上海:上海人民出版社2002年,《序二》,第1页。

家扫墓之时。《论语》第 110 期的“编辑随笔”栏目中说“洵美回家乡扫墓去了”①,等到邵洵美扫墓归来,又在“编辑随笔”中重申更换编辑的原因:“上星期回家扫墓,《论语》由林达祖先生编辑”②,同时,将二人接洽编务工作的过程刊登出来,便于读者知悉。

我们两人间的约定也不是信,而是几个电报。这是一个月以前的事。我们的电文如下:

(一)与达祖电

……达祖兄:请合作编《论语》。美。

(二)复洵美电

……洵美兄:几时合作? 达。

(三)复达祖电

……达祖兄:随便。美。

(四)复洵美电

……洵美兄:也随便。达。

(五)复达祖电

……达祖兄:明天。美。

(六)复洵美电

……洵美兄:来不及。达。

(七)复达祖电

……达祖兄:几时来得及。美。

(八)复洵美电

……洵美兄:下个月。达。

---

① 达:《编辑随笔》,《论语》第 110 期,1937 年 6 月 16 日,第 688 页。

② 邵洵美:《编辑随笔》,《论语》第 111 期,1937 年 7 月 1 日,第 730 页。

(九)复达祖电

……达祖兄:来不及。美。

(十)复洵美电

……洵美兄:为什么。达。

(十一)复达祖电

……后日离沪。美。

(十二)复洵美电

……洵美兄:你走我不来。达。

(十三)复达祖电

……达祖兄:三日即返。美。

(十四)复洵美电

……洵美兄:不懂。达。

(十五)复达祖电

……达祖兄:扫墓。美。

(十六)复洵美电

……洵美兄:原来如此。达。

(十七)复达祖电

……达祖兄:闲话少讲。几时来。美。

(十八)复洵美电

……洵美兄:让我想想。达。

(十九)复达祖电

……达祖兄:勿想。速来。美。

(二十)复洵美电

……洵美兄:非想不可。达。

(二十一)复达祖电

……达祖兄:速来! 美。

(二十二)复洵美电

……洵美兄:信详。达。

(二十三)复达祖电

……达祖兄:等不及。美。

(二十四)复洵美电

……洵美兄:非等不可。达。

(二十五)复达祖电

……达祖兄:论语明天发稿。美。

(二十六)复洵美电

……洵美兄:好。达。

(二十七)复达祖电

……达祖兄:不好。美。

(二十八)复洵美电

……洵美兄:不懂。达。

(二十九)复达祖电

……达祖兄:不要你懂,要你来。美。

(三十)复洵美电

……洵美兄:夜车到。达。

来回电报共三十个,费时共十五天。这便是这段因缘的始末。我接到了他最后一个电报即乘当天下午五时轮船离开沪。……达祖先生始为《论语》读者,继为《论语》投稿者,我们只见过一次面。请他合作,事先并未接洽,事后也未交代,但他编辑的成绩,实获我心。我一方面庆《论语》得人,一方面自喜平时与读者间关系的密切:编辑方针,已可心照不宣,此地是最大的证据![1]

然而,林达祖关于此事的回忆却与以上邵洵美的叙述不同。“一天,他和我通电话,说有要事相商,邀我当晚去他家面谈。那次面谈的结果是决定《论语》改为邵洵美与我合编。从此我们经常晤谈,有个时期我几乎每天在邵家作客”[2]。笔者认为,邵洵美叙述他交接编务的具体情况,由于距离事件的发生只有一个月,因而可信程度高。而林达祖的说法是后来纪念邵洵美时所写的文章,距离此事时间较长,很可能会出现记忆上的错误。林达祖对此事的回忆,很有可能是他在接手《论语》之前与邵洵美接触的情况。总之,根据两者的说法,我们就可以看出,将《论语》交给林达祖是相当仓促的,但是事前两者肯定达成一定默契,因为在这之前他们曾经见过面。到1937年7月1日,编辑《论语》第111期时,邵洵美和林达祖才开始正式合作。

林达祖还发表文章回忆他第二次参编《论语》的情况:“而此时洵美适远游美国,我则正在苏州休养,于是被邀去旧调重弹。我原想临时帮忙,版权页上一直以邵洵美出面。及洵美自海外归来,整天忙乱,我这个临时工竟然延续到一九四九年五月《论语》停刊为止。”[3]因而,这次《论语》上并没有林达祖的署名。

2. 林达祖对《论语》的影响

林达祖编辑《论语》之后,又同邵洵美商量增设“编读的短

---

① 邵洵美:《与达祖电》,《论语》第111期,“编辑随笔”栏目,第730~731页。

② 林达祖:《记邵洵美》,见陆坚心、完颜绍元编辑:《20世纪上海文史资料文库》第6辑,上海:上海书店出版社1999年版,第281页。

③ 林达祖:《我编〈论语〉的几点回忆》,《读者良友》(香港),1986年第6期,第66~67页。

札”[①]栏目，用于刊登读者的来信。因为他们认为“要编好一个刊物，不应单由一二编辑作主，应该是编者与读者紧密合作，编者对来稿是编编读读，读者则不妨读读编编，提供意见”[②]，“希望着有一种可以引起大家讨论以增加大家兴趣的短札”[③]。这样，《论语》日益成为编者与读者共同编辑的刊物、共同讨论的园地，加强编者与读者之间的交流。

林达祖曾经回忆：“我任编辑之后，曾以编者、达、达祖、吴直九、九、直九等署名，先后撰文‘他的话’专栏稿 9 篇，写‘编辑随笔’118 篇，写‘论语’栏目文章 100 篇，其他述评、专号征文等 10 篇。我在编务之余，共计撰文 237 篇。”[④]或许因为时间久远，林达祖对自己在《论语》上发文章篇数记忆并不准确。据笔者统计，他曾用过编者、达、达祖、吴直九、九等署名，在《论语》上先后撰文“他的话”专栏稿 8 篇，“编辑随笔”31 篇，写“论语”栏目文章约 92 篇，其他述评、专号征文 6 篇，共计撰文 137 篇文章，而不像作者自己回忆的那样发表了 237 篇文章。

总之，林达祖和邵洵美合编《论语》期间，不仅忙于具体的编务工作，而且还发表了大量的文章，为刊物的经营与发展付出了很大的努力和心血。

(六)李青崖主编《论语》半月刊

李青崖(1886～1969)，文学翻译家。原名李允，笔名青崖、澹

---

① 《论语》第 113 期开始增设。

② 林达祖：《我编〈论语〉的几点回忆》，《读者良友》(香港)，1986 年第 6 期，第 66 页。

③ 《编辑随笔》，《论语》第 112 期，1937 年 5 月 16 日，第 775 页。

④ 林达祖：《我与邵洵美合编〈论语〉之回忆》，《新文学史料》，1997 年第 3 期，第 113 页。

果孙，湖南湘阴人。1907 年肄业于复旦大学，同年赴欧洲留学，入比利时列日大学理工学院。1912 年毕业回国，1913～1926 年，历任湖南省第一女子师范学校、周南女子学校、湖南高等商业学校、湖南楚怡工业学校国文教员，1927 年历任湖南大学、中央大学、复旦大学、大夏大学教授。早年曾参加过文学研究会，在长沙组织湖光文学社，出版《湖光》半月刊，后致力于法国文学的翻译和介绍，所译莫泊桑的作品很有影响。新中国成立后历任上海市文化局处长、上海文史研究馆馆长等职。

1946 年 12 月 1 日《论语》复刊之后，李青崖出任第一任主编。他编辑了第 118 期至 121 期的《论语》，虽然他编辑期数很少，但是对《论语》的复刊起了关键作用。邵洵美曾说："论语复刊，可说一大半靠了李青崖先生的力量。寻找一般老的同人，接洽一般新的作家，费了他不知多少精神与苦心。可是他每一个星期，三天在上海复旦大学执教，三天须去南京中央大学授课，往来京沪道上，已是吃力非凡，再要强他负责半月刊的编务，我们也实在不好意思。所以最近他称病辞职，我们只得接受了。谨在此地郑重向李青崖先生伸谢他给我们的帮助，并表示十二分的歉疚。"①

抗战胜利之后，邵洵美恢复了时代印刷厂。1946 年 7 月下旬，受陈果夫之托，陪同颜鹤鸣去美国购买电影摄像机，游历考察电影公司。邵洵美临行之前，把时代印刷厂的事务都交给妻子盛佩玉。为了摆脱时代印刷厂的窘境，盛佩玉决定恢复《论语》。她需要找一个合适的主编。"我的脑子不停地动，先要找个主编人，在朋友之中一个个找过去，可是他们和洵美是熟朋友，和我并不如此熟，

① 邵洵美：《编辑随笔》，《论语》第 123 期，1947 年 2 月 16 日，第 226 页。

那我又怎知他行不行呢！可我又想，事在人为嘛，我继续想，想到了李青崖老先生，他是诚实持重的，不妨我前去和他商量”①。盛佩玉不顾路途遥远，去拜访李青崖。“我将厂中的困难和我的设想、要求全盘托出。他也为我着急，他静静地听着，好久不出声，当然他在考虑能为我做些什么，他说：‘以前《论语》投稿的人我可以去访问一下，听听写稿人的意见。关于主编人，你找别人吧！’我再三恳请他帮忙，一定要请他亲自出马，因为我对出版的稿酬、文章审稿等都匆懂。我说：‘我再三考虑了，我相信你，你也了解我家，你帮我是最好的了。’他才对我说：‘过一个星期请你再来。’”②一周之后，盛佩玉再次拜访李青崖，他最终答应出任《论语》的主编。等到邵洵美从国外回来，李青崖称病辞职，邵洵美随即答应了他的请求。后又找到了正在苏州休养的林达祖一起合编《论语》。

（七）明耀五主编《论语》半月刊

《论语》第177期为终刊号，主编是明耀五。据林达祖回忆：“后阶段真正《论语》的最后一期，具名的编辑是明耀五。当人民解放军已经渡江，风云瞬息万变之际，邵洵美和我都已无意于再编《论语》。明耀五先生原是我们论语社的老朋友，他却兴致勃勃，乐于任担《论语》编辑。可惜仅此一期，之后，上海情况全面改观，各个书报刊物都停顿待理，《论语》也就相应结束了。”③第177期《论语》的“编辑随笔”中也提到：“从本期起，我约请明耀五君助我主持编务，耀五本来是论语老友，过去也常有文稿供给。他在二十年前

---

① 盛佩玉：《盛氏家族·邵洵美与我：盛佩玉的回忆》，第244页。

② 盛佩玉：《盛氏家族·邵洵美与我：盛佩玉的回忆》，第244～245页。

③ 林达祖：《我编〈论语〉的几点回忆》，《读者良友》（香港），1986年第6期，第67页。

即与孙师毅君合创《泛报》，与论语宗旨相近，凭这一项资格，定可为我分劳。”①

四、《论语》半月刊的分期及复刊

（一）《论语》半月刊的分期

关于《论语》的分期问题，目前学术界存在两种主张：其一，施建伟根据《论语》对政治的态度，将其分为前后两个时期，1932 年 9 月 16 日至 1934 年 9～10 月为前期（第 1～48 期），1934 年 9～10 月之后，由于“林语堂们在政治上的急骤转向”②和左翼作家创办《太白》月刊与《论语》形成对峙局面，该刊逐渐走向反动。这种分期方法不仅受阶级斗争思想的影响，而且过于简单，所以不甚科学和全面。其二，田焱主张以编辑和刊物风格来划分，将《论语》分为三个阶段：第一阶段是第 1～82 期，即林语堂和陶亢德主编时期；第二阶段是第 83～117 期，也就是郁达夫与邵洵美主编时期；第三时期是第 118～177 期。该种分期方法充分考虑到了编辑风格的差别，但又未考虑到当时的政治环境对刊物内容的影响。因而，这种划分方法也不甚科学。笔者认为，该刊分期既要充分考虑到当时政治环境对刊物内容的影响，又要注意刊物编辑风格的变化。

《论语》自 1932 年 9 月 16 日到 1949 年 5 月 16 日，共出 177 期。刊物可分四个阶段：1932 年 9 月 16 日到 1934 年 9 月 16 日（第 1～49 期）为第一阶段；1934 年 10 月 1 日到 1937 年 7 月 1 日

① 洵美：《编辑随笔》，《论语》第 177 期，1949 年 5 月 16 日，第 2582 页。

② 施建伟：《试谈前期的〈论语〉半月刊》，《天津社会科学》，1983 年第 4 期，第 81 页。

（第50～115期）为第二阶段；1937年7月16日到1937年8月1日（第115～117期）为第三阶段；1946年12月16日到1949年5月16日（第118～177期）为第四阶段，即《论语》复刊之后到终刊阶段。

第一阶段主要侧重讽刺和批评现实政治与社会弊端。《论语》对政治的讽刺一度非常激进，正如一位读者所说："三期的作品均以关于政治或政府或政府要人者为多。虽然这些都是狠（应为"很"——笔者注）好的材料。究竟未免偏重政治的时下恶习。而且纵然没有'反革命'的心。或者免不了反革命的'嫌疑'。"[①]谈政治的危险性也由杨铨被暗杀[②]得到了验证，随后林语堂在《谈女人》一文中写道："近来更觉得谈已走入牛角尖之政治，不如谈社会与人生。"[③]《论语》转向对社会上存在的种种弊端进行讽刺，如对低能校长和无能县长、国民教育进行讽刺等等。因而，这一时期《论语》主要对政府的政治运作和社会上存在的种种弊端进行讽刺。

第二阶段侧重于对社会现实和个人生活的关注，讽刺意味减弱。1934年9月16日，林语堂在《论语》第49期上发表了《四十自叙》说："论语办来已两载，笑话一堆当揶揄。胆小只评前年事，才疏偏学说胡卢。近来识得袁宏道，喜从中来乱狂呼。宛似山中遇高士，把其袂兮携其裾。又似吉茨读荷马，五老峰上见鄱湖。从此境界又一新，行文把笔更自如。"[④]该段文字表明，林语堂受到袁宏

① 季辰：《关于论语》，《论语》第6期，1932年12月1日，"群言堂"栏目，第207页。

② 1933年6月18日，国民党特务暗杀了民权保障同盟总干事杨铨。

③ 《谈女人》，《论语》第21期，1933年7月16日，第748页。

④ 林语堂：《四十自叙》，《论语》第49期，1934年9月16日，第6页。

道的性灵说及提倡通俗文学观点的影响，将关注的视角转向日常生活和人生的体味。虽然当时林语堂已不担任《论语》的主编，但是林语堂的思想依然能够影响该刊的风格。与此同时，左翼作家创办的《太白》杂志诞生，反对《论语》幽默小品文的风格，提倡用战斗的小品文来揭露和讽刺当时的黑暗政治。《论语》为了将该刊小品文的风格与《太白》的风格区分开来，开始提倡闲适和性灵，关注的焦点也由上层政治转向民众日常生活和人生品味上来，政治态度变得更为温和。正如周劭所说："先要说的是论语格调，论语的格调不外乎两种，幽默和暴露，创刊号以迄五十期，大概所刊的文章以幽默为多，暴露的少，五十期以后，关于暴露的文章多起来，这种改变在篇名上很可以看到，例如有一期的论语几乎为四川专号。这一种改变，不佞非常同意，从幽默到暴露之路即是论语从虚浅到贴近人生之路，我并不反对幽默，不过对于为幽默而幽默的也不能表示同情，因为为幽默而幽默每易陷入尖酸油滑，不及老老实实说话而自见幽默来得有意思。论语最幽默的材料，往往不是专篇，而是半月要闻、古香斋，这一点上可以知道，幽默是要从实地上得来，空口说白话这种幽默是未足为训。论语的编辑方针的改变，正是要脱离虚浅油滑的地步，而进一层至贴切人生，从人生中悟到幽默的旨趣。"①所以说，该阶段《论语》关注的内容由政治转向社会生活。

第三阶段主要关注国家民族命运和中日关系问题。1937 年 7 月 7 日，日本发动了卢沟桥事变，开始对中国的全面侵略。对此，《论语》再也不能从容地谈社会、叹人生了，第 116 期除了刊登《致

① 周劭：《论语三年》，《论语》第 73 期，1935 年 10 月 1 日，第 61 页。

殷主席书》、《民族英雄史话》等文之外，整个“编辑随笔”栏目中都是关于卢沟桥事件的记载，待到第117期已变成了卢沟桥事变的专刊，紧张地关注着卢沟桥事变之后事态的发展。直至1937年日本发动了“八一三”事变之后，《论语》被迫停刊。

第四阶段主要侧重于对南京国民政府的各项政策和官僚政治展开辛辣的讽刺与批评，甚至一度遭到国民政府的警告和查禁。1949年3月1日，《论语》第172期《和平之难》一文，批评政府要员不要和平，立刻遭到政府的警告处分。1949年4月1日，京沪杭警备总司令汤恩伯，通报上海市社会局局长曹沛滋，“查本期论语小评甚多曲解和平……应予警告”，并附上文教委员会做的“第三次政治性刊物审查一览表”的意见：“《论语》三月一日一二七（应为“一七二”——笔者注）期《和平之难》一文，议讽政府要员不要和平，曲解和平，给予警告处分”①。同年5月6日，京沪杭警备总司令部政务委员会再一次给上海市社会局发函：“查五月一日出版之一七六期论语半月刊，经审查有污蔑政府及破坏团结之言论，拟请按照手续予以查禁为荷。”②《论语》最终被政府查禁。

（二）《论语》半月刊的复刊经过

抗日战争胜利之后，《论语》决计复刊。1946年7月29日，论语社以邵洵美的名义向上海市社会局呈递复刊申请：“呈为请求遗失登记证准许先行复刊事，窃敝公司所发行之时代画报、论语前由，内政部、中宣部发给时代画报九〇一号登记证及论语艺字〇〇二号登记证，于民国二十六年八一三沪战发生时，敝公司编辑部沦

① 《上海市社会局查禁其他书刊》，上海市档案馆，Q6—12—168。

② 《上海市社会局查禁其他书刊》，上海市档案馆，Q6—12—168。

入战区,当即停止出版。后来沪地环境恶劣,敝公司又将福州路三〇〇号及霞飞路二四〇号发行所收歇停业,迄今已历九载。当时所有编辑资料一切重要物件及登记证业已全部遗失。兹者抗战胜利河山重光,敝公司现在筹备复业,拟将停刊已久之论语及时代画报陆续出版,除已呈请中宣部驻沪特派员备案外,理合沥陈经过,具文呈请。钧局鉴核,准予先行复刊,并请转呈。"①并附上《新闻纸杂志登记声明书》。之后,上海市社会局批示:"拟准汇送会核并批示后先行复刊。"②一个月之后,事情仍没有进展。

8 月 30 日,时代图书公司直接向上海市社会局局长吴开先提出先行复刊的请求,吴开先批复:"函中宣部许副部长请迅行办后,俾准该刊印行复刊。令该刊仍应静候中央须恭许可证后,再行复刊。"③在得到上海市社会局局长的答复之后,刊物只能耐心地等待上面的批文。一直到 10 月份,国民党中宣部副部长许孝炎给上海市社会局局长吴开先写了一封信:"大函敬悉,关于时代画报月刊及论语半月刊复刊事登记表,最近始由上海市政府核转内政部,已于十月九日会核,准予登记知注。谨复。"④上海市社会局得到中宣部副部长许孝炎的授意之后,即刻下达"交四处准予发行"的命

---

① 《上海市时代图书公司〈时代画报〉、〈论语〉半月刊登记申请表》,上海市档案馆,Q6—12—88—56,1946 年 7 月。

② 《上海市时代图书公司〈时代画报〉、〈论语〉半月刊登记申请表》,上海市档案馆,Q6—12—88—56,1946 年 7 月。

③ 《上海市社会局关于办理时代图书公司复刊,合法登记证事与上海市社会局、中宣部、时代图书公司的来往文书》,上海市档案馆,Q6—12—88—68,1946 年 7 月。

④ 《上海市社会局关于办理时代图书公司复刊,合法登记证事与上海市社会局、中宣部、时代图书公司的来往文书》,上海市档案馆,Q6—12—88—78,1946 年 7 月。

令[①],并于11月6日给警察局发了一个公函:"查《时代画报》月刊及《论语》申请复刊,又《人世间》迁沪出版,均经予以照准,应准发行。相应函达,即命。"[②]至此,该刊的再次发行得到了司法机关的许可。由于国民政府实行邮政检查制度,还需得到邮政局的同意,11月3日时代书局又向上海社会局提出了向《论语》核发邮局证明书的请求,上海市社会局批复:"该刊已奉局长批准先行发刊,敬请发给邮局证明书拟准予照发。"[③]并于12月6日发给上海市邮政局一份公函:"查论语半月刊申请复刊,重新登记,业予照准,应许可发行,相应函达,即命查照收寄为荷。"[④]12月16日,时代书局拿着上海市社会局的批文到邮政局领取了本刊的邮局证明书。经过5个月的努力,《论语》的复刊最终得到了官方的批准。

虽然向上海市社会局提出申请时的署名都是邵洵美,但是他并没有具体办理复刊工作,因为他当时还在美洲。根据邵洵美自己的回忆,当时决定恢复《论语》的是他的妻子盛佩玉,具体办理复刊工作的则是《论语》的一些老朋友,其中李青崖在编辑刊物上出力最大,为复刊之事四处奔走的则是时代经理盛毓贤,另外还有骆美中、沈慕玄、庄永龄、王岳卿、吴小汾、周开第、蒋仁源等人的共同

---

① 《上海市社会局关于办理时代图书公司复刊,合法登记证事与上海市社会局、中宣部、时代图书公司的来往文书》,上海市档案馆,Q6—12—88—78,1946年7月。

② 《上海市社会局关于办理时代图书公司复刊,合法登记证事与上海市社会局、中宣部、时代图书公司的来往文书》,上海市档案馆,Q6—12—88—77,1946年7月。

③ 《上海市社会局关于办理时代图书公司复刊,合法登记证事与上海市社会局、中宣部、时代图书公司的来往文书》,上海市档案馆,Q6—12—88—79,1946年7月。

④ 《上海市社会局关于办理时代图书公司复刊,合法登记证事与上海市社会局、中宣部、时代图书公司的来往文书》,上海市档案馆,Q6—12—88—82,1946年7月。

努力。在发行方面,则是靠孙汝梅等几位的努力[①]。

综上所述,《论语》的分期和复刊都反映出该刊与政府的微妙关系,为了能够取得该刊的合法地位,不得不隐藏外露的锋芒,寻找一种既能合法又可以最大限度地表达自己观点的途径,于是他们选择了穿上幽默的外衣,提倡幽默文化。

第三节 《论语》半月刊提倡的幽默文化

一、《论语》半月刊"幽默"的出现

中国自有文字以来,就存在幽默,从先秦诸子和谋臣们以恰当的譬喻与幽默的语言讽谏国君,到晏子、老子、庄子的思想,无不蕴含着丰富的幽默思想。但是"幽默"一词在汉语词汇中出现还是在近代,是由林语堂将英文"Humour"一词音译过来的。1924 年林语堂发表《征译散文并提倡"幽默"》和《幽默杂话》两文,详细阐释了幽默的译名和定义。林语堂认为中国人虽然富于"诙摹",但是文字上却少"幽默"。所以"我早就想要做一篇论'幽默'(Humour)的文,讲中国文学史上及今日文学界的一个最大缺憾"[②],并指出:"Humour 既不能译为'笑话',又不尽同'诙谐''滑稽';若必译其意,或可作'风趣''谐趣''诙谐风格'(humour 实多只是指一种作者或作品的风格)。无论如何总是不如译音的直截了当,省引起人

① 参见邵洵美:《一年论语(代编辑随笔)》,《论语》第 142 期,1947 年 12 月 1 日,第 1059 页。

② 林玉堂:《最早提倡幽默的两篇文章》,《论语》第 73 期,1935 年 10 月 1 日,第 3 页。

家的误会。……惟是我既然倡用‘幽默’，自亦有以自圆其说。凡善于幽默的人，其谐趣必愈幽隐，而善于鉴赏幽默的人，其欣赏尤在于内心静默的理会，大有不可与外人道之滋味，与粗鄙显露的笑话不同。幽默愈幽愈默而愈妙。故译为幽默，以意义言，勉强似乎说得过去。”[①]林语堂呼吁提倡幽默，但是应者寥寥。直到1932年《论语》的发刊，“幽默就像一只被冷落多年的丑小鸭，变成了美丽的天鹅，腾飞于中国的文坛”[②]。

《论语》之所以提倡幽默，与林语堂有密切的关系。在该刊的创刊号上，他就指出“论语发刊以提倡幽默为目标”[③]，确定了《论语》的幽默风格。他将该刊视作自己提倡幽默的阵地，把“幽默”视作办刊的宗旨，发表大量幽默文章系统地介绍自己的幽默观。林语堂的幽默理论主要来源于梅瑞狄斯[④]的《喜剧论》、赫斯列特[⑤]的《英国的喜剧作家》、布洛[⑥]的“心理距离”说、法国柏格森[⑦]的知觉说和弗洛伊德[⑧]的精神学等，特别是大量移植英国小说家梅瑞狄斯的《喜剧论》。对此，他本人也很诚恳地说：“在我创办的刊物上，我

---

① 林玉堂：《最早提倡幽默的两篇文章》，《论语》第73期，1935年10月1日，第4页。

② 施建伟：《林语堂幽默观的发展轨迹（论文摘要）》，《同济大学学报》（人文·社会科学版），1997年第1期，第24页。

③ 青崖、语堂：《“幽默”与“妙语”之讨论》，《论语》第1期，1932年9月16日，“群言堂”栏目，第45页。

④ 梅瑞狄斯（George Meredith，1828～1909），伟大的英国诗人兼小说家。

⑤ 赫斯列特（William Hazlitt，1778～1830），英国散文家、批评家和新闻记者。

⑥ 布洛（Edward Bullongh，1880～1934），瑞士心理学家、语言学家。

⑦ 柏格森（Henri Bergson，1859～1941），20世纪上半叶法国哲学界影响最大的人物，对现代哲学、科学、文学与宗教都有广泛的影响。

⑧ 弗洛伊德（Sigismund Schlomo Freud，1856～1939），奥地利精神科、神经科医生、心理学家，精神分析学派的创始人。

曾发表了对幽默的看法,题为《论幽默》。我自己觉得那是一篇满意的文章,是以乔治·麦瑞迪斯(Geroge Meredith)的《论喜剧》为依据的。"[①]他在介绍西方幽默的同时,还根据西方幽默的观点发掘中国传统文化中丰富的幽默素材,因为林语堂认为中国人是富有幽默感的。当外国人问及中国人有幽默感吗时,林语堂认为这无异于阿拉伯商队问人:"撒哈拉沙漠里有沙子吗?"一样奇怪。他认为"在《诗经》、《论语》、《韩非子》里,都有一流的幽默存在";"陶渊明的著作中也颇有一些微妙的幽默";"幽默也可见于杜甫和李白的诗篇"[②]。林语堂在任《论语》主编期间,曾精心挑选大量的中西方幽默故事、漫画刊载于刊物上。因而,《论语》创办之初,就成为中西幽默合璧的产物。

当然,除林语堂因素之外,《论语》提倡幽默文化还与当时特定的历史环境有关。前面在说明该刊产生的政治、社会和文化背景时已经详细论及,在这里不再赘述。

二、《论语》半月刊对于"幽默"的理解

(一)"幽默"一词的由来

"幽默"一词是从英文"Humour"音译得来的,其本义是"体液"的意思。古代生理学家认为人的各种性情或脾气都是由五脏六腑的液汁决定的,因而 humour 一般指脾气、心情或癖性等。直到近代"humour"一词才有诙谐、滑稽、暗讽等意。当幽默被引入中国之

① 林语堂:《林语堂名著全集》第 10 卷,第 294 页。

② 林语堂:《中国人(全译本)》,郝志东、沈益洪译,上海:学林出版社 2006 年版,第 53 ~ 54 页。

时，关于“Humour”一词的中文翻译，曾在《论语》上展开讨论。“新闻出版开明文学辞典，Humour 即译为‘幽点’。该条下说：——不是机智、讽刺谑虐，而是一种充满了同情性的轻快的滑稽”[①]。李青崖提出：“‘语妙’两个字做 Humour 的第二个华译。”林语堂回答李青崖：“幽默已成口语，不易取消，然语妙自亦有相当用处，尤其是做形容词，如言‘何等语妙’！”[②]最终还是以林语堂的“幽默”作为“Humour”的汉译。

“幽默”的翻译采取音译，是因为“我们不易找到一个非常合适的字，完全能够表现原意”[③]。但是，也有人试图用意译的方法来阐释“幽默”一词。如《论语》曾刊载一个人问两个塾师何为幽默？“甲塾师解曰：‘幽者暗也，默者静也，幽默相连，即居暗室而作静坐也。’乙塾师解曰：‘幽者隐也’，易曰：‘幽人贞吉’，默者不语也，中庸曰‘其默足以容’，幽默相连，即隐而不语也。”闻者恍然大悟曰：‘吾知之矣，前者养生之道也；后者保身之道也。’”[④]该文将“幽默”这一外来词汇与中国传统文化中冷静超远的感悟意识联系在一起，使中国人能够迅速接受“幽默”这一外来词汇，为幽默的流行奠定了基础。

（二）《论语》半月刊“幽默”的特色

“幽默”一词传入中国之后，曾引起众人的关注，而《论语》对于

---

① 《幽默好例》，《论语》第 1 期，1932 年 9 月 16 日，“雨花”栏目，第 22 页。

② 青崖、语堂：《“幽默”与“语妙”之讨论》，《论语》第 1 期，1932 年 9 月 16 日，“群言堂”栏目，第 44 页。

③ 老舍：《什么是幽默?》，见《文论二集》，《老舍全集》第 17 卷，北京：人民文学出版社 1999 年版，第 419 页。

④ 张进基：《幽默新解》，《论语》第 21 期，1933 年 7 月 16 日，“雨花”栏目，第 782 页。

"幽默"有着自己独特的理解。它认为："幽默"是人类善良本性和智慧之光的集中反映，是人们看穿了人生的悲剧并怀着一种悲天悯人和天真的心，冷静地观察社会和人生的态度。因而，"'幽默'的起源，比艺术的起源还要早。追溯起来，人类在未能说话以前，便有'幽默'的存在。"①及至近代民主制度产生之后，"幽默"才开始有了制度上的保障。"惟有在民主自由的空气之中，上下一片，贵贱不分，四海之内，皆兄弟也，被此雍雍穆穆，活活泼泼，这才能有产生大量的幽默的言行的可能"②。

《论语》不厌其烦地说明"幽默"与"滑稽"、"谩骂"和"讽刺"之间的区别，试图建立自己的幽默文化体系。"最近者为'谑而不虐'，盖存忠厚之意。幽默之所以异于滑稽荒唐者：一，在于同情于所谑之对象。……二，幽默非滑稽放诞，故作奇语以炫人，乃在作者说者之观点与人不同而已。幽默家视世察物，必先另具只眼，不肯因循，落入窠臼，而后发言立论，自然新颖。……中国之言滑稽者，每先示人以荒唐，少能庄谐并出者，在艺术上，殊为幼稚。中国人最富幽默，虽勇于私斗，睚眦必报，极欠幽默之态度，而怯于公愤，莫不一笑置之，此乃中国特别之幽默性，中国之永远潦倒，即坐此幽默之亏。中国文人之具有幽默者，如苏东坡，如袁子才，如郑板桥，如吴稚晖，有独特见解，既洞察人间宇宙人情学理，又能从容不迫出以诙谐，是虽无幽默之名，已有幽默之实"③。"幽默"和"谩

① 邵洵美：《幽默的来踪与去迹》，《论语》第96期，1936年9月16日，"你的话"栏目，第1157页。

② 应悱村：《论幽默与民主》，《论语》第124期，1947年3月1日，第283页。

③ 青崖、语堂：《"幽默"与"语妙"之讨论》，《论语》第1期，1932年9月16日，"群言堂"栏目，第45页。

骂”的不同之处在于“谩骂自身就欠理智的妙悟，对自身就没有反省的能力。幽默的情境是深远超脱，所以不会怒，只会笑。而且幽默是基于明理，基于道理之参透”①。“幽默”和“讽刺”虽然相近，但是还有不同之处，“讽刺每趋于酸腐，去其酸辣，而达到冲淡心境，便成幽默。欲求幽默，必先有深远之心境，而带一点我佛慈悲之念头，然后文章火气不太盛，读者得淡然之味”②。

该刊将幽默的地位提升得很高，甚至将幽默视为人与生俱来的优秀品质，是产生一切智慧的源泉，幽默如同人之天性，“所异者，前者是经验的锻炼，后者是天真的露示。二者一样可贵”③，认为幽默自身包含极大的道德，因而是产生理智的源泉。“幽默的自身已包含有极大的道德；不能利用理知——因为理知即幽默所产”④。而且，幽默是聪明的萌芽，也是聪慧的动力。“幽默来到的时候，不但是最聪明的一刹那，同时也是最愉快的一刹那，最率真的一刹那……所以幽默不但在纵的方面看来是聪慧的萌芽，在横的方面看来也是一种聪慧的动力。幽默是在碰壁的时候转出一条路，是在沉闷空气中开一扇窗，是热极时候一阵风，窘极时候一个笑容”⑤。因而，幽默的真谛是和人生保持一定距离，冷静地观察，看穿人生的悲剧并寄予无限的同情的活动。正如林语堂所说：“幽默只是一位冷静超远的旁观者，常于笑中带泪，泪中带笑。”⑥

幽默的态度是一种中庸之道。自《论语》诞生之日起，就有人

---

① 语堂：《论幽默》，《论语》第33期，1934年1月16日，“我的话”栏目，第438页。
② 语堂：《论幽默》，《论语》第33期，1934年1月16日，“我的话”栏目，第438页。
③ 洵美：《幽默真谛》，《论语》第90期，1936年6月16日，第821页。
④ 王鹏皋：《谈幽默》，《论语》第77期，1935年12月1日，第213页。
⑤ 徐讦：《幽默论》，《论语》第44期，1934年7月1日，第942页。
⑥ 语堂：《论幽默》，《论语》第33期，1934年1月16日，“我的话”栏目，第438页。

认为,该刊提倡"幽默",往往陷入"油滑"和"浅薄"之中,建议《论语》多刊登点"正经"的文章。而《论语》认为:"幽默与正经并非绝对相对亦非绝不相容之物,在人的生活中,原是有正经亦有幽默的。终身幽默故不可能,时时正经又何常(应为"尝"——笔者注)办得到"①;"圣人崇尚中庸,论语提倡幽默。幽默云者,正在'有趣'与'正经'之间,并不严肃得可怕,也决不滑稽得失态,不偏不倚,一本中庸之道而已"②。

幽默是具有一定绅士风度的文化,所以提倡幽默就要始终保持"会心的微笑"之状态。《论语》非常赞成侍桁《谈"幽默"》一文关于"幽默"状态的叙述:幽默"这个名词的意义虽难于理解,但凡是真实理解这两个字的人,一看见它们,便会极自然地在嘴角上浮现出一种会心的微笑来……'幽默'既不像滑稽那样使人傻笑,也不是像冷嘲那样使人在笑后而觉着辛辣,它是极适中的使人在理知上以后在情感上感到会心的甜蜜的微笑的一种东西"③。林语堂认为用"会心的微笑"来解释"幽默"是"很确当,而且易解"④。

幽默的境界有高下之分。《幽默论》一文中认为,幽默处处皆是,但是同一事物,因为所悟不同,所得出来的道理也不同,所以说"幽默天生成,妙人自得之"。而且,幽默有三个境界:"凡从情里感透理里悟透而自然流露幽默来的是'上上',用幽默之方法表现情

---

① 海戈:《与友人再论写幽默》,《论语》第164期,1048年11月1日,第2022~2023页。

② 达:《滑稽表演》,《论语》第165期,1948年11月16日,"论语"栏目,第2050页。

③ 侍桁:《谈"幽默"》,《申报》,1932年12月9日,星期五,"自由谈"栏目,第17版。

④ 语:《会心的微笑》,《论语》第7期,1932年12月16日,"论语"栏目,第214页。

理的是‘中中’,至若勉强拼凑,左右补缀,转文抹字者,则是‘下下’。”[①]钱仁康则认为幽默可以分为两类:“‘形而上的幽默’和‘形而下的幽默’:前者当它做一种修养,而后者当它做一种工具,即是比较有实用性的东西。……以涵养心性为依归的纯粹幽默固有其高超的主旨,以应付环境为目标的实用幽默,也自是人生的一方面:二者各具妙用,初不能有所偏废也。”[②]

总之,“幽默是有生命的,但没有野心。幽默是静的不是动的。幽默是知足的不是无厌的。幽默是忠厚的不是轻薄的。幽默是内在的不是外表的。所以奔走于名利场中的写不出幽默文章,迷信宗教的写不出幽默文章,好胜之徒写不出幽默文章,贪财的写不出幽默文章,装雅的写不出幽默文章,多疑的写不出幽默文章,总之,心地不正便写不出幽默文章。”[③]

《论语》提倡的幽默是传统文人向现代文人转化的特殊表征。随着西方文化的不断传入,现代文人开始借用西方文化批判和改造传统文化,因而“文人情趣正在被市民情趣所替代,那些过去非传统的、非典籍的、民间的、在野的文化形式,逐渐成为社会上最惹人注意的东西”[④]。在中国传统的礼教社会中,中国人在社交场合都尽量装得一本正经;尤其是大人物,不仅自己保持庄严,而且也要求手下人保持庄重,如果遇到下人插科打诨闹出乐子来,非但不笑,而且还会紧闭双唇从鼻孔里连哼两声以示警告;所以传统的幽默观认为,幽默是难登大雅之堂的民间搞笑的娱乐文化。而《论

① 徐订:《幽默论》,《论语》第44期,1934年7月1日,第941页。
② 钱仁康:《论幽默的效果(上)》,《论语》第45期,1934年7月16日,第984页。
③ 邵洵美:《一位真正的幽默作家》,《论语》第84期,1936年3月16日,559页。
④ 许敏:《民国文化》,见熊月之主编:《上海通史》第10卷,第2页。

语》提倡幽默文化,充分发掘传统文化中的幽默因素,引入西方幽默文化理念,提高幽默的文化地位,将幽默视为人与生俱来的优秀品质,是产生一切智慧的源泉,是一种雅俗共赏的社会文化。可见,现代文人与传统士人对幽默的看法截然不同,反映出传统文人的启蒙角色正向现代文人的文化传播者角色转变。

(三)《论语》半月刊阐述"幽默"产生的原因

《论语》还追溯了"幽默"产生的原因。它认为,幽默是人类智慧发展的必然产物。"人之智慧已启,对付各种问题之外,尚有余力,从容出之,遂有幽默——或者一旦聪明起来,对人之智慧本身发生疑惑,处处发见人类的愚笨,矛盾,偏执,自大,幽默也就跟着出现"①。等到人类发现智力发展到可以认识到自身的弱点之时,幽默就随之产生。

"预期之逆应"是产生幽默效果的根本原因。所谓"'预期之逆应',即创作者对于赏鉴者所'预期'的东西,予以反面的答复之意。凡'预期之逆应',未必都是幽默;但凡幽默的东西,一定含有'预期之逆应'这个成分。且举数例如次:如(1)某人问萧伯纳:革命青年秘密开会时,忽被警察发觉了,如何应付? 萧答'赶快跑。'颇为幽默。……(3)曾记老舍诗中似有如下之几句:你这亡八旦的贼! 你且再打:你如果再打,我一定跑回关内。……这些例子,我当时看了,都发生了'会心的微笑'。分析这些例子之后,我深信其所以使人微笑之基本的,共通的元素,实为我所谓'预期之逆应'。大家预料萧翁会以巧妙复杂的策略示人,萧则以简单得可怜的'赶快跑'三字答之,这是预期的逆应。……大家以为对付外寇,定有一套缜

① 语堂:《论幽默》,《论语》第33期,1934年1月16日,"我的话"栏目,第434页。

密周详的计画(应为“划”——笔者注),作者却谓将跑回关内,这是预期的逆应”[①]。因此,“预期之逆应”用通俗的话来说就是幽默的人思维上有独特性、逆向性和不可预测性。

幽默的产生也离不开当时的社会环境。“世道盛,天下太平,一定很少人能够幽默。世道衰,天下变乱,定多幽默之家。盖世道衰,天下变乱,社会上充满了矛盾”[②]。因为社会上存在多种矛盾——农民与地主间的矛盾,工人厂主间的矛盾,民族与帝国主义者间的矛盾,才会产生“预期之逆应”。就如以上所举老舍的诗中说:“你如果再打,我一定跑回关内”,正是由于当时存在着民族和帝国主义之间的矛盾,而且政府也提出“攘外必先安内”的对外政策,所以老舍笔锋一转,就会产生“预期的逆应”。所以说,“世道衰,天下乱,矛盾充满全社会,对打之局,到处皆是;对打之事,到处不许。到处有装腔作势的;势子作成了,不看见下文。此一矛盾,迫使文人写在纸上,最后乃汽化(Evaporate)而为会心的微笑”[③]。

幽默的产生还与赏鉴者程度的高下有关。“幽默是随赏鉴者程度之高下而不同的。同一幽默之文,赏鉴程度高者觉其为幽默,赏鉴程度低者,则不觉其为幽默。所谓深者见其深,浅者见其浅是也。”[④]就像以上所举的例子一样,某人问萧伯纳革命青年秘密开会时,忽被警察发觉了,如何应付?萧回答“赶快跑”。文人听了觉得幽默,而工人听了就不一定感到幽默。因为文人之预期大,“赶快跑”则是相当简单的回答,所以和文人预期相反或悖逆;工人则不

① 周谷城:《论幽默》,《论语》第25期,1933年9月16日,第31~32页。
② 周谷城:《论幽默》,《论语》第25期,1933年9月16日,第32~33页。
③ 周谷城:《论幽默》,《论语》第25期,1933年9月16日,第33页。
④ 周谷城:《论幽默》,《论语》第25期,1933年9月16日,第32页。

会像文人一样感到幽默。所以说,幽默也与赏鉴者的生活经验有关。

提倡性灵是提倡幽默的前提条件。“故提倡幽默,必先提倡解脱性灵,盖欲由性灵之解脱,由道理之参透,而求得幽默也。今人言思想自由,儒道释传统皆已打倒,而思想之不自由如故也。思想真自由,则不苟同,不苟同,国中岂能无幽默家乎?”①所谓性灵,就是求“真”,用真心去体会和感受,才会产生真正的幽默。只有提倡性灵,人类的智慧才能得到启发,思想才能得以开拓。“人们的灵性苟能渐渐接近幽默境界,以至溶化在幽默的气质中,于智慧的启发,思想的开拓,胸襟的达豁,必有更大的效果。因为幽默是真性的流露,是道学的反动。能够参透幽默滋味的人,一定恬淡澹泊,坦白豪放,不知道矫揉造作,拿学说、主义做幌子,故没有迂腐的儒酸气分;但也不必矫情枉物,炫异激诡,装腔作势,做出怪诞不经的样子来”②。因而,“性灵为幽默之母”③。

道貌岸然表里不一之人的言行,也会产生一种幽默的效果。如高谈某种“主义”者的言行不一致,在别人看上去却是很幽默的。因为“主义原是一个狭窄呆板的东西,而人性和人性与境物接触后所发生的行为却是变幻多端,莫测究竟。用了一种呆板偏狭的尺寸而量断一种异常流动的事物,结果往往是一个牛头不对马嘴;凡是牛头不对马嘴的情景多少可以引起幽默的反应”④。当提倡某种

① 语堂:《论文(下)》,《论语》第28期,1933年11月1日,“我的话”栏目,第172页。

② 钱仁康:《论幽默的效果(下)》,《论语》第46期,1934年8月1日,第1040~1041页。

③ 周劭:《袁子才与郑板桥之幽默》,《论语》第64期,1935年5月1日,第776页。

④ 潘光旦:《主义与幽默》,《论语》第13期,1933年3月16日,第447页。

主义的人,言行不合,在别人看来就有可笑滑稽之处,此时就能产生幽默的效果。

(四)《论语》半月刊关于“幽默”功能的论述

《论语》之所以提倡“幽默”,是因为其认为“幽默”对于国家、社会和个人都起着重要的作用,提倡幽默不仅可以改良社会,而且还可以提高人们的生活质量。

首先,幽默具有多重社会功能。《论语》通过幽默的方式,敢言“正经”文章所不敢言的事,深刻地揭露社会上的问题和弊端,以此启发青年观察社会现实。对于某些人把《论语》误解为“新笑林广记供人家茶余酒后谈笑的资料”,将“幽默”理解为“没有思想主张的寄托,无关弘旨,难登大雅之堂”①的滑稽,《论语》表明立场,认为幽默其实“是使青年读者,注重观察现实”最好的方法,并指出“幽默文字必是写实主义的”②。

提倡幽默还可以改造中国人的国民性。“如果中国人明白幽默之意义及其在吾人生活上之重要,国中的景象就不会如目前这样了——言论不会这样的空疏,滑稽不会这样的荒唐,诗词不会这样的悲郁,文章不会这样的呻吟,士气不会这样的懦弱,道德不会这样的虚伪,风俗不会这样的浇漓,生活不会这样的干燥。嘻笑是健全的象征,呻吟才是萎弱的症象,我们早已说过。我若看见政府要人善哭或是听见××跪哭团的消息,就感觉中国不久必亡。国家愈危,时局愈艰;国人愈需要一剧精神的兴奋剂”③。因为,《论

① 《我们的态度》,《论语》第3期,1932年10月16日,第85页。

② 《我们的态度》,《论语》第3期,1932年10月16日,第85页。

③ 语:《笨拙记者受封》,《论语》第9期,1933年1月16日,“论语”栏目,第292页。

语》所提倡的幽默是指怀着悲天悯人和天真的心,冷静地观察社会和人生的态度。只有人们真正明白了幽默的意义,才会具备真实和健全的情感,以至从根本上改变国民性,使中国国民气质健全发展,为当时中国社会注入一剂兴奋剂。

提倡幽默亦是救国之道。"幽默就只是讲讲真话而已。人人能讲真话,国家就得救了。"①因为在《论语》看来,自从九一八事变以来,日本从不肯将自己心中真实的想法说出来,而且中国政治的糟糕,也是由于政府自欺欺人的哄骗自己:中国与日本还是一衣带水的睦邻友邦。如果日方早把自己真实的想法说出来,"首先他们的士兵闻之将无一愿战,我们闻之,亦可不受自己哄自己的睦邻之骗;倘我国真说出大众的实话来,要和他们拼个最后的死活,他们也就不敢轻于造次了。此幽默之所以救国者一也"②。

幽默对于政治能够起到举足轻重的作用。其一,幽默在议会政治中起着一定作用。《幽默之有无》认为:"幽默在人生的位置,真是极重大的,把幽默配合到立宪政治上去,有着很深的兴味。"③德国之所以不能顺利施行议会政治就是因为他们不懂得幽默。德国人过于正经,时刻以自我为中心,所以在人生交际上处于非常不利的地位。而日本的政治,丝毫没有上等的幽默,所以日本的党争乏味,使议会也无一丝趣味。其二,幽默在外交中也起到重要作用。"在此次世界大战中,英美苏的能够合作,不能不归功于故总

---

① 赵芝君:《幽默救国论》,《论语》第115期,1937年7月1日,第886页。

② 赵芝君:《幽默救国论》,《论语》第115期,1937年7月1日,第887页。

③ 鹤见佑辅作,亢德译:《幽默之有无》,《论语》第23期,1933年8月16日,第861页。

统罗斯福的幽默感。据罗氏任内的劳工部长 Milss Frances Perkins 说,他会娱乐,爱戏弄邱吉尔,使史达林[1]发笑;但在解决问题是严肃而谨慎的。就是他的哲嗣,也说他父亲爱说话,会像孩子似地和邱吉尔赌气——但,他是'和平之石'的'凿镌者',史邱两人的调解者。"[2]

其次,幽默还有众多的实用功能。第一,幽默的快乐作用与趣味性。"幽默恰是增加快乐、避免苦楚的最好的工具。……用幽默态度来处世是最达观的;幽默的人生观即是把世事看得比人超脱,故其心境恬淡,不感到现实的痛苦。……幽默同时也是趣味的源泉,它那隽永而有深致的风味,常能使人欣喜,给人以兴奋和快感。"[3]第二,幽默还具有发泄作用。"在紧张的环境中,幽默能使当事者严重的心情化为轻松,于是'一笑无余',局面渐趋缓和。"[4]第三,幽默的含蓄作用。"幽默不但能用'寓庄于谐'的方法来对付专制势力,使锐利的语意含蓄得不露锋芒;即在日常生活中,也能利用同样的法则,使进退两难,或者'不好意思'的情景,用半真半假的手段表现出来。"[5]

三、《论语》半月刊"幽默"的表达与传播

《论语》对幽默的表达和传播有以下几种做法:其一,发行幽默

---

① "史达林"亦即"斯大林";本书中引用的"萧伯讷"亦即"萧伯纳","马克斯"亦即"马克思","马克吐温"亦即"马克·吐温"。由于《论语》刊登不同读者的来稿,存在人名翻译不统一的问题。为尊重所引原文,笔者引用时保持与原文一致。

② 彭学海:《幽默救世论》,《论语》第 133 期,1947 年 7 月 16 日,第 687 页。

③ 钱仁康:《论幽默的效果(上)》,《论语》第 45 期,1934 年 7 月 16 日,第 984 ~ 985 页。

④ 钱仁康:《论幽默的效果(上)》,《论语》第 45 期,1934 年 7 月 16 日,第 985 页。

⑤ 钱仁康:《论幽默的效果(下)》,《论语》第 46 期,1934 年 8 月 1 日,第 1038 页。

专号。1932 年当提倡幽默的爱尔兰戏剧家萧伯纳①来到中国时，本不喜好捧场的《论语》也推出了“萧伯纳游华专号”，对萧伯纳本人及其作品做了全面的介绍。此后，又相继推出“中国幽默专号”、“西洋幽默专号”。

其二，设置专栏刊登幽默文章。从第 1 期开始专设“幽默文选”栏目，遴选中国历代幽默故事刊登在该栏中；到第 21 期又增添了“西洋幽默”栏目，“作西欧幽默文学有系统的介绍。自古代希腊罗马以至近代之西洋幽默或讽刺大家……皆将随时择其短篇著作发表”②；并常年专设“卡吞”栏目，刊载中外幽默漫画。除此之外，刊物上其他的栏目如“论语”、“半月要闻”、“雨花”、“西洋雨花”、“古香斋”等栏目，都经常发表许多个性极强、喜怒哀乐和不与人同的幽默文章。如“有驴无人骑”、“高领的由来”等幽默文章，使读者读后忍俊不禁，开怀大笑。

其三，发表专文介绍西方幽默的理论。《论幽默》③是一篇译文，文中叙述了西方人如何认识幽默；林语堂的《论幽默》④一文，介绍英国作家梅瑞狄斯的幽默理论；长谷川如是闲作《“笑”之社会的性质与幽默艺术》一文，介绍写实主义、笑和幽默之间的关系，并认为笑是一种写实主义的态度，在艺术上是必然地与写实主义相结

---

① 萧伯纳(George Bernard Shaw,1856～1950)，爱尔兰剧作家，英国现代杰出的现实主义戏剧作家，是世界著名的擅长幽默与讽刺的语言大师。

② 编辑部启：《注意》，《论语》第 21 期，1933 年 7 月 16 日，第 751 页。

③ 汪倜然译：《论幽默（上、下）》，《论语》第 32、33 期，1934 年 1 月 1 日、1934 年 1 月 16 日，第 386～389、452～455 页。

④ 林语堂：《论幽默（上、下）》，《论语》第 33、35 期，1934 年 1 月 16 日、1934 年 2 月 16 日，“我的话”栏目，第 434～438、522～525 页。

合,并指出幽默是一种“社会性的‘笑’”[①];郁达夫的《MABIE 氏幽默论抄》一文,介绍了美国散文家汉密尔顿·怀特·马堡[②]关于幽默的理论,“要把幽默和急智(Wit,或作机智)的本质说明,界限划清,是一件很困难的事情”[③];《我们需要健康的笑》一文介绍了苏联的幽默,并认为“苏联的文学缺乏那真实的笑的材料”[④];《柏格森论笑的批评》一文介绍了柏格森关于笑的原理,“凡是可以引人笑的事物,都有一种机械一般的,不能适应当时情境的,呆版性”[⑤];《马克吐温论幽默》[⑥]一文,介绍了马克吐温的幽默观点;邵洵美作《一位真正的幽默作家》一文,认为《璜在美国》的作家林克莱脱是一真正的幽默家,“他诚恳又爽直,不喜欢说希望人家一定笑的笑话,不多谈自己的成就,不想讲浅薄的警句,对于他所讨厌的东西没有丝毫的恶意”[⑦]。除此之外,还刊载《苏格拉底之幽默》[⑧]、《罗素之语妙》[⑨]、《柏拉图之幽默》[⑩]、《史达林的语妙》[⑪]、《红衣主教之

---

① 长谷川如是闲作,徐懋庸译:《“笑”之社会的性质与幽默艺术》,《论语》第42期,1934年6月1日,第845~849页。

② 汉密尔顿·怀特·马堡(Hamilton Wright Mabie,1845~1916),美国著名批评家、散文家。

③ 郁达夫:《MABIE 氏幽默论抄》,《论语》第56期,1935年1月1日,“幽默论”栏目,第366页。

④ 小羊:《我们需要健康的笑》,《论语》第56期,1935年1月1日,“幽默论”栏目,第370页。

⑤ 沈有乾:《柏格森论笑的批评》,《论语》第57期,1935年1月16日,第448页。

⑥ Raymond Blathwart 著、周新译:《马克吐温论幽默》,《论语》第66期,1935年6月1日,第901~904页。

⑦ 邵洵美作,《论语》第84期,1936年3月16日,第561页。

⑧ 《论语》第3期,1932年10月16日,“雨花”栏目,第98页。

⑨ 赧作,《论语》第6期,1932年12月1日,“雨花”栏目,第198页。

⑩ 赧作,《论语》第6期,1932年12月1日,“雨花”栏目,第198页。

⑪ 青崖作,《论语》第7期,1932年12月16日,第222页。

幽默》①、《萧伯纳的幽默》②、《反苏俄的幽默》③、《马克吐温及其作品》④、《马克吐温逸话》⑤、《论 Humour 并介绍一西洋笑味家》⑥、《欧文的幽默》⑦、《史丹林的幽默》⑧、《美国幽默家罗杰士》⑨、《德俄幽默录》⑩、《希腊幽默》⑪、《美国人的幽默》⑫、《美国人的幽默》⑬、《幽默杰作百年纪念》⑭、《煤油大王的幽默》⑮、《大战中的语妙小品之一斑》⑯;翻译法国中古短笑剧《两个瞎子》⑰和《西洋儿童笑话》⑱,使读者有机会了解更多的西方幽默。

其四,刊登中国的幽默文章,使刊物自始至终贯穿着幽默的风格。具体见表1。

---

① 覞作,《论语》第7期,1932年12月16日,"雨花"栏目,第232页。

② 文幽作,《论语》第12期,1933年3月1日,第414页。

③ 林幽作,《论语》第20期,1933年7月1日,第723~724页。

④ 黄嘉音作,《论语》第56期,1935年1月1日,第371~374页。

⑤ 曙山作,《论语》第56、57期,1935年1月1日、1935年1月16日,第375~377、467~468页。

⑥ 从狼作,《论语》第56期,1935年1月1日,第378~379页。

⑦ 周新作,《论语》第70期,1935年8月16日,第1087~1089页。

⑧ 炳文作,《论语》第73期,1935年10月1日,第6~9页。

⑨ 黄嘉音作,《论语》第73期,1935年10月1日,第10~14页。

⑩ 许桐华作,《论语》第75期,1935年11月1日,第150~152页。

⑪ 梦萍作,《论语》第76期,1935年11月16日,第189页。

⑫ 施善余作,《论语》第84、90期,1936年3月16日、1936年6月16日,第561、853页。

⑬ 瑞鑫译,《论语》第87、88期,1936年5月1日、1936年5月16日,第718、751页。

⑭ 邵洵美作,《论语》第88期,1936年5月16日,第741~743页。

⑮ 邵洵美作,《论语》第113期,1937年6月1日,"编读随笔"栏目,第819页。

⑯ 青崖作:《论语》第118期,1946年12月1日,第38~39页。

⑰ 刘小蕙译,《论语》第63、64期,1935年4月16日、1935年5月1日,第760~763、808~811页。

⑱ 刘小蕙译,《论语》第69期,1935年8月1日,第1015页。

表1 《论语》刊载的中国历代幽默文章一览表

文章题目	作　者	期　数	栏　目
颜任光之幽默	语	第5期	雨花
刘熙亦幽默	语	第5期	雨花
木头之幽默	开洋	第8期	雨花
袁中郎妙语	遐	第9期	雨花
梁任公之幽默	开洋	第10期	雨花
陕西的幽默歌谣	刘馨	第11期	雨花
当幽默成为油抹	老舍	第11期	
幽默新解	章伯雨	第15期	雨花
幽默的联话	胡徇遒	第17、18、21、23、24、28期	
于公之幽默	羌笛	第17期	雨花
韩复榘幽默之中有至理	涟潮	第17期	古香斋
学校中的幽默	李灼之	第18期	雨花
幽默杂录	鸣秋	第19期	
幽默惩戒	李良太	第19期	雨花
笑	刘弧虹	第21期	
幽默杂录	公华等	第21期	
幽默新解	张进基	第21期	雨花
死的幽默二则	予	第21期	雨花
乡村里的幽默	老敢	第23期	
石达开之幽默	老敢	第23期	
死的幽默又二则	匀之	第24期	

（续表）

文章题目	作　者	期　数	栏　目
王渔洋之幽默	虔初	第 24 期	
幽默的诗话	胡徊遒	第 25、30、33、48 期	
爷儿俩的幽默	多事之秋	第 25 期	雨花
民间的幽默	黄沙	第 29 期	
幽默的联话补	赵声阅	第 30、34、35 期	
老舍幽默诗文集序	老舍	第 38 期	
鲁迅小说与幽默艺术	徐碧晖	第 46 期	
幽默联话再补	赵声阅	第 58、59、60、63 期	
佛家的幽默	色不空	第 63 期	
袁子才与郑板桥之幽默	周劭	第 64 期	
幽默先师孔子	向五	第 70 期	
明人的幽默辑	凡鱼	第 71、72、73、83 期	
何淡如的幽默补	夏伯	第 71 期	
最早提倡幽默的两篇文章	林玉堂	第 73 期	
民间的幽默	黄幼军	第 75、76、77 期	
我所知道的幽默	郭子雄	第 77、78 期	
幽默辨	陈叔华	第 79 期	
古幽默选	野萍	第 84 期	
苏东坡的幽默	湘如	第 85 期	
一束幽默的民歌	张菱斛	第 86 期	

（续表）

文章题目	作 者	期 数	栏 目
幽默故事撮	浪萍	第87、88期	
吉鸿昌的幽默	曲江春	第88、89期	
幽默集古	铭泉	第90期	
幽默文选	清水	第93、95期	
幽默杂写		第95期	
古幽默录	得心	第97期	
河南一束幽默的留言	侠疯	第97期	
幽默故事撮录	浪萍	第98期	
袁子才的妙喻	徐中玉	第98、99期	
幽默史料一束	戴苍仑	第100期	
领袖与幽默	邵洵美	第101期	
黑旋风的幽默	双红	第103期	
贫士的幽默	胡行之	第109期	
金圣叹的幽默	张明仁	第117期	
与美国人论中国幽默	乔志高著，凯旋译意	第123期	
幽默素描三章	Robert Benchly 著，王一榴译	第126期	
幽默故事选粹	季水辑	第139期	
幽默故事选粹	秀水辑	第140期	
宋人幽默拾	王保之	第150期	

（续表）

文章题目	作　者	期　数	栏　目
幽默绀珠集	敬松	第165、166、167期	
古幽默	贝皿	第176期	

注：凡没有写所属栏目的文章，都是单篇文章。

其五，还经常出一些“幽默”的测试题，如《西洋幽默测验》[①]、《幽默测验》[②]、《幽默练习》[③]，让读者参与其中，并且在近期给出答案，如果读者答对了还可获赠《论语》。这种活动既具有趣味性又有鼓励性的奖励，所以读者很愿意参与其中，在参与的过程中更好地理解“幽默”的涵义。

最后，《论语》还重视广告宣传的作用，及时推出“幽默”品牌。因为优质的品牌还要靠强有力的宣传作保障，广告能够折射出期刊杂志的部分信息，人们往往会不由自主地通过广告来判断其定位、办刊思想和市场价值等。为此，从1933年1月17日起，《论语》每出版一期都会在《申报》上刊出“中国唯一的幽默刊物”[④]的广告，利用品牌效应带动刊物的发行量，以便取得经济上的效益。

四、《论语》半月刊“幽默”的社会反应及其历史文化意蕴

“当年把英文的Humour译为中文的‘幽默’，幽默便从论语的

① 沈有乾作，《论语》第79期，1936年1月1日，第313～315页。
② 沈有乾作，《论语》第123期，1947年2月16日，第228～229页。
③ 孟孔武作，《论语》第138期，1947年10月1日，第875～876页。
④ 《申报》，1933年1月17日，星期二，第4版，《论语》第9期广告。

照(应为“招”——笔者注)牌,逐渐变成了每个人的口头禅。”[①]《论语》引领幽默的潮流,在社会上引起强烈的反响,“轰的一声,天下无不幽默和小品”,幽默已成为时髦的代名词。有商家甚至利用“幽默”做香水广告,广告词为:“自大文豪萧伯讷(应为“纳”——笔者注)抵沪后,幽默二字,一时颇为风行。幽默即含蓄,寓意深长,耐人寻味,萧伯纳之成名,得力于幽默不少。物品之有幽默性者为‘×××牌香水精’,其香味含蓄极富,可以兼旬不散,清幽隽永,耐人寻味,为最享名之国货香品。”[②]可见,商家从“幽默”文化看到巨大的商机。

“幽默”虽然在社会上一度受到热烈的追捧,但也招致了严厉的批评。当时文坛对于幽默的态度大致可分四种:

其一,认为该刊所倡幽默有针砭时弊的功能,持该种态度的主要是欣赏《论语》幽默风格的读者。他们来信表明对该刊针砭时弊的欣赏,但是也为其担忧,并建议《论语》以不说话来表现自己的幽默感,比较安全。“有人笑你们:‘丈夫之用心未免太苦。’我则以为这正是你们的够味发泄。我不敢担保你们这种幽默不带有几分所谓危险性。你们自命为论语一流的圣人,难道没有听过明哲保身的古训吗?小子生来便具有一副乐人之乐,忧人之忧的同情心,对于你们心所谓危,自动来贡给你们一点幽默的态度……”[③]

其二,认为《论语》提倡的幽默不合时宜,因而它的发展必然会

---

① 邵洵美:《谈天真(代编辑随笔)》,《论语》第162期,1948年10月1日,第1928页。

② 羌笛:《幽默香水》,《论语》第17期,1933年5月16日,“雨花”栏目,第620页。

③ 云璧:《维摩居士的幽默》,《论语》第16期,1933年5月1日,“群言堂”栏目,第584页。

受到限制。胡风也在《林语堂论》中指出："第一是，如果离开了'社会的关心'，无论是傻笑冷笑以至什么会心的微笑，都会转移人们底注意中心，变成某种心理的或生理的愉快，'为笑笑而笑笑'，要被'礼拜六派'认作后生可畏的'弟弟'。第二是，就是真正的幽默罢，但那地盘也是非常小的。子弹呼呼叫的地方的人们无暇幽默，赤地千里流离失所的人们无暇幽默，彳亍在街头巷尾的失业的人们也无暇幽默。他们无暇来谈谈心灵健全不健全的问题。世态如此凄惶，不肯多给我们一点幽默底余裕，未始不是林氏底'不幸'罢。"[①]鲁迅也认为："还能希望那些炸弹满空，河水漫野之处的人们来说'幽默'么？恐怕连'骚音怨音'也不会有，'盛世元音'自然更其谈不到。"[②]

其三，认为《论语》所提倡的"幽默"势必沦为俏皮和滑稽。鲁迅对于幽默的态度比较复杂，前后的观点有所变化。1933 年鲁迅以何家干为笔名，在《申报》"自由谈"上发表了《从讽刺到幽默》、《从幽默到正经》两文，并在《论语》第 13 期上转载。"'幽默'既非国产，中国人也不是长于'幽默'的人民，而现在又实在是难以幽默的时候。于是虽幽默也就免不了改变样子了，非倾于对社会的讽刺，即堕入传统的'说笑话'和'讨便宜'。"[③]此段话表明，鲁迅并不欣赏幽默，他更强调讽刺，并认为单纯的幽默不会长久，最终只会落入传统的说笑话和讨便宜，但是他也看到幽默可以发泄人们内

---

① 胡风：《林语堂论——对于他底发展的一个眺望》，见上海文艺出版社编：《中国新文学大系：1927～1937》第 1 集，上海：上海文艺出版社 1987 年版，第 621～622 页。

② 鲁迅：《"论语一年"》，《论语》第 25 期，1933 年 9 月 16 日，第 17 页。

③ 何家干：《从讽刺到幽默》，《论语》第 13 期，1933 年 3 月 16 日，"月旦精华"栏目，第 460 页。

心的不满，担心提倡幽默会遭到政府的控制和摧残，因而也为提倡幽默者的处境担忧："最可怕的是有些人又要来'讽刺'，来陷害了：倘若堕于'说笑话'，则寿命是可以较为长远，流年也大致顺利的……而况我实在恐怕法律上不久也就要有规定国民必须哭丧着脸的明文了。笑笑，原也不能算'非法'的。"[①]及至《"论语一年"》在《论语》上发表之后，鲁迅对幽默的态度有明显的转变。他说："我不爱'幽默'，并且以为这是只有爱开圆桌会议的国民才闹得出来的玩意儿，在中国，却连意译也办不到。"[②]此时鲁迅看到《论语》所提倡的幽默已偏离对社会的讽刺，空谈性灵逃避社会现实，幽默已经迅速堕入说笑话和讨便宜之中。曹聚仁则认为："《论语》中好一点文字，也只是讽刺与热嘲，次一等文字，倒变成俏皮与滑稽，有如《笑林广记》中文字，较之鲁迅的讽刺文字，又差得很远了。"[③]更有甚者，沈从文认为："至于《论语》，编者的努力，似乎只在给读者以幽默，作者存心扮小丑，随事打趣，读者却用游戏心情去看它。它目的在给人幽默，相去一间就是恶趣。"[④]钱锺书则更尖锐地批评了幽默文化："自从幽默文学提倡以来，卖笑变成了文人的职业。幽默当然用笑来发泄，但是笑未必就表示着幽默。……所以，幽默提倡以后，并不产生幽默家，只添了无数弄笔墨的小花脸。"[⑤]

---

① 何家干：《从幽默到正经》，《论语》第13期，1933年3月16日，"月旦精华"栏目，第461页。

② 鲁迅：《"论语一年"》，《论语》第25期，1933年9月16日，第16页。

③ 曹聚仁：《文坛五十年》，第272页。

④ 沈从文：《文学运动杂谈·谈谈上海的刊物》，见《文论卷》，《沈从文全集》第17卷，太原：北岳文艺出版社2002年版，第90页。

⑤ 钱锺书：《说笑》，见《写在人生边上·人生边上的边上·石语》，北京：三联书店2002年版，第23～25页。

其四，认为《论语》所提倡的幽默，只是对苦闷民族和社会的一时麻醉，并不会起到任何作用。有人认为："文学负有组织社会心理的职责，文学不应是茶余酒后助兴解颐的小玩意儿；为了苦闷的民族苦闷的社会，我们该企望着积累和增强战斗精神，无须乎以使人笑的幽默文学求忧郁的一时解放。"①而另有评论者认为："一部好作品的产生，是由于作家的精细的观察和他的伟大的经历及其他的条件写成的，幽默并不能使一个傻子变成聪明人。"②

面对这些批评，鲁迅先生曾有清醒的认识："去年是'幽默'大走鸿运的时候，《论语》以外，也是开口幽默，闭口幽默，这人是幽默家，那人也是幽默家。不料今年就大塌其台，这不对，那又不对，一切罪恶，全归幽默，甚至于比之文场的丑脚。骂幽默竟好像是洗澡，只要来一下，自己就会干净似的了。"③由此可知，文化界对于幽默的批评也存在人云亦云的现象。

《论语》极力美化和抬高幽默的作用，确实有虚张声势、矫揉造作之嫌，正像读者来信提的建议："作幽默文章，不可预存令人发笑之心，更不可用笑话体。"④《论语》确实有"预存"令人发笑的想法，但也是在国民政府政治威权统治之下，不得不选用的一种手段：一方面是在政治高压环境中寻求表达批判性政见的安全渠道，如刊物将担任行政院长一职比作骑驴，用幽默的口吻讽刺国民党内部

① 桀犬：《忧郁解放与幽默文学》，《现代》第4卷第5期，1934年3月1日，"文艺独白"栏目，第802页。

② 郑重：《幽默与时髦》，《现代》第4卷第6期，1934年4月1日，"文艺独白"栏目，第940页。

③ 鲁迅：《小品文的生机》，见《花边文学》，《鲁迅全集》第5卷，第487页。

④ 非默：《关于论语》，《论语》第6期，1932年12月1日，"群言堂"栏目，第206页。

的权力争夺;另一方面是在乱世社会中创造宣泄人生苦闷的娱乐场域,如刊物提倡保留吸烟、品茗等个人癖好,反映出传统文人在国难深重、革命盛行的时代,向现代城市文人转变的尴尬和阵痛。正像阿英所说,在一个社会的变革期内,由于黑暗的现实的压迫,文学家大概是有三种路可走:第一是“打硬仗主义”;第二是逃避主义;第三就是“幽默主义”。这些作家,打硬仗既没有这样的勇敢,实行逃避又心所不甘,讽刺未免露骨,说无意思的笑话会感到无聊,其结果,就走向“幽默”一途。[①]《论语》正是阿英所说的第三种文学家的发言阵地,他们借助“幽默”这个屏障,宣泄对政治的不满,发挥传统士人对社会现实的批判功能;同时,还要传播西方文化和满足市民文化需求,所以除刊登针砭时弊的文章外,还要刊载西方经典的幽默理论和适合普通市民文化品位的笑话,兼顾刊物的娱乐性、世俗性和商业性。传统文人走向现代化的过程是异常苦闷的,他们的文化身份发生变化,从传统士大夫的启蒙角色,向现代文化传播者的角色过渡;文化选择趋向多元,既要关注民众启蒙,又要关注文化传播;既要关注文化本身,又要关注文化产生的经济效益。身处于城市生活夹缝中的现代文人,既想发挥引领市民健康娱乐的作用,又要适应上海社会文化的商业化、大众化、多元化等特点。

《论语》提倡幽默还表明:城市社会文化除了有革命的宏大叙事之外,还有去“革命化”的世俗文化。这种幽默文化既包含着传统文人的讽刺性格,又带有英国绅士的幽默感;既有寓意深刻的哲理性,又有油滑浅薄的娱乐性。所以说,幽默文化在一定程度上也

---

① 阿英:《林语堂小品序》,见《阿英全集》第2卷,第641~642页。

能反映出城市社会文化的曲折进展。因而,在评价《论语》的幽默文化时,对于传播西方文化、批判社会现实的方面要予以肯定;对于品味不高的娱乐性内容要予以否定。正像马克·布洛赫在《为历史学辩护》中一书中引用安德烈·纪德的话一样:“我们的时代已不容纯粹的娱乐,哪怕是有益于心智的娱乐。”[①]中国也像此时正处于第二次世界大战之中的法国一样,中国民族深陷囹圄,任何人都没有理由沉迷于娱乐之中麻痹斗志。从这一角度来看,鲁迅等人批评《论语》是麻痹人民群众的毒草也有其充分的理由。

① [法]马克·布洛赫(Marc Bloch):《为历史学辩护》,张和声、程郁译,北京:中国人民大学出版社 2006 年,第 6 页。

第二章 《论语》半月刊的特色、群体与经营

《论语》创刊之后，由于其独特的风格，发行量一度达到2万多份，仅次于《东方杂志》，成为民国时期最畅销的刊物之一。本章从《论语》的编辑、发行和经营等方面做进一步探讨，以期更好地理解该刊的大众文化性质。

第一节 办刊特色与作者群、读者群

一、办刊特色

（一）刊物周期

《论语》每半个月出版一期，这与林语堂有密切的关系。林语堂对期刊的发行周期有自己的想法，他认为政治性的读物应当以周为单位出版，资料性的以年刊为宜，学术性的则办成季刊就可以了。一般性的通俗文史杂志则最适宜半月刊，国外名之为“fortnightly”，每月出两期。而且他对半月刊情有独钟：“周刊，半月刊，月刊，季刊，文字各自不同。周刊太重眼前，季刊太重万世。周刊文字，多半过旬不堪入目，季刊文字经年可诵。月刊则亦庄亦闲，然总不如半月刊之犀利自然，轻爽如意。月刊譬如一师一旅，随军

行役粮草马匹甚多，出发不便，半月刊稍近游击队，朝暮行止，出入轻捷许多。余意半月刊以每期四十余页为当，月刊每期八九十页亦已尽可过瘾。今人所办月刊，又犯繁重艰涩之弊，亦是染上带大眼镜穿厚棉鞋阔步高谈毛病。半月刊文约四万，正好得一夕顽闲阅看两小时。阅后卷被而卧，明日起来，仍旧办公抄账，做校长出通告，自觉精神百倍，犹如赴酒楼小酌者，昨晚新笋炒扁豆滋味犹在齿颊间。”①因而，《论语》在创刊之初，就确定为半月刊。

由于《论语》的发行很少脱期，所以信用较好。民国时期的刊物大多短命，其中很重要的原因是因为不能按时发行，不讲信用。正如海戈所说：“我国刊物，素喜短命，偏于文艺的尤然。这与旧时才子佳人的八字，大概相同。其原因有二：一是先天不足，一是后天不足。……近来调查出版法，也无中途停刊，应如何赔偿预定者的条文，那么看什志只好一本一本的买；但其间尚有花头，如脱期，如二三月汇刊一次，至于不按时刊出，那更是‘天公地道’：于是看什志，只能买一本算一本了。这样那（应为“哪”——笔者注）里是在办什志，当然难以维持得到三年。”②而《论语》与其他刊物不同，除了第68期没有按时发行外，其他都能按期发行。《论语》第68期本应于1935年7月1日发行，但是由于编辑费和稿费问题，一直拖到7月16日才刊出。关于这一点陶亢德在《论语》第69期《编辑后记》中有所交代：因为论语老板若有若无，经常拖欠编辑费和稿费，而且作为编者的陶亢德常被作者怀疑揩稿费之油，事实上，

① 语堂：《说小品文半月刊》，《人间世》第4期，1934年5月20日，“随感录”栏目，第7页。

② 海戈：《记“三”》，《论语》第73期，1935年10月1日，第60页。

本应付给陶亢德的编辑费也拖欠良久，所以他忍无可忍，遂下决定，不再发稿，致使《论语》第 68 期的发行晚了半个月。[①] 由于《论语》信誉较好，所以征订的读者非常多。如在 1947 年 1 月 21 日时代印刷厂的资产负债表中的"预收书款"一项中写道："计有印缅远征画史预约完，定户二六二. 四八〇元。论语半月刊定户一. 二〇二. 一六七. 二〇元。时代画报定户三一七. 六六〇元，抗战影集户二六四. 二〇元。"[②]可见，虽然《论语》复刊之后，影响力已大不如前，但还是因为《论语》内容精彩且信誉好而拥有大量定户。

（二）栏目编排

《论语》从第 1 期开设的"论语"栏目、第 17 期增设的"半月要闻"以及复刊后"最近人间事"等栏目，刊登短小精悍的时事短评，像匕首式的冷嘲使当局看了哭笑不得。如：《今年大可买猪仔》一文写道："今年大可买猪仔。羔羊牛犊也可以。明年就要贵起来。有人提倡置祠祀。猪业公会请注意"[③]，以此来讽刺国民政府在国难当头之时，为树立自己的政治威权，大兴祭祀孔子、国父、黄帝、关庙文昌、忠烈、先烈等一系列国家祭祀活动，而不采取切实有效的救国方法。又如："十三日新闻报载贵阳通信：教育厅长谭星阁，于九一八纪念日以汽车多辆，向开纪念会之十岁上下小学生行列冲去，死学生二人，伤四十余。孟子曰，恻隐之心，人皆有之，细想之，甚是"[④]，以此来讽刺国民党昏官草菅人命的行为。这些栏目中，诸如此类的文章数不胜数。

---

① 参见亢德：《编辑后记》，《论语》第 69 期，1935 年 8 月 1 日，第 1047 页。
② 《时代印刷厂》，上海市档案馆，Q78 – 2 – 15802。
③ 语作，《论语》第 4 期，1932 年 11 月 1 日，"论语"栏目，第 114 页。
④ 《论语》第 29 期，1933 年 11 月 16 日，"半月要闻"栏目，第 213 页。

自《论语》第4期起发出启事："中国向称为文明古国，奇人奇语，随地可以发见。各地报章，时有登载，若听其随生随灭，殊为可惜。本报特开'古香斋'一栏，专载各城各地有可保存价值之奇事奇行"①，增辟"古香斋"的一个栏目，专载各地奇事奇行。该栏目的文章大都是从其他报纸和杂志上转载，如《粤报》上的《广州取缔奇装异服记》，《小日报》上的《吴山之性交研究》，《申报》上的《女性闾长可升任牌长》，《广州评报》的《弃女重婚向前夫舞文》，《新闻报》的《一页实行同居宣言》等文，使读者及时获知各地的新鲜事情，因而深受读者欢迎。鲁迅先生就曾说过："《论语》一年中，我最爱看'古香斋'这一栏，如四川营山县长禁穿长衫令云……又如北平社会局禁女人养雄犬文云……这那(应为"哪"——笔者注)里是滑稽作家所能凭空写得出来的？不过'古香斋'里所收的妙文，往往还倾于奇诡，滑稽却不如平淡，惟其平淡，也就更加滑稽，在这一标准上，我推选'甜葡萄'说。"②该栏目多刊登国民政府种种不合时宜的行动、政令、法规和因风俗人情变迁而起的各种奇闻轶事，很容易引起读者的猎奇心理，所以也是《论语》的一个招牌栏目。通过该栏目我们也可以窥视民国社会之种种，如政治、文化、妇女等方面问题，同时还是理解《论语》政治、文化立场的一个角度。正如周劭所言："论语最幽默的材料，往往不是专篇，而是半月要闻，古香斋，这一点上可以知道，幽默是要从实地上得来，空口说白话这种幽默是未足为训。"③可见，古香斋栏目是《论语》关注民国社

---

① 记者：《启事》，《论语》第4期，1932年11月1日，"古香斋"栏目，第133页。
② 鲁迅：《"滑稽"例解》，见《准风月谈》，《鲁迅全集》第5卷，第361～362页。
③ 周劭：《论语三年》，《论语》第73期，1935年10月1日，第61页。

会的一个窗口，同时材料的择选和刊登都反映出该刊的对当时政治、社会和文化的基本观点。

刊物从第2期起开设"卡吞"栏目即漫画栏目，刊登中外讽刺漫画和幽默画。"卡吞"一词应是英文单词"cartoon"的音译。漫画是一种具有幽默或讽喻特性的绘画品种，它通常以夸张的造型，简略的笔墨和诙谐、幽默的含意，来表达作者对生活的态度或对某一事物的爱憎，有引人发笑并发人深思的艺术效果，并带有对世事的讽刺性质。鲁迅曾分析过这种艺术表现形式："漫画是 Karikatur 的译名，那'漫'，并不是中国旧日的文人学士之所谓'漫题''漫书'的'漫'。当然也可以不假思索，一挥而就的，但因为发芽于诚实的心，所以那结果也不会仅是嬉皮笑脸。这一种画，在中国的过去的绘画里很少见，《百丑图》或《三十六声粉铎图》庶几近之，可惜的是不过戏文里的丑脚的摹写；罗两峰的《鬼趣图》，当不得已时，或者也就算进去罢，但它又太离开了人间。"①可见，漫画是近代以来从西方传入的一种艺术表现形式，在中国传统的绘画中很少见到。《论语》设置"卡吞"栏目，起初转载英国幽默刊物《笨拙周报》和美国幽默刊物《纽约客》等的漫画，后期刊登中国国内有名漫画家，如丰子恺、华君武、丁聪、胡同光、许超然、陈涓隐、黄尧、张文元、许若明等人的漫画。根据漫画抒情和讽刺的特性，来表达刊物的观点。"漫画大概可分为抒情与讽刺两种。抒情的是一首无字的诗，没有超过了做诗的能力是不能创造出好的抒情画的。讽刺画是一篇无字的论文，没有超过了做论文的能力也是难于绘出一幅深刻的讽刺画的。……所以漫画是一篇精炼的诗或论文，它的目的要使人

① 鲁迅：《漫谈"漫画"》，见《且介亭杂文二集》，《鲁迅全集》第6卷，第241页。

省去了冗长看读的时间和精力，能于刹那间充分领会到像他从一首诗或论文所领会到的一样，甚至在效果上使他更为感动。”①这两种风格的漫画都曾在《论语》“卡吞”栏目中出现。虽然该刊漫画不乏插科打诨、着眼于滑稽的作品，但更多的是真实地反映了当时黑暗的社会现实和人民疾苦的讽刺性漫画。“卡吞”栏目的设置，既增加了刊物的趣味性，又为读者了解西方文化开辟了一个窗口，同时也反映出《论语》强烈的启蒙意识，密切关注社会现实，贴近人民生活，对黑暗社会现实、政治腐败和中国的国民性进行淋漓尽致的批判。

如果说“卡吞”栏目是舶来品的话，那么“有不为斋随笔”栏目命名的灵感则完全来自中国的传统文化。鲁迅曾说：“孔子曰：‘不得中行而与之，必也狂狷乎，狂者进取，狷者有所不为也。’于是很有一些人便争以‘有不为’名斋，以孔子之徒自居，以‘狷者’自命。”②而林语堂自己解释“有不为斋”时说：“如孟子所说，有所不为然后可以有为，正可证明物极必反的道理。”③虽然“有不为斋随笔”栏目只在第1、5、9、12、15期中出现过，但是林语堂介绍西方文化的主要阵地，如该栏目曾发表《读萧伯讷传偶识》、《哥伦比亚大学及其他》、《谈牛津》、《再谈萧伯纳》、《论文》等文，详细介绍了提倡幽默的爱尔兰戏剧家萧伯纳、哥伦比亚及牛津大学的情况，其中《论文》一文还把公安竟陵派与西方文化做比较。可见，栏目名称

---

① 马国亮：《漫画的根本问题》，见陈望道编：《小品文和漫画：〈太白〉一卷纪念特辑》，上海：上海书店1981年版，第115～116页。

② 鲁迅：《“有不为斋”》，见《集外集拾遗补编》，《鲁迅全集》第8卷，第436页。

③ 语堂：《有不为斋解》，《论语》第31期，1933年12月16日，“我的话”栏目，第304页。

虽然具有中国传统文化的韵味，但是刊登内容却是西方文化。从这一点可以看出《论语》的西方文化因素非常浓重。

另外，刊物还设置"群言堂"栏目，刊登热点问题讨论和读者来信，加强与读者的沟通；"雨花"栏目，刊登中外名人行状点滴；"月旦精华"栏目，转载各地报刊杂志的幽默文章；"幽默文选"栏目，择录中国古代幽默文字；"西方幽默"刊载西方幽默故事等。从开设栏目上来看，《论语》是关注时政、注重中西文化交流兼具市民气质的幽默刊物。

（三）封面特色

对一本杂志来说，封面就是其"门脸"，它对于公众想象与销售量异常关键。1934 年 7 月 7 日的《中央日报》，曾刊载过一篇名为《论"论语"的本质》的文章。文中说："上海的小书摊上，不论大小，架子都备有一本像三字经式的线装书，封面画上一个似上海大世界唱独角戏般的脚色，戴上一副克罗克眼镜，拿着一本书在大小便，据说这便是'卫生家每天大笑三次'的养生秘诀书。尝闲摊主说，这本书销路很好，封面的卖力，还是吸引买者的主要元素，我猜度林君定会拜读过这书，至少也曾领会到封面必须动人，发噱的一书，他得了这个暗示，茅塞顿启，所以'论语'的封面，非'斗筲之士，何足算也'，便是'午睡之乐，宜于长夏'的妙句，因此它的销路，也像'大笑'书般的不落腐；它的功用，也同'大笑'书般的造福社会，得益病人，受其好处的，大有人在。"[①]虽然，该文的主要目的是批判《论语》的华而不实和林语堂的卖弄风骚，但是也提到《论语》独特的封面设计也是打开销路和迅速走红的原因之一。

---

① 杨德：《论〈论语〉的本质》，《中央日报》，1934 年 7 月 7 日，第 12 版。

从第2期开始,《论语》的封面上开始出现古代名家的名言、格句和漫画来阐明本刊的办刊理念。这些名言、格句大多是邵洵美、林语堂或林达祖的书法[①]。来源有以下五种:其一,中国古代典籍如《诗经》、《礼记·丧大记》、《论语》、《孟子》、《中庸》、《朱文公政训》、《颜氏学记》等,大多是古代圣贤如孔子、韩非、列子、程朱的言论;其二,李白和杜牧的诗句;其三,明清两代文人如冯梦龙、郑元勋、袁中郎、袁子才、郑板桥、张潮、李笠翁、胡林翼等人的著述中之言论;其四,西方经典名著和名人的话语;其五,民间谶语及时人的言论等。另外,还有寓意深刻的图画及张光宇、曹涵美及丰子恺等人的漫画,生动地表明刊物的风格和观点。"漫画则先是光宇兄弟的,曹涵美一度任艺术设计,后来多为丰子恺的作品,丰子恺用笔简洁,古朴风雅,寓意深长,印在'论语'二字旁边很相衬"[②]。

封面题语和漫画主要表达以下五种涵义。其一,对混乱政局和世道浇漓展开讽刺。如第13期封面上刊登谶语"马二怨草将,王三恨弓长;弓藏良马蹶,草偃王三郎",马二暗指冯玉祥,草将暗指曹锟,王三暗指汪精卫,弓长暗指张作霖。用此民间谶语讽刺民初军阀混战的局面。第39期封面用时髦救国新标语"唵嘛呢咪吽"来表达对时人提出的佛教救国思想的讽刺。第17期封面上引用《范县署中寄舍弟墨第四书》中语:"郑板桥曰:吾辈读书人……一捧书本,便想中举、中进士、作官,如何攫取金钱,造大房屋,置多田产。起手便走了错路,后来越做越坏,总没有个好结果",对当时大多数读书人升官发财的思想进行暗讽;第42期封面引用《胡文

① 邵绡红:《我的爸爸邵洵美》,第94页。
② 邵绡红:《我的爸爸邵洵美》,第94页。

忠致胡莲舫周笠西王孝凤书》“天下惟要脸者,不招人爱;而不要脸者,偏爱之矣”,则是对当时社会的不良风气进行揶揄。第92期“鬼故事专号”封面是用陈涓隐作的漫画《鬼忙》,并配有“走遍了各地,没有一处不为鬼物蟠踞;不有鬼物出没,鬼鬼祟祟,无非是行使他们的鬼计”的文字介绍,以鬼喻人,暗讽当时世道浇漓的社会现实。

其二,对国民政府内外政策表示不满。如第38期封面引用《论语》中语:“子贡曰:今之从政者何如?子曰:噫!斗筲之人何足算也?”这是《论语》中孔子和子贡之间一段意味深长的对话,子贡去问孔子,怎么样做才能叫一个士呢?孔子说最高标准是知道什么是礼义廉耻,也就是要约束自己的行为,还要为社会做事。子贡觉得这个标准太高,又问:“敢问其次?”孔子认为就是孝悌之义,在家族中大家认为你是一个孝子,而在乡党、邻里之间大家以你为兄弟,你能够让人们感到亲和,不辱祖先。子贡又接着问:“敢问其次。”孔子认为是言必信,行必果,能够实践自己的诺言。子贡觉得这三个标准都太高,又追问一句:“今之从政者何如?”意思是老师您觉得现在从政的人能够上这三个标准吗?子曰:“噫!斗筲之人,何足算也?”意思是孔子没有将各国的从政者放在眼里,认为他们离这样一个士的标准相差太远。《论语》利用孔子语来表明对国民政府不屑一顾的态度。第27期封面引用《论语》中语:“子曰……邦分崩离析,而不能守也;而谋动干戈于邦内。吾恐季孙之忧,不在颛臾,而在萧墙之内也”,以此表达刊物对国民政府采取“攘外必先安内”政策的担忧。

其三,表明该刊在国民政府高压政治统治下所采取的明哲保身之生存哲学。如第18期封面引用《中庸》语:“国有道,其言足以兴;国无道,其默足以容。”此话本意是说国家政治清明,提出的意见足以让国家兴盛;国家政治腐败的时候,沉默隐言足以使自己容身,不招致杀身之祸。而在这里则表明刊物“穷则独善其身,达则兼济天下”的办刊理念,在国民政府的高压政策之下,刊物采取不谈政治等明哲保身的态度以求自保。又如第 47 期封面引用袁中郎的诗句:“新诗日日千余言,诗中无一忧民字。旁人道我真聩聩,口不能答指山翠”,表明在当时社会环境下,知识分子处于失语状态的苦闷心情。

其四,强调该刊的办刊理念和幽默风格。如第 14 期封面上用《袁子才论语解二》中语:“论语长须知命名之深义。论,议论也;语,语人也。自学而以至卒章,皆与人议论之语,而非夫子之咄咄长空也”,用袁子才解说论语之意,暗示本刊的文章风格是务实而不是空谈的。第 45 期封面引用希腊悲剧戏剧家欧里庇得斯①“不敢有自己的主张者便是奴才”,来表达刊物言论自由和独立办刊的理念。第 20 期封面上引用杜牧诗句:“人世难逢开口笑,菊花须插满头归”;第 50 期封面引用《傲慢与偏见》中的“人生在世是为何?还不是有时笑笑人家有时给人家笑笑”;第 51 期封面引用萧伯纳语:“我笑着为要免得哭”,“I laugh so that I shall not weep”;第 72 期封面引用韩非语:“小笑之则小悦,大笑之则大悦”,都是为该刊提倡的幽默风格寻找理论根据。

其五,表达该刊渴望和平及恢复民众日常生活的市民思想。第 88 期封面上引用李白的《塞上曲》中诗句:“大汉无中策,匈奴犯

① 欧里庇得斯(Euripides,公元前 480 年~前 406 年),希腊悲剧作家和诗人,为希腊三大悲剧大师之一。

渭桥。五原秋草绿，胡马一何骄。命将征西极，横行阴山侧。燕支落汉家，妇女无华色。转战渡黄河，休兵乐事多。萧条清万里，瀚海寂无波"，表达刊物渴望战事停止，人民都能过上安居乐业生活之渴望。第46期封面引用李笠翁夏季行乐之法："凡人苟非民社系身，饥寒迫体，稍堪自逸者，则当以三时行事，一夏养生。过此危关，然后出而应酬世故，未为晚也"，借用李笠翁之语，来表明刊物提倡大众正常的休闲和娱乐，表明在战时环境下，除了革命的宏大叙事之外，还有普通民众去"革命化"的日常生活。

综上所述，《论语》的封面是窥视刊物内容和风格的一个窗口，封面的设计体现出中西文化合璧的特点，也表现面对国民政府的高压统治，现代文人所表现出的消极悲观之情绪。他们处于一种失语状态中，既要固守自己作文为人的原则，又不能不适应社会现实，所以抱着一种消极自由主义的态度，采用幽默的手段，委婉地表达自己的观点。

二、《论语》半月刊的作者群与稿源分析

(一)《论语》半月刊作者群概述

《论语》的作者群主要包括两部分：一是政治界、文化界名人；二是向《论语》投稿的普通读者。正如邵洵美所说："我想赞成你所提出的所谓'叫好与叫座'的分别。论语所刊文章，大部份(应为"分"——笔者注)都能博得人家'叫好'：这当然全靠内容。不过也有一种读者，喜欢'叫座'的文章，那便须仰仗作者的大名了。我们不能说，这完全是英雄崇拜心理作祟，因为我们看到了熟悉的大名，自会感到一种无名的亲热。所以我们在这方面，也从不使诸位

失望。”①

除了曾任刊物主编的林语堂、郁达夫、陶亢德、林达祖、李青崖、邵洵美之外，向《论语》投稿的政治界和文化界名人包括：作家鲁迅、周作人、刘半农、老舍、孙福熙、章川岛、老向、俞平伯、何容、谢冰莹、陆晶清、章衣萍、林微因、徐讦、赵景深、施蛰存、陈子展、许蔚南、吴祖光、徐仲年、顾苍生、姚雪垠、徐懋庸、钱玄同、江绍原、梁实秋、王平陵、阿英、唐弢、茅盾、聂绀弩、孙斯鸣、叶公超等；哲学家全增嘏；史学家简又文；音乐家钱仁康；戏剧史家、曲学家江寄萍；语言学家、作曲家赵元任；漫画家丰子恺、华君武、丁聪、胡同光、许超然、陈涓隐、黄尧、张文元、许若明；翻译家孟斯根；社会学家潘光旦；心理学家、逻辑学家和统计学家沈有乾；著名副刊编辑孙伏园和左翼人士宋庆龄等人。众多文化名人为《论语》投稿，既提升了该刊的文化品位，又制造了名人效应。杂志与名人联袂，很容易让公众产生这样一个印象：《论语》也像这些文化名人一样，代表着某种文化身份。《论语》正是利用这些人的声誉来提升刊物的知名度和效益。

（二）《论语》半月刊作者群体的构成分析

《论语》的作者身份非常复杂。除了论语社同人章克标、邵洵美、李青崖、全增嘏、沈有乾、陶亢德之外，还包括以下六类：一是以林语堂为代表的语丝时期的作家，包括周作人、俞平伯、孙伏园、章川岛、朱自清、刘半农、章衣萍、钱玄同等人；二是左翼激进作家，包括宋庆龄、鲁迅、阿英、唐弢、茅盾、聂绀弩等人，该类作家给《论语》

① 邵洵美：《与达祖书（代编辑随笔）》，《论语》第144期，1948年1月1日，第1160页。

的投稿时间是从1932年9月到1935年2月间,后由于文学主张不同而分道扬镳;三是文化主张和文化性格与《论语》相近的自由主义文化名人,包括老舍、郁达夫、江寄萍、赵元任、丰子恺、丁聪、潘光旦、沈有乾、何容、赵景深、施蛰存、钱仁康、梁实秋等人;四是来自政界与军界的投稿人,包括姚颖、大华烈士、王向辰等人;五是伴随《论语》而成长的青年作家,包括徐讦、海戈等人;另外还有来自大学教授和学生的投稿。

1.《论语》作者群体中的《语丝》故人

目前,在文学界以施建伟和吕若涵为主要代表,认为从作家群体、文化理念和创作风格来看,论语派与语丝派都有明显地继承关系。论语派是语丝派中非主流人物周作人、林语堂等人分化出来组成的派别,是语丝派消极精神遗产"动摇性和脆弱性"的直接继承者①。因而,从语丝到论语的转变,存在着一个"变风问题"。这种变风指的是论语派"继承语丝派而来,却改变了语丝派原有的风貌。无论在政治立场、文化立场还是雅俗文化立场上,都体现出论语派的'中间性'"②。这些观点已经在文学界达成一定的共识,其中最重要的原因是《论语》的长期撰稿人有很多都是《语丝》故人,如林语堂、周作人、俞平伯、孙伏园、章川岛、朱自清、刘半农、章衣萍、钱玄同等。

林语堂出任过《论语》的主编。俞平伯是极少数伴随《论语》始终的作家,他从第10期发表《广亡征!》开始,到第163期上发表

---

① 施建伟:《语丝派的分化和论语派的歧途——语丝派与论语派比较研究之一》,《南开学报》(哲学社会科学版),1984年第2期,第23页。

② 吕若涵:《"论语派"论》,上海:上海三联书店2002年版,第13页。

《关于“义战”一文(朱佩玄兄遗念)》,先后用俞平伯、平伯、曲斋老人的署名,发表了38篇文章。《论语》从第24期到44期,连续刊载了刘半农的打油诗《自注自批桐花芝豆堂诗集》,该诗内容讽世愤俗、幽默风趣,成为《论语》的一个品牌栏目。1934年7月10日刘半农病逝,《论语》第46期和第55期上刊载《纪念刘半农先生》和《半农遗诗》,来缅怀这位老朋友。陶亢德写道:“昨天傍晚还寄一封信给刘半农先生,请他为论语两周年纪念号撰稿,今早起床阅报,他的因黄疸病于十四日下午二时一刻逝世的电讯却已赫然入眼来了!……在他逝世之后极想写篇文字以志悼惜,却实在无话可说。但他是为了给论语尽力而挨骂的一人,就在这点上略说几句话吧!”①可见,刘半农和《论语》的关系密切,刊物也因为失去这位志趣相投的撰稿人而感到惋惜。语丝故人朱自清也曾为《论语》撰稿,并和《论语》保持着密切的关系。晚年的朱自清虽然重病缠身,但是宁可饿死也不领美国的“救济粮”,终于在1948年8月12日在北京去世。朱自清去世后,邵洵美曾写文章道:“朱先生也是论语的老朋友。他近几年来写的大都是关于文学理论与青年修养的著作,所以论语复刊后,没有去逼着他要文章。那(应为“哪”——笔者注)里知道没多久以前,他在各刊物上登载的竟然完全是论语作风。我们看到了不禁惶恐非凡,心想他写论语文章而不给论语发表,错处当然在我们编辑,所以立刻写信去索稿。他的回信说,极愿意继续为论语努力,只是有病需要休息,病好了第一篇文章便给论语。那(应为“哪”——笔者注)里知道这一病竟然不

① 亢德:《纪念刘半农先生》,《论语》第46期,1934年8月1日,第1013~1014页。

起。论语辜负了这位老朋友,也辜负了读者!"①表明了《论语》与朱自清之间惺惺相惜的真挚情感。

虽然《语丝》停刊已久,但是《论语》中的语丝故人对于《语丝》的眷恋依旧浓重,曾一度在《论语》上发出"征求语丝全份。如愿出让,请先示以欲得代价。赐示寄本刊编辑部"②的启事。可见,语丝故人是《论语》的重要作家群体。

2. 鲁迅与《论语》的关系

鲁迅与《论语》之间的关系由亲近变得疏远,与鲁迅的交友原则和两者观点不同有关。鲁迅与林语堂和陶亢德是好朋友,面对他们的热情约稿盛情难却,曾以动轩、何干、何家干为笔名,给《论语》写过《学生和玉佛》、《谁的矛盾?》、《由中国女人的脚,推定中国人之非中庸,又由此推定孔夫子有胃病》、《王化》、《两封通信》、《论语一年》等6篇文章;与此同时,《论语》也将鲁迅先生引为同道,经常从其他刊物上转载他的文章。如"月旦精华"栏目中转载过的《航空救国三愿》、《从讽刺到幽默》、《从幽默到正经》、《现代史》、《帮忙文学与帮闲文学》等。

鲁迅还经常帮《论语》收集文章素材。如"奉上剪报一片,是五月十四的《大美晚报》。'三个怪人'之中,两个明明是畸形,即绍兴之所谓'胎里疾';'大头汉'则是病人,其病是脑水肿,而乃置之动物园,且谓是'动物中之特别者',真是十分特别,令人惨然。随手剪寄,不知可入'古香斋'否?"③只要遇见合适于《论语》风格的文

① 邵洵美:《编辑随笔》,《论语》第160期,1948年9月1日,第1849页。

② 《论语》第47期,1934年8月16日,第1068页。

③ 鲁迅:《致陶亢德》(1934年5月16夜),见《书信(1934~1935)》,《鲁迅全集》第13卷,第107~108页。

章，鲁迅即刻动手剪下来，寄给《论语》，以供“古香斋”栏目使用。并多次向《论语》推荐青年人的稿子，如“附上稿子两种，是一个青年托我卖钱的，横览九洲，觉得于《论语》或尚可用，故不揣冒昧，寄上一试。犯忌之处，改亦不妨。但如不要，则务希费神寄还，因为倘一失去，则文章之价值即增，而我亦将赔不起也”①；“再：某君②之稿，如《论语》要，亦可分用，因他寄来时，原不指定登载之处的”③等等。

而当他感到《论语》的内容日趋油滑时，便向好朋友林语堂提出善意的规劝，表明出自己对朋友的担心，“看近来的《论语》之类，语堂在牛角尖里，虽愤愤不平，却更钻得滋滋有味，以我的微力，是拉他不出来的”④。由此可见，最初鲁迅之所以与《论语》保持着密切的关系，在很大程度上是出于对朋友事业的关心和支持。也正是由于鲁迅爱憎分明的交友原则，决定了他最终疏远《论语》。鲁迅素来与邵洵美交恶，所以他曾给陶亢德写信道：“蒙设法询嘉业堂书买法，甚感。以敝‘指谬’拖为‘古香斋’尾巴，自无不可，但署名希改为‘中头’，倘嫌太俳，则‘準’亦可。《论语》虽先生所编，但究属盛家赘婿商品，故殊不愿与之太有瓜葛也。”⑤信中鲁迅就刊物

---

① 鲁迅：《致陶亢德》(1933 年 12 月 28 夜)，见《书信(1927～1933)》，《鲁迅全集》第 12 卷，第 534 页。

② 指徐诗荃。

③ 鲁迅：《致陶亢德》(1934 年 6 月 6 日)，见《书信(1934～1935)》，《鲁迅全集》第 13 卷，第 139 页。

④ 鲁迅：《致曹聚仁》(1934 年 8 月 13 日)，见《书信(1934～1935)》，《鲁迅全集》第 13 卷，第 198 页。

⑤ 鲁迅：《致陶亢德》(1934 年 5 月 18 日)，见《书信(1934～1935)》，《鲁迅全集》第 13 卷，第 108 页。

的内容提出自己的意见，同时也表明了不愿与盛氏赘婿[①]邵洵美为伍的想法。虽然鲁迅和邵洵美并无个人恩怨，但是鲁迅对邵洵美豪门女婿的身份嗤之以鼻，不屑与之同道，这也是他远离《论语》的一个重要原因。

鲁迅远离《论语》的另一个原因是其不完全赞同《论语》的办刊风格和观点主张。当林语堂提倡幽默时，鲁迅不以为然。他认为，中国人根本就不擅长幽默，所以幽默现象不会长久，而且倡幽默而非讽刺，很容易陷入传统的说笑话和讨便宜中去；并且认为国难当头，根本就不适合提倡幽默和闲适，所以也拒绝林语堂的邀稿请求，“顷奉到来札并稿。前函令打油[②]，至今未有，盖打油亦须能有打油之心情，而今何如者。重重迫压，令人已不能喘气，除呻吟叫号而外，能有他乎？不准人开一开口，则《论语》虽专谈虫二[③]，恐亦难，盖虫二亦有谈得讨厌与否之别也。天王[④]已无一枝笔，仅有手枪，则凡执笔人，自属全是眼中之钉，难乎免于今之世矣”[⑤]。

鲁迅还明确地表明自己对《论语》的态度：“我并非全不赞成《论语》的态度，只是其中有一二位作者的作品，我看来有些无聊。而自己的随便涂抹的东西，也不觉得怎样有聊，所以现在很想用一点功，少乱写。……现在和《论语》关系尚不深，最好是不再漩进去，因为我其实不能幽默，动辄开罪于人，容易闹出麻烦，彼此都不

① 邵洵美是清末官僚兼买办盛宣怀的孙女婿。

② 即打油诗。

③ 隐指“风月”，由“风月无边”变化而来。

④ 此处指国民党当局。

⑤ 鲁迅：《致林语堂》（1933 年 6 月 20 夜），见《书信（1927～1933）》，《鲁迅全集》第 12 卷，第 407～408 页。

便也”[①];并对《论语》的油滑提出尖锐的批评:“《论语》顷收到一本,是三十八期,即读一过。倘蒙谅其直言,则我以为内容实非幽默,文多平平,甚者且堕入油滑。闻莎士比亚时,有人失足仆地,或面沾污豓而不自知,见者便觉大可笑。今已不然,倘有笑者,可笑恐反在此人之笑,时移世迁,情知亦改也。然中国之所谓幽默,往往尚不脱《笑林广记》式,真是无可奈何。小品文前途虑亦未必坦荡,然亦只能姑试之耳。”[②]由于鲁迅与《论语》的政见和观点截然不同,1933 年 9 月 16 日《论语》第 25 期上发表了他的《“论语一年”》一文之后,就再也没有鲁迅的文章出现在《论语》上。

3. 老舍与《论语》的关系

目前文学界以吕若涵、施建伟、万平近等人为代表,普遍认同“论语派”这一提法。论语派是指以林语堂等人所办刊物《论语》、《人间世》、《宇宙风》为中心,提倡“闲适”、“幽默”的文学流派。由于该派组织松散,所以其代表人物一直存在着争论,其中关于老舍是否属于论语派争论最多。虽然该问题属于文学领域中文学流派的问题,并不属于历史学所要讨论的范围,但是也能从另一个侧面说明了老舍与《论语》有着千丝万缕的关系。正像陈学勇所说:“作家老舍的整体形象自无需和论语派靠在一起,但论语派的整体形象则断断不能和老舍分开”。[③]

老舍是《论语》停刊前最重要的作家之一。《论语》创刊之初,

① 鲁迅:《致陶亢德》(1933 年 10 月 23 夜),见《书信(1927 ~ 1933)》,《鲁迅全集》第 12 卷,第 466 页。

② 鲁迅:《致陶亢德》(1934 年 4 月 1 夜),见《书信(1934 ~ 1935)》,《鲁迅全集》第 13 卷,第 58 ~ 59 页。

③ 陈学勇:《老舍、郁达夫与论语派》,《书屋》,1998 年第 1 期,第 44 页。

老舍并不是长期撰稿员,直到第4期,其《祭子路之岳母文》一文刊登之后,第5期的长期撰稿员名单中开始出现了老舍的名字。从此,他不断地向《论语》投稿,从1932年11月1日到1936年11月16日4年的时间里,发表杂文和散文32篇,译作1篇,专电2篇,连载小说《牛天赐传》、《选民》2部。1946年12月《论语》复刊之后,老舍的文章就再也没有出现过,是因为1946年3月20日,老舍经美国驻华新闻处长费正清的推荐,应美国国务院的邀请,到美国进行了为期一年的讲学。1947年1月,讲学期满之后,继续留在纽约从事小说创作,一直到1949年10月12日才回到北京。

老舍与《论语》的关系密切,还担当过《论语》地方通讯员的角色,曾两次发给《论语》"济南专电",将济南发生的奇闻轶事提供给编辑部。两者交往频繁,究其原因有二:其一是老舍与林语堂、陶亢德交往甚密,自然会以投稿的方式来表示对朋友的支持。就像《牛天赐传广告》中说:"论语编辑部早就约我写篇较长的文章,有种种原因使我不敢答应。眼看到暑假了,编辑先生的信又来到,附着请帖,约定在上海吃饭。赔上几十块路费,也得去呀,交情要紧。继而一想,不赔上路费也能圆上脸,有没有办法呢?"①当时老舍身在山东济南,在接到《论语》编辑部的邀请函之后,专程坐车到上海跑一趟,就是为了给朋友的面子,可见两者的交情是多么深厚。其二是老舍的政治观点和文章风格都与《论语》的观点和风格相契合。《论语》主张"不反革命"但也不谈革命的政治观点与老舍对革命的看法如出一辙。老舍曾说:"我虽然同情革命,但我还不是革命的一部分,所以,我并不真正理解革命,而对不理解的东西是无

① 老舍:《牛天赐传广告》,《论语》第45期,1934年7月16日,第971页。

法写出有价值的东西的。”[①]《论语》提倡幽默文学，而老舍幽默的文风，也正合《论语》的口味。老舍认为幽默首先是一种心态，是“笑里带着同情，而幽默乃通于深奥”[②]。所以他赞同萨克雷[③]的观点：“幽默的写家是要唤醒与指导你的爱心，怜悯，善意——你的恨恶不实在，假装，作伪——你的同情与弱者，穷者，被压迫者，不快乐者。”[④]而《论语》则认为，“幽默”是人类善良本性和智慧之光的集中反映，是人们看穿了人生的悲剧并怀着一种悲天悯人和天真的心，冷静地观察社会和人生的态度。可见，两者对于幽默的认识也非常接近。因而，老舍与《论语》合作愉快也有其必然性。

4. 海戈与《论语》的关系

海戈（1900～1965），即张海平，1921 年毕业于国立北洋大学，旋赴美国留学，入康奈尔大学习土木工程系，获硕士学位。1923 年归国，任奉海铁路工程师。他是伴随《论语》而成长的青年作家之一，从《论语》第 17 期发表《今声律启蒙》，到第 176 期发表《批注必传堂诗词选粹》为止，发表散文、通讯、打油诗和现代体诗歌共计 79 篇，是《论语》的主要作者之一。

海戈与《论语》的关系并不像鲁迅、老舍一样与编辑是好朋友，他起初并不认识林语堂、邵洵美等人，是通过投稿与《论语》建立关系的。《论语》曾经发出“我所认识之怪人”的悬赏征文，海戈以《某教员》一文一举夺得了征文的第三名，该文章刊登在了《论语》

---

① 老舍：《老舍自述》，北京：京华出版社 2005 年版，第 182 页。

② 老舍：《谈幽默·老牛破车》，见《文论一集》，《老舍全集》第 16 卷，第 227 页。

③ 即威廉·梅克比斯·萨克雷（William Makepeace Thackeray，1811～1863），19 世纪英国著名的批判现实主义文学家，作为一名讽刺大师闻名于世。最著名作品是《名利场》与狄更斯齐名，为维多利亚时代的代表小说家。此外作品还有《班迪尼斯》等。

④ 老舍：《谈幽默·老牛破车》，见《文论一集》，《老舍全集》第 16 卷，第 227 页。

第25期上。从此海戈的名气逐渐大了起来,《论语》也乐于接受他的投稿。关于他和刊物的关系,海戈曾写文章道:“关于我投稿《论语》,在平时,便有人疑心我和‘论语派’有些瓜葛。到汉口,在领稿费的时候,有一位长辈曾问过我:‘林语堂和你是熟人罢,他是四川那(应为“哪”——笔者注)一县的人?’这话自然问得很隔膜,我只好说,‘现在的编辑,是陶亢德’。长辈更觉得有理了,他问:‘陶亢德是故乡陶××的大少爷吗?’我摇摇头,‘那么定是姓林的亲戚!’于这一长辈的询问,使我想到在中国,无论做什么事情,只要同钱字有关,便八成是亲戚,九成是朋友。这种人自然不是熟读《论语》者,他不明白颜渊死,孔子何以连棺材都舍不得;他不知道夫子怎么会困于陈蔡,饿得来没有大饼油条吃;子路子游常在做县长,不曾荐举老师做个刑名师爷……而应用了‘朝里无人莫做官’来作‘社里无人莫投稿’的注脚了。”①可见,海戈是被《论语》幽默的风格和独特的个性所吸引,成为了《论语》的主要作者。一直到1934年,海戈才在上海第一次见到了林语堂和邵洵美等人,“至二十三年,我去上海,始与林,邵诸人相识”②。

“八一三”事变之后,海戈同妹妹逃难到了四川,与《论语》断绝了联系。1946年12月《论语》复刊之后,海戈在成都再次见到了该刊,待到邵洵美主编该刊之后,他又开始向《论语》投稿。有海戈回忆为证:“跟着不久,邵氏又继李氏重在论语上见面,作风亦似稍变,渐与以前十戒符合,同时,世态风云,一天天更近于‘九一八’,老调重弹,旧瓶新酒,于是,愈觉得论语更令人可爱。直至看到邵

---

① 海戈:《关于》,《论语》第49期,1934年9月16日,第26页。

② 海戈:《两年与论语》,《论语》第166期,1948年12月1日,第2095页。

编两三期后，使我相信这刊物能够出得下去，便又开始论语写稿子了。”[①]而且，给《论语》的投稿量要比停刊前多出一倍还要多。由于《论语》坚持“完全开放的地盘”，所以在当时造就出一批像海戈一样的青年作家。他们由于《论语》而成名，而《论语》也因为他们的加入变得更加有朝气。

5.《论语》上来自各界的投稿

《论语》的重要作者除了来自文学界以外，还有来自政界、军界和学界的作者。《论语》的品牌栏目“京话”，就是专为来自政界的王漱芳投稿所设。王漱芳化名姚颖向《论语》投稿，他对《论语》所倡的幽默文化心领神会，来稿多谈南京政府上层人物的奇闻轶事和国事变故，文风诙谐俏皮，深得读者的喜爱，并被林语堂称作“是《论语》一个重要台柱”[②]。关于他的身份一直非常神秘。海戈曾回忆道：“姚颖则后来我在上海时开始通讯，已渐知此人有问题，林语堂曾为破这疑团，亲赴南京一行，回来告诉我说：‘果然是男的，叫王漱芳，姚颖是他太太的名字。’云云。这事情，在当时我们对王氏都很原谅，因他是现任职的南京市秘书长，而能用谈家常的笔调写朝中大事，亦殊难能可贵，其势又不得不化名也。到了民国二十八年我才和这假姚颖相遇于重庆，畅谈甚快，曾允介绍真的，竟乏机会。后三年，报载王氏在兰州坠马伤足而死，此真是论语的一大损失！”[③]经陈玉堂考证得知：王漱芳(1900，一作 1901 ~ 1943 年)，贵州人。字艺圃，笔名姚颖。早年先后就学于武昌商科大学、东南大学

---

① 海戈：《两年与论语》，《论语》第 166 期，1948 年 12 月 1 日，第 2095 页。

② 林语堂：《无所不谈集 · 姚颖女士说大暑养生》，见《林语堂名著全集》第 16 卷，第 292 页。

③ 海戈：《两年与论语》，《论语》第 166 期，1948 年 12 月 1 日，第 2094 页。

商学院。1924 年加入国民党。1926 年任北伐军东路军和第一路总指挥部主任秘书。1932 年后,历任南京市政府秘书长、国民党中央委员、贵州省党部主任委员、军政委会战地党政工作委员会党务组组长、甘肃省政府秘书长、民政厅长。后坠马而死。夫人姚颖,王漱芳曾借作笔名。[①] 王漱芳的加入,使得《论语》关于政治的报道和描写则更接近于历史的真实。因而,姚颖的"京话"及其发表在《论语》上的其他文章,在某种程度上是了解民国政治运作极好的窗口。

与姚颖不同,大华烈士是一个有军旅生活经历的投稿人。大华烈士原名简又文,广东新会人。1917 年赴美国留学,入欧柏林大学,毕业后获文学士学位。1918 年,升入芝加哥大学研究院,获宗教教育科硕士学位,1921 年回国。曾在西北军中效力,1926 年任国民革命军第二集团军总司令外交处处长、前敌政治部主任,中将官阶。后历任山东盐运使、北平今是学校校长。1933 年 1 月,任立法院第三届立法委员。[②] 简又文以军旅时期的所见所闻为素材为《论语》撰稿,"每忆起在军中所见所闻的趣事和种种可发一笑的经验,还觉得津津有味。如今打算顺着脑海起伏的微波,逐段逐段写将出来借给朋友们茶前酒后多些说地谈天的资料"[③]。其对军中逸闻轶事进行的描写,刊载于《论语》的"西北风"、"东南风"栏目中,不但风格幽默,而且保留了西北军原始的史料。另外,简又文还在《论语》上连载过太平天国题材的小说《太平儿》,以及散文《留学生与抽水马桶》、《读厚黑学》、《何谈如的妙联》、《吾邑民歌》等,是

① 陈玉堂:《中国近现代人物名号大辞典:全编增订本》,杭州:浙江古籍出版社 2005 年版,第 85 页。

② 参见徐友春主编:《民国人物大辞典》下册,第 2745 页。

③ 大华烈士:《西北风》,《论语》第 20 期,1933 年 7 月 1 日,第 725 页。

《论语》重要的撰稿人。

另外，为《论语》撰稿的还有大学教授和外国人，如《论语》第92期《编辑随笔》中提到："种因先生是武汉大学的教授，他在《论语》已发表过新多文章。他的《旧史新话》，有《左传》笔法，已恳其续写，下期当再刊载。"[①]第104期还有外国人EHRL H. LERF的来稿《我的中国话》一文，描述其学习汉语的艰难。可见，《论语》的作者群构成复杂，来自不同领域的撰稿人，为刊物带来了广泛的社会题材，吸引了不同层次的读者来关注《论语》。

（三）《论语》半月刊的稿源分析

《论语》主要的稿件来源是编辑人员和作者群的来稿，除此之外，还节选中国古代经典作品和宋代以来名人的文章与诗词刊登，转载其他报纸和期刊上的文章与征文等。

其一，节录古代经典和宋代以来名人的文章与诗词。"幽默文选"栏目中，选录中国古代经典和宋代以来名人的文章与诗词。有《合纵记剧》中关于晏子和苏秦的故事；《世说新语补》、《绎史·孔子类记》[②]、《金楼子·杂记上》[③]、《韩诗外传》[④]中关于孔子活动的

---

① 邵洵美：《编辑随笔》，《论语》第92期，1936年7月16日，第1016页。

② 《绎史》为清初马骕编撰，汇集著述旧文，广征博引，熔裁成篇，纂录从"开辟"到"秦亡"之间的史事，排比先后，附以论断，不仅具有重要的史学价值，而且反映了马骕丰富的史学思想。

③ 《金楼子》是梁元帝萧绎的代表作，它集中体现了萧绎的思想观念，反映了齐梁时期的文化思潮，是魏晋南北朝时期的一部重要的杂家著作，历来为学者所重视。

④ 《韩诗外传》是一部由360条轶事、道德说教、伦理规范以及实际忠告等不同内容的杂编，一般每条都以一句恰当的《诗经》引文作结论，以支持政事或论辩中的观点，就其书与《诗经》联系的程度而论，它对《诗经》既不是注释，也不是阐发。《汉书·艺文志》第1708页还著录了其他几部韩派《诗经》方面的著作，现在都已失传，估计其性质与《韩诗外传》类似。《韩诗外传》是实际运用《诗经》的示范性著作。

记述；墨子的《七患》；王充的《论死篇》；朱敦儒的《樵歌》；王安石的《寄慎伯筠》；袁宏道的《醉叟传》；金圣叹的《圣人千案》；理寒石的《论孔子一生有乐无怒文》；清梁晋竹的《〈秋雨盦随笔〉节录》；清代《庄谐选录》中的《江西某孝廉》；郑燮的《后刻诗序》、《家书序》、《焦山读书寄四弟墨》；李笠翁的《态度》；龚自珍的《病梅馆记》等等。

其二，转录中西报刊和杂志上的文章。转录《中央日报》（南京）、《时事新报》、《申报》、《国民日报》（杭州）、《新闻报》、《小日报》、《时代日报》、《大公报》（天津）、《民录日报》（靖江）、《新民报》（南京）、《上海日报》、《泉州日报》、《平湖商报》、《广州评报》、《上海报》、《四川月报》、《新京日报》（南京）、《江声报》（厦门）、《民报》、《时事新报》、《华北日报》（北平）、《大晚报》、《越华报》（广东）、《重庆晚报》、《华字日报》（香港）、《国民日报》（广州）、《人民晚报》（南京）、《粤报》、《上海日文报》、《青光》、《生活周刊》、《福尔摩斯》、《外交月报》、《华年周刊》、《电影与文艺创刊号》、《东方杂志》、《中国日报》（南京）、《申报自由谈》、《社会日报》、《南华评论》、《民生报》（南京）、《时报》、《晨报》（北平）、《字林西报》等报刊和杂志上的文章；另外，还有译自“Esquire”①、“Magazine Digest”②、“The New Statesman and Nation”③、《槟城新报》④等国内外报刊与杂志上的奇闻轶事和精彩文章。《论语》稿

---

① 美国的《时尚先生》，创刊于 1932 年。

② 美国的《杂志文摘》，月刊。

③ 英国的《新政治家与民族》，1931 年由《政治家》与《民族和雅典娜》周刊合并而来，一直沿用此名到 1964 年。现名为《新政治家》（New Stateman），英国时政周刊杂志。

④ 马来亚槟城最早的华文报刊，创刊于 1896 年。

件来源非常广泛，既反映出编者为吸引读者的注意，搜罗各地报纸和期刊的良苦用心，又反映出读者和刊物之间的交流与互动，因为很多文章是读者从各地报纸剪裁下来寄给编辑部，就连鲁迅先生也曾给《论语》“古香斋”栏目剪寄过文章，前文已经提到过。

其三，发表读者征文。《论语》一直坚持开放办刊的编辑方针，鼓励读者为刊物提供优秀的素材。针对当时社会上的热点问题，自拟题目向读者发出征文，例如：《论语社征求北平南京通信启事》[①]；以《低能校长》、《无能县长》[②]两个为主题的周年纪念悬赏征文；“谈漫步；闲谈；谈书籍；谈书”的《征稿四题》[③]征文；《论语二周年悬赏征文启事》以《现代教育》[④]为题的征文；《论语与我》[⑤]征文；“民间幽默故事”的《征文启事》[⑥]；《记读经》、《记会考》的《征文启事》[⑦]；《鬼故事号征文启事》[⑧]；《家的专号征文启事》[⑨]；“灯的专号”征文[⑩]；《癖好专号征文小启》[⑪]；“吃的专号”征文[⑫]；“病的专号”征文[⑬]；“新年特大号”征文[⑭]；“逃难专号”征文[⑮]等等。通过征

---

① 《论语》第 13 期，1933 年 3 月 16 日，第 441 页。
② 《论语》第 25 期，1933 年 9 月 16 日，封二。
③ 《论语》第 37 期，1934 年 3 月 16 日，第 617 页。
④ 《论语》第 49 期，1934 年 9 月 16 日，第 1 页。
⑤ 《论语》第 50 期，1934 年 10 月 1 日，第 85 页。
⑥ 《论语》第 56 期，“西洋幽默专号”，1935 年 1 月 1 日，第 362 页。
⑦ 《论语》第 61 期，“现代教育专号”，1935 年 3 月 16 日，封二。
⑧ 《论语》第 89 期，1936 年 6 月 1 日。
⑨ 《论语》第 96 期，1936 年 9 月 16 日。
⑩ 《论语》第 102 期，1936 年 12 月 16 日，“编辑随笔”栏目，第 298 页。
⑪ 《论语》第 124 期，1937 年 3 月 1 日，第 268 页。
⑫ 《论语》第 130 期，1937 年 6 月 1 日，“编辑随笔”栏目，第 530 页。
⑬ 《论语》第 139 期，1937 年 10 月 16 日，“编辑随笔”栏目，第 914 页。
⑭ 《论语》第 143 期，1937 年 12 月 16 日，“编辑随笔”栏目，第 1121 页。
⑮ 《论语》第 171 期，1949 年 2 月 16 日，“编辑随笔”栏目，第 2326 页。

文活动,《论语》获得了一批质量较好的文章,而且也扩大了刊物的影响力。

另外,刊物补白处还选登《聊斋志异》、《御史台记》中的故事,国外幽默刊物《笨拙》、《纽约客》、《幽默家》上的漫画等等。《论语》上的稿件来源众多,体现出编者灵活的编辑方针:既要沟通中西文化,还要雅俗共赏,使刊物形式灵活、内容精彩,博得各阶层读者的喜爱。

三、《论语》半月刊的读者群

(一)《论语》半月刊读者群的地域分析

由于《论语》除在国内各地设发行和销售点之外,还远销菲律宾、苏门答腊岛、缅甸的仰光、美国洛杉矶等华侨聚居的地方,所以读者遍布全国各地和国外一部分地区,这一点可以从读者来信中看出。第4期"群言堂"栏目中,《粪捐已不时行》一文为"海若于首都农家陋室中";第6期《文将亦善用枪》一文署名为"成都的永勤";第8期《游碧沙岗》一文是"友忼作于铁道部立郑州扶轮二小";第11期"群言堂"栏目中《奉送"党治下的瓜子"》一文,是来自福建泉州的振兴学校;第12期"群言堂"中读者来稿为"浙江省立高级中学训育处";第31期《读了廿九期"提倡俗字"后的一封信》一文为"钱克顺启于京北极阁麓";第54期"论语与我"栏目中,名为"斐如"的读者来稿说"大概是去年上半年吧,我还在江苏省立××中学肄业"[①]认识《论语》的;第152期"群言堂"栏目中,《我要论语半月刊!》是伦敦的留学生给《论语》来的信;第156期"群言

① 斐如:《论语与我(二)》,《论语》第54期,1934年12月1日,第309页。

堂”栏目中,《大选有感》一文署名是“旅台读者白觉悟”等等,从读者署名来看,《论语》的读者分布于南京、成都、郑州、泉州、杭州、台湾等中国大部分地区和伦敦等国外一部分地区。

(二)《论语》半月刊读者群的层次分析

《论语》读者不仅分布于国内外,而且身份多元。正像邵洵美所说:“据发行部的报告,两个月来南洋方面的销数,几乎每期要加一倍。上期起吉隆坡代理人,一连来添了两次书。同时直接定户已从机关、学校、银行、商号、推广到了寺院庙宇。有一位满面美容的长老,竟然亲自到杨树浦我们的发行所来订购。这的确是个好现象。”[①]分析《论语》的读者群,主要有以下五部分组成:

一是学生群体,尤其是大学生为《论语》最重要的读者群体。林语堂曾说:“我创办的《论语》这个中国第一个提倡幽默的半月刊,很容易便成了大学生最欢迎的刊物。中央大学罗家伦校长对我说:‘我若有要在公告栏内公布的事,只须要登在你的《论语》里就可以了。’”[②]《中央日报》一篇评论《论语》的文章中也提到:“《论语》一出,幽默风起,提倡午睡,办公无妨吸烟,新解《论语》,尤为一般读不懂孔氏论语的大学生们所欢迎……”[③]除了大学生之外,还有留学生和中学生是该刊的读者。第152期“群言堂”栏目中《我要论语半月刊!》一文,是留学伦敦的学生给《论语》的来信,表达了对《论语》的喜爱之情,评点刊物的文章优劣,俨然是个刊物迷。第

---

① 邵洵美:《与达祖书(代编辑随笔)》,《论语》第144期,1948年1月1日,第1161页。

② 林语堂:《林语堂自传、从异教徒到基督徒、八十自叙》,见《林语堂名著全集》第10卷,第295页。

③ 杨德:《论〈论语〉的本质》,《中央日报》,1934年7月7日,第12版。

54期“论语与我”栏目中,名为“斐如”的读者就说他开始读《论语》是在中学肄业的时候。

二是军界读者。第7期“古香斋”栏目中《仁王护国般若法会纪念之碑》一文,署名为“南京中央军校第二总队步科六队林子能”来稿;第71期“群言堂”栏目中的读者来信说:“敝人是一个爱读论语而过去曾经当过武装同志的一个青年”①,这些都表明《论语》的读者存在于军界,而且数量很多。正像编者所说:“近来有一件事使我十分兴奋:那就是论语时承军人来投稿。中国素重文武全才,军人之兼擅翰墨者原比比皆是,独对论语投稿,领悟幽默,实属可喜!我们一直说,打仗是最不幽默的事,军人在一片撕杀的气氛中,仍能悠然读论语,且放下枪杆,提起笔杆为论语写文章,幽默情趣,普及军中,中国其庶几得救乎?”②

三是官绅阶层的读者。林语堂曾说:“……据说论语刊行以来,京中要人皆已人手一册,赠亦读,不赠亦读,所谓不胫而走自会入国府也。”③林达祖也曾说:“论语京中定户确实不少,我们亦尝窃疑执政诸公皆为论语读者;而有好几次的左一办法右一命令,却甚博得论语中人一致赞美。”④湖南省政府主席何键也曾电购过《论语》,“湖南何主任,热心文化,提倡读经,闻《论语半月刊》出版,即来电订购一千五百份,拟由教育厅分送各中小学教员”⑤。可见,身

① 《论语》第71期,1935年9月1日,第1134页。

② 编者:《编辑随笔》,《论语》第175期,1949年4月16日,第2510页。

③ 姚颖:《论林主席微服购物及其他》,《论语》第16期,1933年5月1日,第565页。

④ 达:《滑稽表演》,《论语》第165期,1948年11月16日,“论语”栏目,第2050页。

⑤ 《何键电购论语一千五百部》,《论语》第1期,1932年9月16日,第23页。

为湖南省政府主席的何键也是《论语》的读者。第 43 期《关于〈民之父母〉》一文署名为“四川内江县绅民全体同启”，表明了县里的乡绅也是《论语》的读者。

四是大中小学的校长和教师。第 16 期“群言堂”栏目中，刊登中央大学校长罗志希[①]请求更正《论语》错刊其著作“中华男儿义勇军本无双”之“本”为“军”字的来信；第 12 期“群言堂”中读者来稿为“浙江省立高级中学训育处”；第 8 期《游碧沙岗》一文是“友忼作于铁道部立郑州扶轮二小”，作者很有可能是郑州扶轮二小的教师。可见，大学校长、中小学教师都是《论语》的读者。

五是工程师等高级技术人员、国外大使馆的工作人员和社会奇人。如第 120 期“群言堂”栏目的《多事者》一文，作者署名是“一个副工程师周树柏”；第 53 期的《更正》启事是“新加坡中国总领事馆”，针对《论语》第 49 期“半月要闻”栏目中刊载的“本埠八月八日河水山大火事，并谓华侨合力救济，惟本‘领事因参加网球赛，无暇及此’”提出更正，指出“查领事加入网球比赛系在八月五六七日银行假期，实在火灾之前，而所登照片适在火灾之翌日，致有此种误会，及推测之辞。素仰贵报态度公允，即希代为更正，是幸”[②]。

民国时期的奇人梁作友也是《论语》的读者。梁作友，山东黄县人，1932 年 9 月下旬，梁作友来到省府济南求见当时的山东省主席韩复榘，声称愿意为国家捐献 3000 万元。梁作友表示要亲自与南京政府接洽，于是韩复榘马上发报南京。财政部长宋子文、军政部长何应钦即刻回电，同意梁作友入京。10 月 1 日上午，梁作友抵

---

① 即罗家伦。

② 《更正》，《论语》第 53 期，1934 年 11 月 16 日，第 239 页。

达南京,军政部派人在车站恭候。“捐献3000万元之鲁人梁作友到京”的新闻,亦已见诸报端,纷传街巷。梁作友到达南京之后被安排在最豪华的中央大饭店吃饭住宿,军政部长何应钦、财政部长宋子文先后接见了他。他表示这3000万元的使用要按照自己的分配,二成赈济灾民,二成充作军费,六成用来兴办实业。后来,宋子文与何应钦再三商量,同意了梁作友去见蒋介石的要求。10月17日早上,梁作友在财政部科员陪同下,乘“龙和”轮西下,见到了蒋介石。在接见过程中,梁作友掏出一叠崭新的张宗昌督鲁时滥发的废纸币,蒋介石大怒,差点下令枪毙梁作友。10月26日,报上出现一条短讯:梁作友抵汉后,经查明,全系招摇,已驱逐回乡。他也是《论语》的读者并给该刊写信:“救济特捐督导委员会,曾于前月下旬举行全体会议,经票选全国富户五十名,鄙人未被列入,窃以生平富有,名落孙山,实为遗憾!故已驰函××兄详述原委,并请代为申辩,兹将该函抄奉一份,乞贵刊代为披露,为荷。”①用调侃的口吻,讽刺国民政府救济特捐督导委员会没有将他列入全国富户五十名是一件非常遗憾的事,并请求《论语》代为披露,一展其幽默才能,尽讽刺之能事,为《论语》增色不少。

综上所述,《论语》的读者有学生、军人、官绅、教育工作者、高级技术人员、国外大使馆工作人员、社会奇人等,可见,《论语》的读者群除了学生②之外,都是具有一定文化知识、较好的收入及一定

① 《梁作友致编者先生书》,《论语》第151期,1948年4月16日,“群言堂”栏目,第1500页。

② 根据陈明远《文化人的经济生活》一书中记载来看,20世纪30年代,大学生不仅补助高,而且学费也较为低廉,所以大学生购买一角钱的刊物还是比较简单的,而且大学生还可以通过校图书馆获取本刊。

社会知名度的人物，他们非常类似于当今社会的“中产阶层”。另外，由于《论语》通俗易懂、幽默风趣，所以那些略识文字的普通市民和公司职员也喜欢读该刊，成为《论语》重要的读者群。但是《论语》的文风和格调，绝不是给城市中的下层工人、苦力和农村中的农民来娱乐消遣的。

四、从作者群、读者群来看《论语》半月刊的“公共空间”

邵洵美曾将《论语》和宪法相提并论，“论语对民族精神健康的影响，已不亚于宪法的颁布了。宪法是诺言，而论语却是事实：二者固能并行不悖也”①。虽然有些夸大其词，但是也一定程度上反映出《论语》“讲实话、重监督”的“公共空间”之性质。提及“公共空间”就不得不提及“公共领域”这一概念。“公共领域”是哈贝马斯提出的一个带有理想型性质的概念，指的是从市民社会中产生的、在国家与社会之间的公共空间，这一公共空间具有鲜明的政治批判功能，所产生的是社会公共舆论，并以此成为政治系统合法性的渊源。而“公共空间”要比公共领域宽泛得多，主要是指在社会与国家之间人们实现社会交往和文化互动的场所。② 虽然中国从来没有出现过西方意义上的市民社会，但是20世纪30年代的上海确实已初现市民社会的某些特点，如私有产权的出现；结社和言论的相对自由；新闻出版业的兴盛；城市知识分子群体和市民读者群的大量出现；文化产品商业化的趋势等等，这些都为上海形成市民

① 邵洵美：《与达祖书（代编辑随笔）》，《论语》第144期，1948年1月1日，第1161页。

② 方平：《晚清上海的公共领域：1895～1911》，上海：上海人民出版社2007年版，“总序”第5页。

公共社会提供了社会条件和政治条件。

《论语》的作者群主体是身居城市的自由主义知识分子群体,有留学生出身的文人和本土生长的文人两部分组成。如留学美国、德国的林语堂;留学法国的孙伏园、孙福熙、刘半农、徐讦;留学英国的邵洵美、俞平伯、老舍、陆晶清、王礼锡;留学美国的沈有乾、全增嘏、潘光旦、赵元任、海戈(张海平)、简又文、刘英士、余上沅;留学比利时的李青崖;留学日本的郁达夫、章克标、谢冰莹、丰子恺;留学苏联的孟斯根;生活在城市中以卖文为生的陶亢德、林达祖、何容、老向等人。《论语》的作者群来源虽然复杂,但是他们都崇尚西方自由和民主的理念,知识类型、道德价值、文化趣味、生活品位类似使他们聚集在一起,这给《论语》带来了复杂的文化基因。他们崇尚西方的民主和自由,对国民政府的专制统治提出尖锐的批评,同时又不主张走社会主义道路来附和当时流行的社会主义思潮;既要介绍和传播西方文化,又试图改良和继承传统文化;既有国民性的批判,又有小市民生活的情趣;既有启蒙大众的意识,又有强烈的商业头脑,所以《论语》就像民国社会的传声筒,表达着民国社会各个层面的信息,从而构成了社会与国家之间交往和文化互动的场所。

《论语》的读者不仅人数众多,而且来自于各行各界,有学生、军人、官绅、教育工作者、高级技术人员、国外大使馆工作人员、公司职员、普通市民等等,其中不乏《论语》的忠实读者。他们以提建议、投稿件的方式积极参与《论语》的编辑工作,甚至从普通读者晋升为主编。例如林达祖本是苏州的普通读者,由于给《论语》投稿,得到邵洵美的欣赏而成为该刊的主编。这些都表明民国时期的民众对个体生活和社会舆论的高度关注,而且这种关注又促进了社会舆论的形成，构成了国家与社会之间文化交流和互动的场所。

因而，不论从作者群还是从读者群来看，都可以看出《论语》是当时市民群体发表和交流言论的场所，该刊言论有浓重的小市民气息，与当时社会的主流思潮——社会主义思潮格格不入，是属于自由主义知识分子的“小言论”。正因如此，才能看出当时城市中存在的公共空间的特点，允许各种言论和思想的交流与互动，真正做到国家和社会的沟通。

第二节 《论语》半月刊的经营与发展

一、《论语》半月刊的发行与销售

（一）发行机构：时代图书公司

第1～27期的《论语》是由中国美术刊行社发行，从第28期之后则是由时代图书公司负责发行。据叶浅予回忆，中国美术刊行社成立于1928年初，地址在上海望平街，由张光宇任总经理兼总编辑，张正宇①任副经理兼营业主任，叶浅予为漫画版编辑，另外摄影部还有三个人——郎静山、胡伯翊、张珍侯，为该机构的顾问。后来，中国美术刊行社内部发生矛盾，摄影方面的合伙者郎静山、胡伯翊、张珍候提出拆伙。② 中国美术刊行社急寻新的合伙人，于是找到了邵洵美。

1933年11月1日，中国美术刊行社增加资本改组为上海时代

① 即张振宇。

② 叶浅予：《叶浅予自传——细叙沧桑记流年》，北京：中国社会科学出版社2006年版，第62～63、69页。

图书股份有限公司，其英文名称 Mordern Press。对此，《论语》第 30 期有所记载：

> 本社成立以来出版各种美术图书杂志深得各界欢迎，兹拟扩大出版范围并求业务发展，特行增加资本改组为股份有限公司，为切合名实起见，自十一月一日起改称时代图书股份有限公司（简称时代图书公司），特此公告。①

其中材料所说的“增加资本”，是指邵洵美、曹涵美投资一事。邵、曹两人各拿出 2000 元，这钱算作邵洵美、曹涵美、张光宇、张振宇、叶浅予五人股金，二张一叶的股金由邵、曹代垫，从 4000 元里分摊。到 1935 年资本蚀光另行加资时，二张一叶退出，老板只剩下邵洵美和曹涵美两人。上海时代图书公司由张振宇任经理，曹涵美为副经理兼财务科长，张光宇当编辑部主任，王永禄做总稽核。②

时代图书公司最先设在上海市福州路 95 号，后改为福州路 300 号，1936 年 9 月 16 日迁到霞飞路 240 号，之后，时代图书公司一直由曹涵美负责。这座旧屋早就被列为危房，但是租金低，且靠近马路，所以还是个很好的办公地点。二层小楼，一层设书店门面，二层是编辑部。一层的书店门面，书架太多，伙计太多，通道窄，二层是一大间长形的房间，房间里摆满一张张写字台，这里是他们的编辑部。几种杂志的编辑集中在此工作，既可省点开支，又方便互通音讯与材料；可以随时召开编辑会议，也可分头商讨。邵

---

① 《中国美术刊行社改称时代图书股份有限公司启事》，《论语》第 30 期，1933 年 12 月 1 日，第 300 页。

② 参见林淇：《海上才子：邵洵美传》，上海：上海人民出版社 2002 年版，第 117 页。

洵美等人就是在这里编辑和出版了一份份杂志。

时代图书公司全盛时期共拥有七大杂志,《论语》、《时代画报》、《时代漫画》、《时代电影》、《文学时代》、《人言》和《声色画报》等。这七份杂志出版日期不一,所以每隔五天时代图书公司至少有两种杂志出版。1936 年之后时代图书公司的七大杂志还有四份在运行,其中只有《论语》一直热销,尚有盈利;《时代画报》、《时代漫画》和《时代电影》都一直是亏本的。除期刊之外,还先后出版一些画册、诗集和图书,如叶浅予的《王先生》画册、黄文农的《文农讽刺画集》、邵洵美、张光宇的《小姐须知》和徐光摩的《小鱼集》等。还出版了一套"论语丛书",有《老舍幽默诗文集》、林语堂著写和编选的《我的话》与《论语文选》(一)、海戈的《蒙尘集》、郁达夫编选的《论语文选》(二)和邵洵美编选的《幽默解》等。该公司还出版了一套《时代科学图画丛书》和介绍上海滩概貌的《上海轮廓》。① 1937 年"八一三"事变之后,日本侵入上海,时代图书公司也被迫停办,直至 1946 年 12 月,邵洵美才恢复了时代图书公司,后又复刊《论语》。

(二)发行方式和销售机构

《论语》的发行方式主要有两种:预定和零售。为了鼓励读者预定《论语》,还推出一些预定的优惠政策。首先,预定价格要比零售价格便宜。《论语》零售价是一角,逢特大号、新年号零售价改为一角五分,预订全年 24 册,国内需要二元,国外三元;半年十二册,国内一元,国外一元五角,包括邮费在内,遇特大号和新年号也不

① 邵绡红:《我的爸爸邵洵美》,第 162 ~ 164 页。

另外加价①。其次，预定刊物的品质比零售刊物高。如规定“本期零售每册大洋一角，精印本只限定户概不零售，邮费在内，邮票代洋十足通用，全年廿四期，国内二元四角，国外三元六角；半年十二期，国内一元二角，国外一元八角”②，虽然预定价格要比零售价格偏高，但是只有通过预定方式才能得到的精装本，品质要比零售刊物品质高得多，这无疑会使读者考虑预定《论语》。再次，还采取鼓励联定刊物的政策。《论语》第 12 期封四有广告：“中国两大便宜刊物：时代图书半月刊，论语半月刊，为酬谢爱护本刊者之热忱起见，再订千载一时之联定优待办法，联定的利益：介绍十户，赠阅一份。联定时代与论语各一年者概照定价九折计算；联定时代与论语各半年者概定价照九五折计算；已定时代或论语一年者再定时代或论语一年亦照定价九折计算，惟以未满期者为限；已定时代或论语半年者再定时代或论语半年亦照定价九五折计算，惟以未满期者为限；一次介绍联定时代与论语各一年之十户者，除折扣照上优待外并赠阅介绍者时代与论语各一年一份；一次介绍联定时代与论语各半年之十户者，除折扣照上优待外并赠阅介绍者时代与论语各半年一份；联定时代与论语各一年者凭定单购本版书籍画册照价八五折优待；联定时代与论语各半年者凭定单采购本版书籍画册照价九折优待。”③采取价格优惠的策略，以扩大《论语》的读者群和影响力。如 1947 年 1 月 21 日时代印刷厂的资产负债表中的“预收书款”一项中写道：“论语半月刊定户一. 二〇二. 一六

① 《论语》第 2 期，1932 年 10 月 1 日，封三。
② 《论语》第 69 期，1935 年 8 月 1 日，封三。
③ 《论语》第 12 期，1933 年 3 月 1 日，封三。

七.二〇元"①,鼓励读者预定《论语》,能够使时代图书公司提前预支刊物销售所得,为公司的正常运转提供资金。

另外,除了预定刊物外,还通过全国各大书店和杂志公司进行零售。如《论语》第1期封三处印有分销处是"各省县各大书坊",第2期封二处刊登本刊各地代售处,共分外埠、国外、本埠三个地区,外埠包括苏州、广州、南京、无锡、福州、重庆、云南、厦门、南通、汕头、常州、济南、扬州、郑州、汉口、武昌、保定、北平、成都、烟台、湖州、天津、琼州、芜湖、太原、桂林、镇江、香港等地;国外有仰光、菲律宾、苏岛、罗省等地。自1947年1月1日《论语》第120期起,经售处除本外埠各大书局代售外,还增添了五洲书报社(上海)、中国图书杂志公司(上海)、南京两利图书服务社(南京)等三家专门经营书刊杂志的公司经销。如屠诗聘办的中国图书杂志公司,是专门经营小型杂志的公司。这些公司负责办理比较小型的杂志的印刷、发行等事务,因为这些小型杂志没有能力也不需要拥有复杂的经营班子。

《论语》灵活的发行方式和众多的销售机构,使得该刊远销国内外。不仅在国内引起轰动,而且还远销缅甸的仰光、菲律宾、苏门答腊岛、美国洛杉矶等华侨聚居的国外。据笔者所知,现在法国利昂公立图书馆还藏有多期《论语》,是否是华侨将该刊带到法国去的还有待考证,但是也不排除这种可能,可见,《论语》的流传范围之广。

(三)发行量

20世纪30年代,上海掀起了一股办刊的热潮,产生了种类繁

① 《时代印刷厂》,上海市档案馆,Q78-2-15802。

多的期刊杂志，但多数刊物属于昙花一现，不仅寿命短而且发行量少。正如《上海通史》“民国文化”卷中写道：“上海是全国的出版中心，同时也是文化人聚集的地区，所以上海出版的杂志种类繁多，除了综合性的，还有各式各样的专业杂志，涉及领域不同，社会影响不一。一般杂志的发行量都在一二千份，甚至更少，超过1万份的杂志不多。”[①]《论语》以其精彩的内容和灵活多样的营销方式，成为畅销刊物，发行量曾达到2万份，仅次于发行量第一的《东方杂志》。章克标曾经回忆说：“《论语》风行一时，几乎成了杂志中的最畅销本，它的发行数在许多杂志中是领先的，大约印二万左右，而合订本是另外重印的，每半年十二期合订一本，也只售一元。”[②]因而仅从发行量来看，《论语》也是民国时期刊物中的佼佼者。

二、《论语》半月刊的印制

（一）时代印刷厂

《论语》前10期的印制工作中有6期是由中国科学公司完成的，4期是由时代印刷厂承担；从第11期开始，刊物的编辑和印制紧密地联系在一起，由时代印刷厂完全承担印刷工作。编辑和印刷二位一体，省去了很多周折，保证了刊物的准时出版。“这在当时出版刊物往往脱期的情形下是极为特出的好现象”[③]。时代印刷厂是1931年5月由邵洵美独资创办的。据1947年1月30日联合征信所对时代印刷厂的调查报告：

---

① 许敏：《民国文化》，见熊月之主编：《上海通史》第10卷，第178页。

② 陈福康、蒋山青编：《章克标文集》下册，上海：上海社会科学院出版社2003年版，第152页。

③ 陈福康、蒋山青编：《章克标文集》下册，第162页。

一、简史：该厂于民国廿年五月间由邵洵美君独资创立，设厂于平凉路廿一号。设发行所于四马路三百号及霞飞路二四〇号。至民(国)廿六年沪战发生，厂中全部机器据称已于事变时托美人 Emily hahn 搬移至徐家汇路二二三五六八号，改用美商牌号，改称为新美印刷厂。至卅年十二月八日，日军侵入租界被迫停业，直至卅四年八月抗战胜利后，始迁回平凉路原厂址。至卅五年九月一日正式复业，发行所暂附设在内，电话五三〇九二。

二、负责人：厂主兼经理邵洵美，四十二岁，浙江余姚人，英国剑桥大学毕业，曾任南京市政府秘书。

三、资本：现在实收资本法币两千万元。

四、设备：

1. 厂房：水泥钢骨二层楼市房六幢，系租地造屋。

2. 机器：主要机器计有影写版机一部，磨筒机一部，镀铜机一部，照相机二部，放大机一部，炭粉机二部，晒架机一部。

五、业务：

1. 生产：出版图书什志，计有时代画报、论语、缅甸荡寇志等，并代客承印各种画报，主要委托客户有中国画报社、南京中央日报社、申报馆、新一军等家。最高生产能力，据称日工能印各种画报四十八令，现在该厂机器全部开工，需要原料，系直接向本埠美商利达、永嘉等数家洋行定购。自卅五年九月一日至十二月卅一日止，共计出产各种画报制版十九只，印刷一四九令。

2. 销货：出品时代画报、论语大部销售于国内各地，主要客户上海四马路五洲书报社、南京两利书报社、汉口华中图书公司、长沙大公报、济南联友书店等处，卅五年九月一日至十二月卅一日止，共计销售各种画报一四九令，法币一六.四五六.〇〇〇元。

六、财务：该厂附来卅六年一月廿一日止资产负债表，及卅五年九月一日起至卅六年一月廿一日止损益计算书，经与总分类帐核对相符，兹附录于后。①

由该调查报告所知时代印刷厂的成立经过、负责人、资金、业务、设备、生产和销货等方面的信息。时代图书公司和时代印刷厂是二位一体的，时代图书公司分管发行，时代印刷厂分管印制，两者通过出资人邵洵美的关系紧密地结合在一起。邵洵美是盛宣怀的外孙，并与盛宣怀的孙女盛佩玉结合（两人家庭关系见附录二），所以家底殷实。时代印刷厂就是邵洵美把上海市牯岭路的一块地皮变卖，兑换成五万美金，向德国定购了全套影写版印刷机和照相设备的基础上建立起来的。时代印刷厂主要机器设备的情况见表2。

时代印刷厂除购进了我国第一部影写版印刷机和最先进的照相设备之外，还从德国、美国进口了一些辅助机器设备，如钢线玻璃板、紫滚筒、飞达、马达、镜头等；原料及材料，如影写版油墨、碳精纸、商用软片、磨石、柴露而、碘片、米吐尔、硝酸银、照相罗旬等等，所以时代印刷厂的设备和原料在当时是最先进的。在此基础上，该厂还采用了国内领先的印刷技术。民国时期，印刷技术包括凸版印刷、凹版印刷、平版制版、平版印刷和木刻水印五种②。时代印刷厂采用的影写版印刷技术，也称为凹版印刷术，是当时国内最

① 《时代印刷厂》，上海市档案馆，Q78－2－15802。

② 《上海通志》编纂委员会编：《上海通志》第9册第41卷，第6113页。

表 2　时代印刷厂主要机器设备一览表

	名称及种类	式样	尺寸	数量	工作能力及用途	制造者			购进年月	价值		已用年限
						国别	厂名	年份		原购价	时价	
主要机器设备	影写版机		长 30 呎	1	每小时三千大张	德	JOHNNISBERC	1931	1931 年 5 月	美元 55000	无从估计(因上海影写版印刷厂仅有敝厂一家)	6 年
	磨筒机		长 5 呎	1		中	龚长兴造	1931	1931 年 5 月	国币 5000		6 年
	镀铜机		长 4 呎	1		中	龚长兴造	1931	1931 年 5 月	国币 4000		6 年
	照相机		长 12 呎 长 8 呎	2		德	ZIESS	1931	1931 年 5 月	美元 3000		6 年
	放大机		长 6 呎	1		德	ZIESS	1931	1931 年 5 月	美元 2600		6 年
	炭精灯		长 6 呎	2		德	BRILLARNT	1931	1931 年 5 月	美元 8200		6 年
	晒架		长 4 呎	1		中	龚长兴造	1931	1931 年 5 月	国币 5800		

据:《中中交农四行联合办事总处工矿事业调查表:第二表　厂矿建筑及设备》,上海市档案馆,Q78－2－15802:《时代印刷厂》。

先进的印刷技术。凹版印刷术起源于15世纪的意大利,18世纪就传入了中国。直至20世纪20年代,上海的商务印书馆、英美烟草公司印刷厂、时代图书出版公司、中华印刷厂、三一印刷公司等规模较大的印刷企业才开始采用。时代印刷厂采用了先进的印刷设备和技术,印制出来的刊物文字清晰,图片艳丽。因而该厂除了印制自己的刊物《论语》、《时代画报》、《缅甸荡寇志》之外,还代客承印各种画报,主要客户有中国画报社、南京中央日报社、申报馆、新一军等家,印制过《中国画报》、《主席六十寿辰特刊》、《中央日报国大画刊》、《申报国大特刊》、《新一军画册》等。可见,时代印刷厂本身就是一个独立的经济实体,《论语》以时代印刷厂为依托,能够大大降低刊物的生产成本。加之负责人邵洵美的协调努力,时代编辑部、时代印刷厂、时代图书公司三位一体。这种集编辑、发行和印刷为一体的文化产业企业化的生产方式,直接降低了《论语》的生产成本。因而,《论语》能以低价位、高品质占领文化市场。

(二)《论语》半月刊的价格

《论语》的发行方式有预定和零售两种,因而价格也有预定价和零售价之分,前面已经有所论及。在这里我们主要论述《论语》的零售价。《论语》前117期零售价相对稳定,平时售价一角,遇到周年纪念特大号、新年号售价为一角五分。用当时上海市物价作一参照:"1933—1934年间上海市零售物价为:一号籼米每斤4.8—5.6分,鲜猪肉每斤2角8分—3角1分,活鸡每斤3角2分—3角9分,鸡蛋每斤1角7分—2角,豆油每斤1角2分—1角7分,猪油每斤2角7分—3角,食盐每斤8分—1角,白糖每斤1角8分—2角1分,等等。

一个馒头(2两)价一分钱,上海人爱吃的大饼油条也是一分钱。”[①]可见,两斤米钱就可以购买一份《论语》。当时上海普通工人月收入约为20元,专业熟练工、邮电职工、印刷业技工、小学教师、医护人员等,每月可以收入50元以上,中等职员和大专毕业工程师、中学教员、医生、记者、专业作家、律师、一般演员等月收入会更高一些。当时大学生每月的伙食最低也仅有6到8元,学生吃一顿最便宜的饭也只需1角钱左右。[②] 所以读者有能力购买《论语》。我们再与当时《申报》的价格作一对比,《申报》每天一份,每份售价四分五,订阅《申报》一个月的花销至少要一元三角五分;购买《论语》一月的花销只需二角或二角五分。因而在价格上,购买《论语》要比订阅《申报》更能使普通民众接受。

1946年12月《论语》复刊之后,国民政府滥发纸币造成了严重的通货膨胀,致使《论语》价格不断上涨。1946年12月1日,《论语》复刊号第118期出版,定价为法币1000元;不到一年的时间,1947年10月1日,《论语》第138期定价就涨到法币8000元,价格涨了8倍之多;紧接着一个多月后,1947年11月16日《论语》第141期,价格已飙至法币18000元;这之后该刊每出版一期都要重新定价,直到1948年8月16日,《论语》第159期,定价已到法币700000元。及至第160期金圆券问世,每本售价为金圆券5角[③],直到1949年5月1日,《论语》第177期定价已达到金元券200000元。在金圆券问世的8个月里,《论语》定价翻了40万倍。

---

① 陈明远:《文化人的经济生活》,上海:文汇出版社2005年版,第187页。

② 陈明远:《文化人的经济生活》,第185~186、153页。

③ 金圆券1元折法币300万元。

三、《论语》半月刊的社会影响

（一）《论语》半月刊的社会效应

《论语》一经问世，立刻引起了社会各方面的强烈反应，欣赏者有之，谩骂者亦不少，可谓是毁誉参半。作为国民政府的机关报纸《中央日报》，曾发表过十几篇评价《论语》和林语堂的文章，有《致幽默大师林及论语社诸贤》①、《买论语记》②、《新论语》③、《讨林语堂檄，有序》④、《为胡适之上林语堂书》⑤、《寄林语堂》⑥、《再寄林语堂（步拜金原韵）》⑦、《东林语堂海上》⑧、《解剖林语堂》⑨、《论〈论语〉的本质》⑩、《微风文艺社，声讨鲁迅林语堂，呈请党政汉局制裁并予警告，通电全国一致攻击普罗文艺》⑪、《林语堂先生的女性论》⑫、《阅论语癖好好专号》⑬。这些文章对《论语》及林语堂的态度主要有以下三种：

其一，以封建卫道士的身份站在维护传统文化的立场上，批判《论语》及林语堂。“世风不古，而卑污庸劣之举，层出不穷，良堪浩

① 储安平作，《中央日报》，1933年8月17日，第8版。
② 胡忠作，《中央日报》，1934年3月13日，第8版。
③ 任剑青作，《中央日报》，1934年4月5日，第12版。
④ 幽槐作，《中央日报》，1934年4月15日，第12版。
⑤ 后生小子作，《中央日报》，1934年4月21日，第12版。
⑥ 拜金作，《中央日报》，1934年4月23日，第12版。
⑦ 低吟作，《中央日报》，1934年5月4日，第12版。
⑧ 石岳松作，《中央日报》，1934年5月9日，第12版。
⑨ 宾客作，《中央日报》，1934年6月14日，第12版。
⑩ 杨德作，《中央日报》，1934年7月7日，第12版。
⑪ 《中央日报》，1934年7月26日，第8版。
⑫ 许鸣秋作，《中央日报》，1936年3月11日，第10版。
⑬ 武酉山作，《中央日报》，1947年4月24日，第5版。

叹。吾家老秀才，每阅语堂主办之《论语》，必摇头者再而三叹曰：‘斯文扫地，人头畜鸣，卑鄙无耻，至此已极！’微意亦有同感焉。”①

其二，从救亡图存的角度看，认为《论语》及林语堂等人标新立异、流于空谈。如储安平认为：“论语之创办，原其宗旨，在‘矫正文人空疏浮泛绮靡哀郁诸弊’，而‘易以爽利潇洒涵蓄幽默之音’。查空疏浮泛绮靡哀郁，确为时下文人之通病，林幽默‘大师’（此典出在自由谈上）及论语社诸‘贤’（借用岂凡先生语，亦出自由谈。）能发愿矫正之，自然比写本‘文坛登龙术’要正经得多。只是论语出世一年以来，据小子愚见，以为时下文人空疏浮泛绮靡哀郁之弊，依然猖獗，未尝稍敛。……但检读一年以来之论语，只闻其骚音怨音以及刻薄刁毒之音，而实未尝闻有爽利潇洒以及涵蓄幽默之音。其实，爽利潇洒，谈何容易？我们每读论语上李青崖诸人的文章，只觉其笨拙不堪，与爽利潇洒相去千里矣。又说，‘不作走狗式之救国高谈，只作自由者之静观。’鄙音既称易以爽利潇洒幽默之‘音’。此处又谁只作自由者之‘静’观，前后口吻，显属矛盾。‘自由者’这个称呼的意义，似与当今文坛上所争论之‘第三种人’之理解类合。但欲为‘自由者’，其先必有版税可以坐抽，否则恐怕未必能够自由。不作‘走狗式之救国高谈’一语，字义隐晦。照逻辑上说来，此语可作两种解释：一，凡救国高谈皆为走狗式，二，救国高谈有若干种，若干种里的一种是走狗式。不知该语在此地属于何种解释。即使其解释属于第二种，但鄙意仍不妨让其存在，因为我以为写一篇走狗式的颂扬萧伯纳的文章，未必比写一篇走狗式的

① 幽槐：《讨林语堂檄，有序》，《中央日报》，1934年4月15日，第12版。

救国高谈高明若干。"[①]储安平认为,《论语》及林语堂等人自称是"自由者"的态度与文坛上所争论之"第三种人"相类似。但是以施蛰存为代表的第三种人对《论语》的积极意义也曾提出过质疑,他主编的《现代》曾认为《论语》"只能供给一般不满意于现社会的文人学士,发表一些牢骚而悲愤的言辞显显调弄笔墨的能手,对社会说来,他是没有多少进步的意义的"[②]。

认为《论语》属于笑林广记一类。"林氏主编论语,多标新立异,有谓其故作诡奇者前本园某君作墓志铭谓其'明明嫫母,偏说王嫱,明明莱菔,偏说生地。'等语,爰师其意,作'驴嘴''马头'之句。曲解'论语''右氏传',游戏文章不新鲜。每况愈下堪浩叹,到底能值几文钱?论语初颇客观,迩来则每况愈下,类多无聊之作,如杜撰'右氏传',曲解孔门'论语'以及'梁任公不懂修辞'等文是,最近数期,益流于俗,如说儒医之类,则简直是滑稽而非幽默,笑林广记中物耳!"[③]认为《论语》的用途是"吃饱饭没事做,靠在椅子上,看林语堂的说死话,看到卖力处,笑了一会,或大笑了一阵,却非他所谓'会心的微笑'也,惟其如此,所以大半的读《论语》者,却有比如化一毛大洋买水果吃的心理"[④]。该刊是读者茶余饭后,用于"开胃"、"通气"和"放屁"的小苏打罢了!

其三,喜爱《论语》的读者对该刊的看法。"年来天天闹穷,除了勉强可以吃饭过日子之外,简直没有钱作零用,不用说不看影戏

① 储安平:《致幽默大师林及论语社诸贤》,《中央日报》,1933年8月17日,第8版。

② 雷鸣蛰、李正名:《一般性质的杂志之检讨》,《现代》第6卷第4期,1935年5月1日,第34页。

③ 低吟:《再寄林语堂(步拜金原韵)》,《中央日报》,1934年5月4日,第12版。

④ 杨德:《论〈论语〉的本质》,《中央日报》,1934年7月7日,第12版。

已有几年啦，就是咱们读书所认为唯一产业的书，也买不起，天天只在书摊上翻翻书，揩揩油，聊以解解读书欲，可是，论语倒每一期非买不行，因为我可以借论语看的朋友实在没有，另一方面，似乎论语具有女性的魔力一样，我没法舍得不看她，所以公园（北平的公园要钱）不逛可以，论语却东借西凑也得买她一本，论语社的列位大人真是罪孽深重，害人不浅，每次论语出版前一二天，便使我着急筹划论语的钱。这一次随军流浪，在偏僻的乡林里买不到论语，害得我日夜睡不着，我想看论语比想见我的爱人还利害。因此就写信给北平的朋友托代买寄来，又恐怕朋友拆烂污空函不复，所以便附了十分邮票去，总计附的邮票和信上贴的邮票，好在信纸信封是揩油来的，不化一个大子，共用去国币一角五分之多，写信的字数和时间还不计算在内，已够令人伤心惨目了"①。"胜利而后，海上出版物风起云涌，有复员者，有始创者，主持人各尽所长，角逐争先，实为出版界一最可喜之事。余所喜阅之刊物，如旅行杂志，健力美，观察，世界半月刊，黄嘉德嘉音主编之家、光、与西风三种，时与潮，文摘，新中华，中华教育界，活教育，国文月刊，文萃，评论报，东方，文艺春秋，文艺复兴，论语等，计有二十种左右。若一一按期购买，不惟无此资力，并亦缺乏时间阅读，不得已，择其中某期尤佳者购焉。论语第一百廿五期'癖好专号'，即余所谓该刊中尤佳者也"②。

《论语》引起了轰动的社会效应。其一，传播了中西方幽默文化，将西方的幽默文化与中国传统的幽默思想相结合，既丰富了中

① 胡忠：《买论语记》，《中央日报》，1934 年 3 月 13 日，第 8 版。

② 武酉山：《阅论语"癖好专号"》，《中央日报》，1947 年 4 月 24 日，第 5 版。

国文化的内涵,又传播了西方文化。正如郁达夫所说:"当论语出版不久的时候,鲁迅先生有一次曾和我谈及,说办定期刊物,最难以为继的有两种,一种是诗刊,一种是像论语那么专门幽默的什志;因为诗与幽默,都不是可以大量生产的货物,每期每期,要一定凑集多少字数来'诗'它一下,或'幽默'它一下,势必有所不可能;而语堂和亢德,居然能够把论语维持得这么长久,真才是天大的本领;我想这不但对读者可告无罪,就是在古今中外的什志编纂史上,也是不容易常见的奇迹。"[①]其二,提倡幽默丰富文学风格,以至影响文坛的风气。"提倡'幽默小品'的人也许有他们的见地,不过,学他们的人往往一味憨皮臭脸,油腔滑调。坏风气传染得特别快,现在,不但学生壁报和报纸副刊在学《论语》的调子,就是许多认真的作家往往在无意之中也露出点油腔滑调。这也是文坛上一个很严重的病相"[②]。虽然,朱光潜并不赞同《论语》的油滑腔调,但是也从另一个侧面反映出在当时有很多人竞相模仿《论语》的文学风格。可见,幽默闲适的文学风格曾引领文坛的潮流。其三,引起文坛上关于幽默和小品文的论争。这些论争的实质是讨论文学与政治之间的关系、文学的艺术标准和作家的创作自由等问题。《论语》及林语堂等人在摆脱民族危亡、争取国家独立的时代主题下,提出文学独立于政治和保留个性化写作的要求,势必会被当时救亡图存的声音所淹没。

(二)《论语》半月刊的文化效益

其一,首倡简化字和俗字,为汉语的简化工作和文化大众化做

---

① 郁达夫:《继编论语的话》,《论语》第83期,1936年3月1日,第513页。

② 朱光潜:《流行文学三弊》,见《朱光潜全集》第9卷,合肥:安徽教育出版社1996年版,第26页。

出贡献。《论语》第57期上刊登推行简笔字的启事:"(一)本刊自第五十五期起,由时代公司制备简笔铅字,实行排印,每月添二十五字左右,至三百左右而止。兹将第一批及本期所添简笔字开列于下,望投稿诸君注意,在写稿时即用此俗体。"①《论语》上特地浇铸一副简体字的铜模,是简体字印在书刊上的第一次,时间要比政府推行的早20年,为简体字的推行做出了贡献。《论语》还提倡俗体字,设"俗字讨论栏",反对别字。《论语》第26期上刘半农的《自注自批桐花芝豆堂诗集(续)》里,讽刺了北京大学招考新生卷中所写别字"民不辽生"、"殴洲大战"、"倡明文化"和"流学生"的现象,引起了社会上的争论。丰之余在《申报》"自由谈"上发表文章,认为刘半农既然是白话文的提倡者就不应该笑青年写别字。曹聚仁更是主张提倡别字,并举古人诗文别字很多的例子,证明别字古已有之。陶亢德则认为,宽恕学生写别字可以,但是为其张目则不必。《论语》则支持高植先生的观点反对别字,而赞成俗体字。"我想'别字'与'俗字'稍有分别。如'歐洲'写做'殴'是别字,写做'欧'是俗体是简笔。'留学生'写做'流'是别字;写做'畄'是俗体是省体。别字应当反对,否则漫无标准。无论何国文字,都应有个标准,否则'流学生迴郭之厚,做文张就没人董了,过了己天莲自己也忍不德了。'……俗字简字是应该提倡的。俗字比正体烦(应是"繁"——笔者注)的如水果之'菓','采花'之'採','计畫'之'劃',皆画蛇添足,一无足取。"②

① 《论语实行简笔字启事》,《论语》第57期,1935年1月16日。
② 语堂:《提倡俗字》,《论语》第29期,1933年11月16日,"我的话"栏目,第215页。

其二,提倡洋泾浜英语,促进中西文化交流。《论语》经常刊登中英文混用的文章,且存有大量中西合璧的洋泾浜英语,为中西文化交流做出贡献。如讲述了圣约翰大学某学生因为学校要开除他,写了一封信向卜舫济校长求情,内有"Dr. Pott, see the face of Jesus orgive me"和"Dr. Pott your ministerial stomach can sail a boat"之句,实际上是"看在耶稣的面子,宽恕我"和"你的宰相肚里好撑船"二句中文之直译也。[1] 洋泾浜英语有土洋混合令人失笑的一面,但是也反映出中西文化交流互渗的大趋势。"语言专家曾指出,中国的汉语是最简捷、最干净利落的语言,而在众多西方语言中,要数英语最简炼(练——笔者注),它已摆脱了性别,简化了宾主格位,因此,这两种语言的嫁接,肯定会有最高的成功率"[2]。关于这一点《论语》早有认识到,"洋泾浜英语就是英语与中国语最天然的结合,所以是合于历史的潮流的","必然成为五百年后最体面人讲的唯一的世界语"[3]。

其三,倡导通俗文化,保留民间文学。《论语》除了刊载诗歌、散文、小说、小品文之外,还包含大量具有传统特色的对联、联话、寓言、竹枝词、打油诗等作品,不仅通俗易懂、雅俗共赏,而且寓意深刻。如老舍作《贺论语周岁》[4]的打油诗及刘半农的《自注自批桐花芝豆堂诗集》[5]等。

---

① 《翻译趣谈三则》,《论语》第3期,1932年12月1日,"雨花"栏目,第98页。

② 杨乃济:《洋泾浜英语与香港地中文》,见《随看随写》,天津:天津古籍出版社2002年版,第80页。

③ 《为洋泾浜英语辩》,《论语》第23期,1934年8月16日,"论语"栏目,第836页。

④ 《论语》第25期,1933年9月16日,第18页。

⑤ 在《论语》第25~44期连载。

赠拜古先生

古人亦是人而已，古人放屁未必香。怎把古人干屎橛，检（“捡”——笔者注）来细嚼当香肠？

（自注）赋而兴又比也。

赠洋迷先生

发不金黄眼不深，洋迷终自泪沾襟：爸爸应恨妈应怨，碧海青天夜夜心。

（自批）末句借用旧句，幽妙入神，稳炼如铁，直是古人抄我，非复我抄古人；抄袭家应以此为圭臬。

摩登女

披了头发光了鸭，摩而登之登而摩。劝君莫认作婊子，啊呀罪过阿弥陀！

（自注）光了鸭，犹言赤了脚，北平语也。

两年前，北京有一名对，其下幅云：“摩而登之，登而摩之，朝朝暮暮，我我卿卿”，解摩登二字有不可酱油之妙。

（自批）不失诗人之忠厚之旨；盛唐而后，仅见斯篇。[1]

刘半农的打油诗通俗易懂，且具有针砭时弊之功效。以上三首打油诗讽刺复古的人拾古人之牙慧；批判崇洋媚外之人艳羡国外的一切，甚至是外国人的相貌；暗讽摩登女子的服饰打扮像妓女，充分体现出打油诗通俗易懂、寓意深刻的特点。“打油诗虽是‘诗体的一种’，但二者倒像是有意在对着干。也就是说，诗要神

---

① 刘半农：《自注自批桐花芝豆堂诗集》，《论语》第 25 期，1933 年 9 月 16 日，第 20～21 页。

秘，打油诗偏偏不神秘；诗不通不要紧，打油诗却要通而又通；诗不容许解释，这里包含着读诗人的解释和诗人自己的解释，但打油诗的作者常常自批自注，从而无需他人做解释；诗要朦胧，打油诗却要小葱拌豆腐一青二白；诗要错认，打油诗却要验明正身明白无误；诗要曲，打油诗却要直而又直。所以我以为，要给打油诗找个确切的譬喻，那就是中央电视台东方时空的两个栏目——‘实话实说’和‘讲述老百姓自己的故事’”[①]。

另外，还选刊《陕西的幽默歌谣》[②]、《介绍几则山东的民歌》[③]、《乡村里的幽默》[④]、《一束幽默的民歌》[⑤]、《当今民谣》[⑥]、《油条大饼歌》[⑦]、《伦敦竹枝词》[⑧]、《东洋神户日本竹枝词》[⑨]、《时事对联》[⑩]、《幽默的联话》[⑪]、《幽默的联话补》[⑫]等文，采取民众喜闻乐见的民歌、联话、竹枝词、对联等民间艺术表达方式来表达刊物的主要内容和思想，拉近与读者的距离，达到雅俗共赏的目的。又由于民间文学具有“口头性、流传变异性、传统性、集体性”[⑬]等特点，因而《论语》为记录和保存民间文学做出了贡献，也为管窥民国文

① 杨乃济：《随看随写》，第94页。
② 刘馨作，《论语》第11期，1933年2月16日，第367页。
③ 老敢作，《论语》第19期，1933年6月16日，第675页。
④ 老敢作，《论语》第23期，1933年8月16日，第860页。
⑤ 张菱扮作，《论语》第86期，1936年4月16日，第675～676页。
⑥ 斐然录，《论语》第16期，1933年5月1日，第580页。
⑦ 俞友清作，《论语》第11期，1933年2月16日，第373页。
⑧ 朱佩弦作，《论语》第15期，1933年4月16日，第512～513页。
⑨ 亢德作，《论语》第27期，1933年10月16日，第159～160页。
⑩ 姚颖：《京话》，《论语》第15期，1933年4月16日，第539页。
⑪ 胡徇遒作，分别见《论语》第17、18、21、23、24、28期。
⑫ 赵声阅作，《论语》第30、34、35、59、63期连载。
⑬ 段宝林：《中国民间文学概要》，北京：北京大学出版社2002年版，第9～19页。

化传统提供了一个窗口。

（三）《论语》半月刊对商业效益的争取

沈从文曾说："因北伐清党时代多禁忌，说话不易讨好，林语堂便办了一个《论语》，提倡'幽默'，又以一个谐趣通俗风格，得到多数读者。读者越多，影响也就越不好。"[①]因为他认为，《论语》已将文学作品变成一种商品，投资者不免从生意经上着眼，趣味日益低下，影响再坏也不以为意。沈从文对于《论语》的批评是源于自己对文学的认识，即文学要为人生，而不能单纯地追求趣味。我们且不管其评价是否公允，但是《论语》非常注意商业经营策略，体现出强烈的商业气息这一点不可否认。

首先，《论语》发起多次悬赏征文活动，在一定程度上促进了刊物的销售。这种做法是一种变相的广告宣传，它以较小的成本投入，引起较大的社会关注，无形之中扩大了《论语》的市场占有量和影响力，其潜在的经济效益不可估量。如"论语与我"征文活动启事写道："论语创办以来，二年中已成为家喻户晓童叟皆知的刊物，又因其为冷中带热的文字，各方批评不一，或以为是太冷的麻醉剂，读了消沉意志，又或以为是太热的兴奋剂，令人精神焕发。这相反的批评，适相抵消，使我们益发茫然。论语既然是中国惟一正经的刊物，不造谣，不说假话，不放冷箭，不阿权贵，不拿津贴，不骗民众，对于编辑非常认真，自然对于读者的影响，也非常负责。所以要用实地测量方法，求知本刊与读者个人生活之关系。望读者为文叙述购读论语的经验，以《论语与我》为题，自五十三期起可以陆续登刊，每期一二篇，或来的多时，作为特辑刊出亦无不可。来

① 沈从文：《烛虚》，见《散文卷》，《沈从文全集》第12卷，第47页。

稿外须写明《论语与我》四字，文以自三数十字至五百字为限，如非必不得已超过的话。若把购读之时地情形，姿势，心理，印象，生活上生什么变化，神经上受什么影响，及有无借贷遗失以至偷窃争吵情事一并写下，亦甚合式。万一说影响是好的，我们更可以鼓励努力。万一说是坏的，对本刊揶揄一下，本刊亦吃得消，并不会恼羞成怒。Jane Austen 说得好：'人生在世是为何？还不是有时笑笑人家，有时给人家笑笑吗？'"[1]这则启事充分体现出《论语》的商业经营策略，该悬赏征文启事既重申了刊物"不拿别人的钱，不说他人的话，不相互标榜，不主张公道，只谈老实的私见"的办刊宗旨，成功地标榜了《论语》是中国影响巨大的唯一正经的刊物，又以命题论文的方式，让读者说出读《论语》的感受，并刊登读者来稿，这样做无疑等同于为刊物做了一个大广告，以较少的成本投入（奖项设置）获取最大的社会效益，并利用读者的从众心理，吸引更多的读者来关注《论语》。另外，《论语》每年都会发出"周年纪念号征文"活动，并设置奖项"第一名五十元；第二名三十元；第三名二十元"[2]，这种定期且有规律的征文活动，很容易会形成一种品牌效应，使读者感到该刊有着持久的生命力和巨大的亲和力。最后，刊物还针对社会上存在的现实问题，发出有奖征文活动，如《无能校长》、《无脑县长》[3]和《现代教育》[4]等征文活动，不限时间，征文被录用则以收到时间先后陆续发表。这种长时期与读者保持密切交流和互动的活动，非常有利于《论语》拥有稳定的读者群。

---

① 《〈论语与我〉征文启事》，《论语》第 50 期，1934 年 10 月 1 日，第 85 页。

② 《论语二周年悬赏征文启事》，《论语》第 49 期，1934 年 9 月 16 日，第 1 页。

③ 《论语》第 25 期，1933 年 9 月 16 日，封二。

④ 《论语》第 52 期，1934 年 11 月 1 日。

其次，推出特色专号，以便引起社会的广泛关注。所谓专号，即刊物编辑者对刊载内容的范围做出规定，向社会发出征稿请求，待到稿件丰富充实之后，结集出版，同一期内的文章都在此范围之内。通常专号最能体现出编辑者的意图，因此从《论语》的专号中，我们也能体会出它的商业气息。《论语》推出的专号见表3。

表3 《论语》专号一览表

期 数	出版时间	名 称
第5期	1932年11月16日	美术批评专号
第12期	1933年3月1日	萧伯纳游华专号
第25期	1933年9月16日	周年纪念号
第32期	1934年1月1日	阴历新年专号
第49期	1934年9月16日	两周年纪念特大号
第56期	1935年1月1日	西洋幽默专号
第58期	1935年2月1日	中国幽默专号
第61期	1935年3月16日	现代教育专号
第73期	1935年9月16日	三周年纪念特大号（农民生活特辑）
第79期	1936年1月1日	新年特大号
第91期	1936年7月1日	鬼故事专号（上）
第92期	1936年7月15日	鬼故事专号（下）
第100期	1936年11月16日	家的专号（百期纪念特刊）
第105期	1937年2月1日	灯的专号
第125期	1947年3月16日	癖好专号

（续表）

期　数	出版时间	名　称
第 132 期	1947 年 7 月 7 日	吃的专号
第 141 期	1947 年 11 月 16 日	病的专号
第 142 期	1947 年 12 月 1 日	复刊周年特大号
第 144 期	1948 年 1 月 1 日	新年号
第 173 期	1949 年 3 月 16 日	逃难专号

期刊的生命首先取决于内容的精彩程度，内容的精彩要靠好的卖点，因而是否有好的中心内容直接决定刊物的经济效益，所以《论语》在专号内容的选择上非常用心。1933 年 2 月 17 日，爱尔兰喜剧大师萧伯纳环球旅行途中逗留上海，引起了轰动的社会效应，正像鲁迅所说："定期出版物上几乎都有记载或批评，称赞的也有，嘲骂的也有。"[①]《论语》抓住时机，于同年 3 月 1 日推出"萧伯纳游华专号"，刊登一组介绍萧伯纳的文章，为本刊提倡的幽默文化推波助澜。该专号的推出，一方面是由于萧伯纳提倡幽默与该刊宗旨暗合，因而顺理成章地将其引为同道；另一方面也反映出编辑者敏锐的商业眼光，及时抓住热点问题，为刊物寻找一个好的卖点，扩大刊物的社会影响。另外，还适时地推出"鬼故事专号"，因为在当时说鬼是很时髦的一个话题，正像阿英所说："自从上海沦陷以后，平地里添上了许多鬼似的人物。电影界也好像有意的应着这拍节，风行着鬼的影片的摄制。这虽不能说是百分之百都如此，然

① 鲁迅：《萧伯纳在上海》，见《集外集拾遗补编》，《鲁迅全集》第 8 卷，第 510 页。

确实已形成了一种倾向。”[①]我们且不去追究为何谈鬼的现象甚嚣尘上，但是可以看出《论语》非常懂得把握商机，迎合当时社会上流行的潮流，及时推出受欢迎的专号。专号的内容不仅丰富，而且价格要比平时贵出二分之一，这样可以获得更高的利润。所以，《论语》能在 20 世纪 30 年代上海的文化产品商业化的趋势中初露端倪，在众多刊物中脱颖而出，销售量一度达到 2 万份左右，成为紧随《东方杂志》之后销售量第二的刊物。

《论语》作为一个独立的经营实体，实现了社会效益、文化效益和经济效益三者的共赢。该刊不仅为文化的保存和传播做出贡献，并引起轰动的社会效益，而且作为一个经济实体，时刻注意商业运营，在文化传播的同时，表现出很强的商业性气息。

综上所述，《论语》初步具备了“大众文化”传媒的性质，是近代中国大众文化的雏形。所谓“大众文化”，是一个人言言殊的东西，由于理论、方法、视角不同，说法也不尽相同。英国斯托里[②]曾概括出大众文化的六种定义，其一种是“Popular Culture”的定义，在此层面上思考，大众文化是个中性词，甚至有了某种褒义色彩，即大众文化来于民间，与民众存在着千丝万缕的联系，它是被普通民众拥有、享用和钟爱的文化。19 世纪末 20 世纪初，这种通俗文化更具有商业化气息，变成获取利润的工具。这种商业性的文学艺术形式，“由杂志封面、插图、广告、落套的和庸俗的小说、连环画、流行

① 阿英：《鬼的故事——一张电影的本事》，见《剑腥集》，《阿英全集》第 6 卷，第 44 页。

② 约翰·斯托里(John Storey)，英国桑德兰大学(the University of Sunderland)文化研究的教授，也曾是文化研究重镇“当代文化研究中心”(the Centre for Contemporary Culture Studies，CCCS)的研究员。

歌曲、踢踏舞、好莱坞电影等构成”[①]。具体结合《论语》来看,该刊不仅是林语堂等人宣扬其文化理念的场所,而且是获得利润的手段。从封面设计、栏目编排和刊物内容来看,该刊为了博得读者的喜爱,不断变换封面的内容和形式,栏目设计灵活多遍,内容丰富有趣,包括连环画、漫画以及小笑话等;从作者群和读者群来看,该刊也确实博得了当时各个阶层民众的喜爱;从生产、销售和经营方面来看,该刊非常注重降低生产成本和扩大销售渠道;从社会功能来看,在政治化的社会文化之外开拓非政治化的社会文化领域,塑造属于宏大叙事之外的日常生活话语符号及其社会文化权威,这些都能表明《论语》已经具备了大众文化的性质。

除此之外,《论语》还带有精英文化的性质。如创刊号《缘起》中写道:“论语社同人,鉴于世道日微,人心日危,发了悲天悯人之念,办一刊物,聊抒愚见,以贡献于社会国家。”[②]可见,创办《论语》的目的是“贡献于社会国家”,表现出了很强的道统意识。该刊试图通过办刊宣扬自己各方面的理念,以达到引领社会舆论的目的。因而,《论语》是精英文化和大众文化的结合体。

“欲做一个十分道地中国人,必须熟读《论语》。欲渗透明白中国人和中国‘如见其肺肝然’,如‘拆穿西洋镜’然,也必须熟读《论语》。凡是中国政治,中国社会,中国文学,中国人情风俗,总而言之,中国精神,无不于《论语》一刊尽之矣”[③]。虽有虚夸之嫌,但是

① 赵勇:《大众文化》,见赵一凡、张中载、李德恩主编:《西方文论关键词》,北京:外语教学与研究出版社 2006 年版,第 24 页。

② 《缘起》,《论语》第 1 期,1932 年 9 月 16 日,第 1 页。

③ 又年:《论语今赞》,《论语》第 10 期,1933 年 2 月 1 日,“群言堂”栏目,第 354 页。

《论语》所关注的内容确实涉及民国社会的各个层面,该文仅就其对民国政治、民国文化和民国城市妇女生活的看法做详细的介绍,以期把握《论语》文人群体的嬗变和民国社会的转型。

第三章 《论语》半月刊的政治观

《论语》并不是专业政论性的刊物,所以它对于政治的论述既不直接,也不系统,只流于对某些政治现象的观察和批评。如对南京国民政府时期的武人政治、权力更迭、攘外必先安内的外交政策、公务员制度、舆论高压政策、经济与财政政策和新生活运动等都予以关注并展开辛辣的讽刺。本文仅就该刊对南京国民政府的伦理政治、符号仪式政治和官僚政治的论述加以分析,以期了解民国时期的政治文化和这一文人群体的政治观。

第一节 对南京国民政府加强伦理政治的态度

一、"孔教到底是中国民族思想":承认尊孔读经有其历史合理性

"尊孔读经"一直是中国社会当权者用以维护政治权威合法性的统治工具。时至南京国民政府统治时期,出于建设民主政治的需要,政府曾一度停止学校的读经活动,并废除尊孔祀孔的活动。1928 年 2 月,大学院院长蔡元培颁布《为废止春秋祀孔旧典由》令,

公开宣布“着将春秋祀孔旧典，一律废止”[①]，但是该令一经颁布，立刻遭到各方面的强烈反对。而此时国民党官方意识形态——三民主义，虽经过蒋介石、戴季陶等人的不断完善和补充，仍不能承继过去儒学的官方哲学的地位和作用。南京国民政府也逐渐意识到这一点，并开始酝酿恢复孔子至圣先师的崇高地位。在蒋介石等人的倡议下，1934 年南京国民政府最终通过尊孔祀孔案，随后又在山东曲阜举行民国历史上第一次由政府出面组织、主持的大规模的尊孔祀孔活动。

《论语》对于南京国民政府尊孔的活动非常关注。相继刊登国民党中常委向各校毕业生征收修理孔子陵庙捐税，“大学及相等之学校一元，高中及相等之学校四角，初中及相等之学校二角，高小一角，初小五分”[②]；南京国民政府“拨款二十万元作修复孔庙经费”[③]等消息。

南京国民政府提倡尊孔读经，立刻掀起了全国各地读经的热潮。《论语》详细记载了当时全国各地读经的情况。“比年以来倡读经者又风起云涌，此风由南而北，历广东，湖南以至冀察”[④]。在广东地区，时任西南执行部和国民政府西南政务委员会常委的陈济棠在学校提倡教授经学[⑤]，对此，时人赞叹道：“嗟乎。光复以来。祀典久废。入文宣之庙。莫觌园桥。过忠义之祠。空余荒草。长

① 《为废止春秋祀孔旧典由》，《大学院公报：第 1 年第 3 期》，1928 年 8 月，第 22 页。

② 《论语》第 52 期，1934 年 11 月 1 日，“半月要闻”栏目，第 181 页。

③ 《论语》第 52 期，1934 年 11 月 1 日，“半月要闻”栏目，第 181 页。

④ 杨近远：《关于读经》，《论语》第 108 期，1937 年 3 月 16 日，“雨花”栏目，第 597 页。

⑤ 《陈总司令济棠倡议各校授经学》，《论语》第 20 期，1933 年 7 月 1 日，“古香斋”栏目，第 744 ~ 745 页。

此以往。人心日汩。虽无神州陆沈（应为“沉”——笔者注）之祸。不免文武道尽之忧。今者规复旧典。式焕新猷。拜孔子而陈五经。合关岳而为一庙。蒙泉剥果。发生其有望乎。吾已闻其汗号。吾欲于是观礼。吾将登诗礼之堂。习羽龠之舞。吾将游忠义之宇。听神弦之歌。吾尤望我四百兆同胞。因崇拜而生敬。俾四千年古国。绵景福于无疆。”①同时，掀起了读“四书”的热潮，“广州有马太空者，因鉴于执政诸公，提倡读经，特设函授四书学校，其标语为：四书系救中国的良剂；四书系收复失地的健将；四书系廓清政治的工具；四书系一切教育的基本教育；四书系一切科学的首要科学；四书系精神文明的导师；四书系为人处世唯一的方法；四书系人类的救星；四书系世界和平的福音”②。湖南地区，“长沙第一师范入学考试，有国文试题须将孔子牌位式样画出，考生无从下手，因此而落第者甚多”③；湖南省政府主席何键“派曹典球编读经教材，各校决实行读经”④。冀东地区，时任平津卫戍司令、冀察绥靖主任和冀察政务委员会委员长兼河北省政府主席的宋哲元，“于折冲樽俎，旁午军书之余，并致力于国粹之发扬，最近宋氏印成四书数千部，装订精雅，皮面烫金，长二寸，宽一寸五分，如小型日记簿然，便人携带阅读也，凡往索者，即举以相赠”⑤。对此，曾接受宋氏赠书的对凫老人，奉上六朝小启表示感谢，写道：“我公勋望，更

① 园桥生：《对于陈总司令提议恢复孔子及关岳祀典之感想》，《论语》第35期，1934年2月16日，“古香斋”栏目，第568页。

② 《论语》第59期，1935年2月16日，“半月要闻”栏目，第529页。

③ 《论语》第60期，1935年3月1日，“半月要闻”栏目，第577页。

④ 《论语》第64期，1935年5月1日，“半月要闻”栏目，第769页。

⑤ 孋钞：《对凫老人上宋主席书》，《论语》第96期，1936年9月16日，“古香斋”栏目，第1195页。

属一时之泰斗，崇阐圣学，正人心以易风俗，固亦当今不朽之大业也，百代具瞻，系在斯举。”①可见，《论语》已经敏锐地觉察到国民政府恢复尊孔读经的做法，并详细刊登全国各地尊孔读经的情况。

同时，《论语》还选刊社会各界人士对尊孔读经态度的文章。如《尊孔杂忆》一文，作者对于民国历史上第一次由政府出面组织、主持的大规模的尊孔祀孔活动所发表的感想：“今年的祀孔经国府行这样隆重典礼，将来圣道定可重被人崇拜起来。而‘崇拜圣道便是拥护政府，将来内忧外患自然减少，则国内政治不难蒸蒸日上。’(借孔德成君语，见二十八日北平华北日报)但自家命运太不济，八月中旬间偏会离开了山东。不然，则有机会到曲阜去一趟，是多么幸福！即便在济南也一定很热闹。多年不见的‘正面而坐态度严肃’的圣人爷，自可得而瞻仰其神塑像；而‘道貌岸然，身挂宝剑’的石印像或石拓像，恐怕书铺内也挂得很多。至于孔德成君的玉照，也会在照像(应为“相”——笔者注)馆里看得见。较之现在从各报纸上看到的像片，要强几万倍呢！”②字里行间露出对政府提倡尊孔政策的赞同和对孔子的崇拜之情。《读经训读本》一文，是作者对于陈济棠提倡学校读经书训读本的看法及态度：“盖尊经名也，招徕实也，因有尊经之名，而致四方之士，使彼不得志于踢毽子放风筝者，咸知西南尚有冷猪肉焉，此所谓以名为义，而又以义为利者也。若以尊经而使百粤之士‘望洋兴叹……不得其门而入，’终乃

① 孋钞：《对凫老人上宋主席书》，《论语》第96期，1936年9月16日，“古香斋”栏目，第1195页。

② 杜之：《尊孔杂忆》，《论语》第51期，1934年10月16日，第151页。注：孔德成是孔子第七十七世孙。

‘乘桴浮于海’，舍其难读之经，以趋易放之风筝，则彼尊经之为害，将无异于严禁番摊，夫岂陈公之所愿。窃尝考之，‘人不可以无耻’，亦不可以无知。不为妇女执鞭，而诵‘齐人有一妻一妾’，庶可免于无耻。不读全经，而能割裂，则亦可称为有现代知识。凡能熟读《经训读本》而复深体会其《编辑大意》者，我知其必能免于耻无知之讥焉。余虽老矣，恐不获睹三十年后《经训读本》之收获，然亦敢必陈公此举，将使‘天下大悦，而将归己’也。”①可见，作者赞同陈济棠提倡各类学校读经书训读本的做法。而作为在校学生，对于读经则没有如此热诚。《记读经》一文是中山大学中文系学生的来稿，回忆了在大学时期读经的情况：“第一学年过去了，也可以说是我们的读经入伍期过去了，现在虽然还有许多的经书是必修科，但只是‘教授讲，学生听’吧了，还有那（应为“哪”——笔者注）个傻子真愿意读呢？”②第一学年的读经课程分两个阶段，第一学期读《孝经》，第二学期读《论语》、《孟子》，对此，作者非常不情愿，等到期末蒙混过关之后就再不想读经了。由此可见，《论语》非常关注社会各界对尊孔读经的态度，并不惜篇幅，大量刊载赞同尊孔读经的文章。

《论语》十分明白儒学在加强伦理政治建设中所起到的作用。《“读经”为些什么？》一文写道：“要晓得‘经’的好处（就是‘利’的方面），在乎有人读，既有人读，‘经’的好处便显现了，互相为用，是分拆不开的。然而‘好’在什么地方呢？可以说好在‘制用’！怎样叫‘制用’？就是叫人‘读经’而使之尽先王圣人之

---

① 邓白林：《读经训读本》，《论语》第59期，1935年2月16日，第551页。

② 仓梯：《记读经》，《论语》第64期，1935年5月1日，第798页。

道。这种'道'是有用的利器,你可以承之上而用之于下,只要你懂'制用'的原理,'经'那就可以随心引用。'经'之所以历二千年而不衰,也就在这个'制用'的妙处。'制用'就是以'权力'制服别人之谓,虽然从'经'里所取得的权力不过是空洞的概念,可是它的效用,真比刀枪还利(应为"厉"——笔者注)害。"①《论语》看到国民政府提倡尊孔读经的目的是想在中国重建伦理政治,从而加强对人民的控制。

南京国民政府统治时期,封建社会的统治秩序已被打破,西方的民主制度又没有建立起来,中国社会正处于权力中空、政治信仰迷失的时期,国民政府为了确立政治上的威权,不得不转而求助传统文化,从儒学中寻找可以利用的政治资源,因而国民政府提倡尊孔读经有其历史的必然性和合理性。对此,《论语》有清醒的认识,并对政府的这种做法表示赞同:"及至近日,尊孔之风又大盛起来,这在举国捧班禅若狂之时,倒也无足大惊小怪,私人意思倒以为尊孔比捧活佛高明。但是孔教之复兴,也自有他的道理。一则物极必反,时代潮流总是一激一返的,世界进化是螺旋式的,而非直线式的。再则,孔教到底是中国民族思想,其侵入国人思想之深,非马克斯所可比,故其根脉不易动摇,此点不可轻视。三则,儒教为安邦定国之道,历朝国基初奠之时,祀孔与封禅郊祀告上帝祭山川一样不能免的。"②由此可知,以《论语》为中心的文人群体,对中国传统文化怀有强烈的眷恋之情,当国民

---

① 云门:《"读经"为些什么?》,《论语》第67期,1935年6月16日,第920页。

② 语堂:《沙蒂斯姆与尊孔》,《论语》第51期,1934年10月16日,"我的话"栏目,第134页。

政府提出尊孔读经政策时,他们在心理和行动上都是接受和赞同的。

二、“中国确不愧为礼义之邦”:反讽国民政府提倡的“孝”、“礼”治国

但是,《论语》对完全恢复旧文化传统和旧道德还是有保留的,这也显示了它内在的矛盾性和复杂性。国民政府提倡尊孔读经的目的是希望通过恢复传统的儒家道德,以此加强其政治威权建设。1933 年 10 月 10 日,蒋介石在南昌发表“纪念国庆要提倡礼义廉耻”演讲时说:“现在我们的国魂就是三民主义!我们要奠定国家的精神的基础,就是要将三民主义的精神,灌注于全体国民,渗透于一切事物,从而不断的充实之,发扬之,俾能光大无极!我们已晓得三民主义就是我们中华民国的国魂,但是三民主义的基本精神何在呢?我今天告诉大家:三民主义的基本精神就是总理所讲的‘忠孝仁爱信义和平’这几种民族固有的美德。所以我们要立国必有国魂,要有国魂必须恢复这几种固有道德而充分发扬光大!我最近将总理所讲的‘忠孝仁爱信义和平’八个字,约为‘礼义廉耻’四个字,积极提倡,要大家身体力行造成重礼义知廉耻的风气,其目的也就是根据三民主义,要来唤醒民众,发扬国魂!大家要晓得:我们的国家何以弄到如此纷乱衰弱?何以东北四省要被人家占去?何以江西的土匪会这样猖獗?根本的原因,就是由于一般人,尤其是许多智识份子,在职人员,礼义无存,廉耻道丧,人心几已尽死,国魂遂以沦亡,国家既无灵魂,当然失所主宰,而纷乱衰弱,内忧外患,有由来矣。因此我们现在要想从根本上来救国,一

定要各个人从自己起头，以身作则，来提倡礼义廉耻！”[①]蒋介石将当时中国的内忧外患归罪于“礼义无存，廉耻道丧”，并认为挽救民族危机的出路是恢复孙中山倡导的“忠孝仁爱信义和平”、“礼义廉耻”。

孙中山晚年曾向传统文化回归。1924年初，孙中山对“忠孝仁爱信义和平”的“固有道德”之于民国的重要意义做了阐发，“大凡一个国家所以能够强盛的缘故，起初的时候都是由于武力发展，继之以种种文化的发扬，便能成功。但是要维持民族和国家的长久地位，还有道德问题，有了很好的道德，国家才能长治久安”；“所以穷本极源，我们现在要恢复民族的地位，除了大家联合起来做成一个民族团体以外，就要把固有的旧道德先恢复起来。有了固有的道德，然后固有的民族地位，才可以图恢复”[②]。这就为南京国民政府恢复儒家道德做了思想铺垫。

所以，当蒋介石发表了提倡礼义廉耻的演讲之后，国民政府和各地方权力机关都开始提倡儒家道德。“百善孝为先”，儒学经典《论语》中曾说，“孝弟也者，其为仁之本与”（《论语·学而第一》）；《孝经》中也说，“夫孝，德之本也，教之所由生也。复坐，吾语汝。身体发肤，受之父母，不敢毁伤，孝之始也。立身行道，扬名于后世，以显父母，孝之终也。夫孝，始于事亲，中于事君，终于立身”（《孝经·开宗明义章第一》）；“教民亲爱，莫善于孝。教民礼顺，莫善于悌”（《孝经·广要道章第十二》）。因而，国民政府首先提

---

① 蒋中正：《纪念国庆要提倡礼义廉耻》（中华民国二十二年十月十日南昌演讲）。

② 孙中山：《三民主义·民族主义》，见《孙中山选集》下卷，北京：人民出版社1956年版，第648～649页。

出“以孝救国”。

对此,《论语》给予很大的关注,第 29 期上刊载《教孝治国》一文写道:“教孝的人物,据我所知,有湘主席何公芸樵,他演讲过‘孝的动机及其标准’,载在《八德衍义》;有国立中山大学中文系主任古公愚夫子,老人家就主任之位以后,即将孝经一科,列为必修;有陈总司令伯南公,刊《孝经》万部,亲撰序文,分赐士兵;有海上闻人王晓籁巨商,操奇计赢之余,发起重建曹娥孝女庙,说‘今之治国,当以教孝为先’。他如军事委员长之令读曾左全书,考试院长之吃荤礼佛,也都是侧面教孝……”[①]《论语》详细描述了各地提倡“孝”之举措,并在同期《论语》的“古香斋”栏目中,全文刊载了中山大学教授古公愚倡导的“忠孝救国”的思想,“我们中国几千年前已有了灿烂的文化,到了孔子上承尧舜禹汤文武周公之道,集文化的大成。那时日本建国未久,什么文化也没有。后来由中国输入文字,采取一点一橛,才造成他们的文化。故此,可以证明日本是‘中国文化的儿子’。现在儿子叛逆了,我们反弄得无法驾驭,好不笑话!他们熟读了中国的《论(语)》、《孟(子)》、《孝经》,所以敢来叛逆,我们要制服他,当然更要精读《论》、《孟》、《孝经》了。我们所以要读《论》、《孟》,尤其《孝经》的话,是很有道理的。古语云:‘求忠臣必于孝子之门’,就是说做忠臣的,必是一个孝子。……现在的抗日会,只知贴标语,喊口号,毫无实际办法。我的抗日办法,只要大家都能忠能孝。有了孝才能忠,能忠,则人皆抱必死之心,以与敌

---

① 亢德:《教孝治国》,《论语》第 29 期,1933 年 11 月 16 日,“哑吧的话”栏目,第 247 页。

抗,则东北不收回,吾未之信也”[①]。此外,《论语》还刊登各地以提倡孝道为目的的敬老活动,如山西敬老大会发起的消息[②]和江苏盐城《耆年会发起人征求列名小启》[③]等。

《论语》还针对古公愚的“忠孝救国”思想提出了自己的看法:“日本既然是中国文化的儿子,又是熟读了孝经的,却叛逆老子起来,而且敢来叛逆,还是由于熟读了孝经:这才是‘好不笑话’了。……总之是此后抗日,应用孝经,日本飞机来,诵孝经以抗之,日本兵舰来,背孝经以御之,眼望日机,口诵孝经,书声朗朗,日机坠毁——于是乎抗日成功,外患无”,以讽刺的口吻来说明,用恢复孝道的方法来抵御日本的侵略非常可笑;并指出政府提倡忠孝的真正目的是使人民忠于政府和受制于官吏,“子民都不肯视死如归以任老父台们的刮脂膏吮骨髓而硬要活命,天下不是反了吗”[④]。可见,《论语》对此认识清醒,提倡“孝”并不能使中华民族团结于孔子的旗帜下抵御外侮,反而有利于南京国民政府借助外患的压力,恢复固有的儒家道德,重返礼教秩序,加紧对人民的控制,建立政治权威。

其次,南京国民政府还利用儒家“以礼治国”的思想,将“党治”与“礼治”合而为一,建立一种维护国民党与南京国民政府既得利益的等级政治模式。《论语》在“半月要闻”栏目中刊载国民政府提

---

① 仓粥:《忠孝救国论》,《论语》第29期,1933年11月16日,“古香斋”栏目,第252页。

② 《论语》第58期,1935年2月1日,“半月要闻”栏目。

③ 《耆年会发起人征求列名小启》,《论语》第58期,1935年2月1日,“古香斋”栏目,第528页。

④ 亢德:《教孝治国》,《论语》第29期,1933年11月16日,“哑吧的话”栏目,第248页。

倡礼仪和制定礼制的消息，如“中央日报载江西省主席熊式辉为提倡礼节，令人民在路上遇老人或外邦人士须敬礼，以示我华之礼仪。按此令在上海切切令不得，否则以上海友邦人士之多，对之一一敬礼，上海市民必腰酸”①；“蒋手令各文武机关，未习军礼，不得着军服戴军帽。闻此项手令，系缘蒋委员长于日前在私邸附近遇一军官，不知行礼。蒋特予指导训诫，该军官惶吓万分，竟至屈膝。蒋益怒曰：尔乃堂堂国家现役军人，帽有党徽，身有军符，何竟如此惶恐失措，实属不明礼义廉耻”②；“二十一日镇江举行小学生礼仪方法考核大会，到三十三校学生二五六五人。中国确不愧为礼义之邦”③；“（南京）讯蒋作宾临行谈，礼制条例草案即将就绪，当公布征求意见，关于服制部份（应为“分”——笔者注），大礼服玄褂蓝袍，礼服仍照旧，仅增列公务员制服等十条，父母之丧旧礼三年，有主缩短者，但大部分仍主维持现状，夫妇之丧，翁姑之丧，岳父母之丧，将依男女平等原则，加以改正，相见握手礼因不合卫生，尚待最后决定”④；并全文刊载国民政府制定的《内政部职员相见礼草案》⑤。

同时，《论语》还指出“以礼治国”的弊端。《论语》认为，在当时提倡恢复儒家道德的“礼”是完全正确的，但反对国民政府在恢复“礼”的过程中虚张声势与浪费钱财。《我爱其礼》一文，就是作者假借自己与孔子的对话，来反讽国民政府各种倡礼活动。“近来

---

① 《论语》第31期，1933年12月16日，“半月要闻”栏目，第301页。

② 《论语》第40期，1934年5月1日，“半月要闻”栏目，第749页。

③ 《论语》第43期，1934年6月16日，“半月要闻”栏目，第880页。

④ 《论语》第113期，1937年6月1日，“半月要闻”栏目，第778页。

⑤ 《内政部职员相见礼草案》，《论语》第88期，1936年5月16日，“古香斋”栏目，第773～774页。

各种设施,予亦以为应该节省,譬如此次全国运动大会,闻耗资达二三百万元(据褚民谊君报告),拟议建筑之国民大会会场,闻约需二百万元,培修黄帝陵,预计三十万元,重修雷锋塔,将募款二十万元,此等费用,确病太奢”。孔子答:“否,非此之谓也,开运动大会,勇也,建筑国民大会会场,政也,培修黄帝陵,孝也,重建雷锋塔,义也(注,义者事之宜也),皆礼也。”作者又问:“山东湖南江西等省,将为夫子重修宫殿,夫子亦有说乎?”孔子复答:“然,亦礼也,衣食住行,四大需要也,颜路请车为椁,予尚不许,鱼馁肉败,予且不食,今人提倡忠孝仁爱信义和平,而使予之宫殿败瓦颓垣,岂敬长者之意乎?”作者接着发问:“予窃以为上述诸事,皆属不急之务,其款均可节省,移作国家生产事业,或救济灾黎之用。”孔子续答:“恶,是何言也!尔爱其羊(注,作洋钱解),我爱其礼。”[①]作者有意误读《论语》中“尔爱其羊,我爱其礼”的原意,来讽刺国民政府过分提倡“礼”而造成经费和资金上的巨大浪费。

而且《论语》认为,国民政府在恢复“礼”的过程中,过于强调繁文缛节。如《新京话》一文写到:“最近内政部蒋部长饬属拟定《内部职员相见礼节》,草案现已脱稿,内容规定约略如次:‘各级职员于每日晤见长官时,敬礼后应问:部长您好!次长您好!司长您好!诸同志须郑重回答:很好,谢谢您!职员彼此相见时亦应先敬礼,后问好。’闻此项规定即日起就要实行。各部职员倒没有什么。问题却在‘长’者,以中央党部一机关而论,职员人数在一千开外,那每天早晨就须字字清楚,郑重回答,‘很好,谢谢您!’一千多遍;值兹国难严重,工作加紧之际,各部长官多有力疾从公,稍膺伤风

① 姚颖:《我爱其礼》,《论语》第30期,1933年12月1日,第267页。

咳嗽,亦必按时办公,当他的部属问‘部长您好!’却又一定要答‘很好!’未免有背‘信’的原则;故有某秘书长提议,拟省去‘很好!’两字,仅答‘谢谢您!’并得以‘谢谢您们!’回答之,以资节省时间而副信义云。”①可见,《论语》认为内政部《内部职员相见礼节》草案过分地关注“礼”的细枝末节,既不具可操作性,又十分的教条和程式化,从而造成政府办事效率的低下。

综上所述,《论语》并不反对国民政府恢复儒家的伦理道德,而是不赞同国民政府不知变通教条地继承儒家教义,从而造成资金和精力的巨大浪费。面对强敌压境,南京国民政府仍一味地强调威权政治的建设,而不采取更务实有效的方法来抵御外族侵略,这不能不使具有“公共空间”性质的《论语》怨气十足。该刊认为当时国民政府首当其冲的任务应该是对内加强民主和法制建设,对外抗敌御辱,而不是加强政治威权的建设,极力地讽刺了国民政府提倡的孝和礼。

第二节　反对造神运动

——对南京国民政府构建符号和仪式政治的态度

国民政府为了更好地动员和整合中华民族的力量,加强意识形态的日常化建构,借用“民族扫墓”、“总理纪念周”、“植树仪式”和“国旗”等仪式与符号来加强政府的政治控制力。符号是指“象征或代表其他事物的事物,表现为一种隐喻,它是人类表达感情、

① 众:《新京话》,《论语》第89期,1936年6月1日,第794页。

想象和价值的重要工具之一,并能够代表社会的要求。象征符号与仪式是社会认同与社会动员的方式之一,它们具有整合族群、团体与社区的认同及强固功能,人们通过对符号的认可达到交流”①。国民政府利用各种符号、仪式来加强政权建设是民国时期政治的重要特点,也是《论语》关注的焦点。

一、“民族扫墓之后,民族即会复活否也”:质疑民族扫墓能够唤起民族精神

民族扫墓是国民政府为唤起人民对共同祖先的认同感、对民族英雄的崇拜感,以形成民族和国家的认同而进行的国家祭祀活动,其主要包括对黄帝陵、周陵、茂陵等中华民族共同始祖的祭祀和卫青、霍去病等民族英雄的祭拜。通过祭祀活动,复兴民族精神,加强民族团结。《论语》曾详细刊载了戴季陶、张继等人拜谒周陵、茂陵的经过。

> ……此次张戴先后来游。即在西安决定于本年清明节。率地方官民往谒周陵茂陵。行第一次民族扫墓典礼。今晨(五日)由戴季陶、焦易堂、许公武、杨虎城、邵力子、王应榆等。偕西安各界代表二百余人。分乘汽车二十余辆。赴咸阳原周陵谒文王武王周公墓。行拜扫仪式:(一)肃立。(二)唱国歌。(三)行三鞠躬礼。(四)献花圈。(五)静默三分钟。(六)摄影。后在周陵植树。每人亲植一株。旋即成一小林。即题名为第一次民族扫墓纪念林。住在咸阳之

① 陈蕴茜:《时间、仪式维度中的“总理纪念周”》,《开放时代》,2005 年第 4 期,第 64 页。

文王后裔姬姓同族多人。并在场以茶点殷勤招待。诸人在周陵拜扫后。复乘车赴兴平谒茂陵拜扫汉武帝、霍去病、卫青诸人之墓。并植树成立纪念林。仪式一如周陵。惟人数骤增。下午六时许始各返省。各要人表示。对此次谒陵。印象极佳。认为系恢复民族精神及民族团结之好现象。兹择录是日谒陵所揭示之标语数则。以见各要人此次发起谒陵盛举之意义焉:(一)向文武周公发誓要恢复我们的文明。(二)同胞们对得起文武周公么。(三)维新周邦礼化。(四)刷新文武旧业。(五)向汉武帝卫霍发誓要要恢复我们的光荣。(六)同胞们对得起武帝么。(七)武装同志想想汉武帝的功业如何。(八)武装同志想想卫青霍去病诸将军的功业如何。(九)武帝威振四夷。今日如何。(十)追复汉武功名。(十一)光复大汉规模。(十二)发展文治武功。(十三)振兴西北文化。(十四)救国莫忘本。要崇拜过去的民族英雄。(十五)扫墓是纪念民族英雄。(十六)复兴中国要恢复民族精神。(十七)唤起现在的颓懦。须纪念已(应为"以"——笔者注)往的光荣。(十八)效法历史上的英雄。预备民族自强。(十九)振作民族精神。恢复四省失地。①

这段记载真实再现了以戴季陶为首的政府要人的扫墓过程。此次拜扫过程是严格按照一整套仪式步骤进行的,并以鲜明的标语表达"恢复民族精神及民族团结"的重大意义,即效法历史上的英雄,振作民族精神,恢复四省失地。

对此,《论语》认为:"戴院长虽身居西安而扫文、武、周公及汉

① 《民族扫墓》,《论语》第42期,1934年6月1日,"古香斋"栏目,第876页。

武之墓，而其精神，则无异驰岱岳，临泗水、向九龙抱柱之文圣殿前，翩然展拜。所以戴院长所提倡的，还是‘孔子之道’。”①表明民族扫墓的实质还是国民政府提倡“孔子之道”，恢复传统儒家的道德，以期建立伦理政治。并表明态度：“我也赞成清明扫墓，因为他含有社会教育的意义，而且当春明景丽的清明佳节，不去扫墓，又做什么？一首通俗的古诗说，‘清明时节雨纷纷，路上行人欲断魂！借问酒家何处有？牧童遥指杏花村。’这种做法，雅是雅极了，可是不能启发孝思，增厚民德！放风筝吗？今世没有弗兰克林，以之作科学之用，充其量，只可如大观园中各位密斯所说，可以除却晦气；或者如我们褚秘书长所说，是一种平民化的运动，然而仍不能启发孝思，增厚民德。所以，清明扫墓，是一种合理化的佳节消遣法。”②可见，《论语》认为民族扫墓含有社会教育的意义，是一种“正当娱乐”的方法，用它来代替饮酒和放风筝既可以使国民强身健体，又可以“启发孝思，增厚民德”。但是，《论语》对民族扫墓能够唤起民族精神的说法提出质疑，并认为在扫墓前加上“民族”两字，并不能使中国免于日本的侵略，“民族原是一个抽象的名词，而扫墓也是个人的勾当，中国民族诚然革过民族的命，但却没听见过死过一个民族，埋在什么地方，虽然，中国曾经受过外夷的侵凌，中国民族的意识，长眠过若干次数，若干时日的。有所谓民族扫墓，我总觉得听了有些悲惨的感觉。……也许吊古是中国人的一种嗜好，中国文学中，因吊古而产生出的文学作品，确然不少，但这只不过是若干伤感家的精神病作用。我不知吊古的结果会生出什么新的意义

① 王西微：《标语举隅》，《论语》第42期，1934年6月1日，第842页。
② 姚颖：《扫墓与教育》，《论语》第62期，1935年4月1日，第690页。

来,同如民族扫墓之后,民族即会复活否也”①。

另外,以戴季陶为代表的政府要人还发起了祭祀祖国名山大川和孔子、比干、关公等代表中华民族传统美德形象的国家祭祀活动,这些祭祀活动由于耗资巨大、仪式复杂和时间冗长,引起《论语》的反感。林语堂讽刺说:“今年大可买猪仔。羔羊牛犊也可以。明年就要贵起来。有人提倡置祠祀。猪业公会请注意”②,用戏谑的口吻来说明国民政府大兴国家祭祀活动的劳民伤财。林语堂还以“置祠祀正礼乐,则未免过于荒谬。当今牲口不够人吃,何以享神”来质疑祭祀活动的合理性;用“古者,天子祭名山大川,五岳视三公,四渎视诸侯,而诸侯祭其疆内名山大川,大夫祭门,户,井,灶,中溜,五祀,士庶人祖考而已。自平等自由之说兴,谁是天子,谁是庶人,谁是三公,谁是大夫,界限已泯。一旦大家效季氏于泰山,不但非礼,恐怕泰山道旁的草木已无焦(应为“噍”——笔者注)类矣。若说国府主席祭名山大川,各省主席等于诸侯,省厅长等于三公,则当今去古已远,古礼已失,识者极少,祭非其鬼,或者牛犊误用猪头。鬼神不会降临,反而认为侮辱。巫祝呢?纸钱呢?种种难题,相继而起”③,来说明古代的祭祀活动已经不适用于当时的社会。《论语》认为,祭祀活动带来众多的经济和礼法问题,国家祭祀活动只适用于古代的等级社会,而不适用于当时自由平等的社会。因而,祭祀活动在学理和实践上都存在很大的问题,在这种情况下提倡“置祠祀正礼乐”就显得非常荒唐可笑了。

---

① 曾迭:《民族扫墓》,《论语》第86期,1936年4月16日,第651页。

② 语:《今年大可买猪仔》,《论语》第4期,1932年11月1日,“论语”栏目,第114页。

③ 语堂:《九疑》,《论语》第4期,1932年11月1日,第125页。

二、“对于总理和党的印象加深刻了多少?”:批评纪念周和植树仪式的程式化

国民政府除了利用各种符号来加强民族凝聚力之外,还创造发明纪念周来塑造和神化孙中山的形象,从而加强国民党对社会各个层面的意识形态灌输。所谓“纪念周”是指每周一举行纪念孙中山的仪式,在初期纪念周被称作“总理纪念周”,后期改称为“国父纪念周”。该制度起源于自发的纪念活动,后来逐步演变为国民党、政府和各社会团体、学校共同实行的制度时间。“纪念周制度是国民党统治时期最为重要的时间制度,是将‘孙中山’符号向社会传输尤其是向民间传输的重要权力技术,它表明国民党试图通过时间控制来实现其权力延伸,这是中国作为新兴民族国家发展过程中统治方式的一次重要转型”①。

《论语》将纪念周比作教会里的做礼拜:“唱党歌是做礼拜内的唱赞美诗,静默是祷告,‘主席读总理遗嘱,全体同时循声宣读’是做礼拜内的‘启’‘应’,所差的就是做纪念周时不要捐款,而做礼拜时要。”②并认为纪念周不论在形式还是内容上,都比不上教会的礼拜:“出席了几次礼拜一,我的印像(应为“象”——笔者注)是总理的信徒,没有耶苏的信徒那样热烈。做礼拜时唱赞美诗,做祷告,等等,差不多除了像我那样一二个特殊情形而外,每人都是诚心做的。做礼拜一时真是难得有几人很诚心唱党歌及‘循声宣读’总理

---

① 陈蕴茜:《时间、仪式维度中的“总理纪念周”》,《开放时代》,2005 年第 4 期,第 64 页。

② 淡然:《做礼拜与做礼拜一》,《论语》第 76 期,1935 年 11 月 16 日,第 185 页。

遗嘱。这也许是因为总理遗嘱只有一篇，党歌只有一只（应为“支”——笔者注），读得唱得大家耳朵早已‘起了老痫’了，而赞美诗却有几百首，祷告‘启’‘应’等等也有种种不同的字句，每次换几首念念或唱唱，颇不单调。何况宗教素以它音乐为著，党歌平平淡淡，毫不动人，两者自不能相与比拟了。还有，基督教究竟有二千来年历史了，人类心理，它也观察得非常透澈，所以它的仪式，虽然庄重，亦尝注意到大众兴趣问题，因每次做礼拜时，必有所谓‘唱歌班’，有时‘莺声转呖’，确是可耳；做礼拜一时的党歌，唱起来往往声音高低不准，或快慢不齐，以致不成腔调。做礼拜时大家都穿得整整齐齐，男女错杂，有如社交茶会，进一步说，礼拜堂也是一个看人家和被人家看的地方；而做礼拜一时，在大礼堂内打呼欠者有之，假寐者有之，出神凝思他事者更有之。至于纪念周的报告，其材料既是干燥无味，而报告的人，也是往往‘面目可憎’，‘言语无味’。较之牧师讲道，装出情愿死在十字架上的热衷——信不信宗教由你——你总觉得演说有外行和内行之别。做礼拜一之不能引人兴趣，也许是总理信徒之显出所以不热烈的一因。但是我想做礼拜和做礼拜一最大的分别是前者不强迫而后者强迫。西彦云：‘一个人可以牵一只牛到水边，可是两个人不能强它喝水。’政府命令可以使得公务员不缺席纪念周，可是不知曾有过一位党国要人，做完纪念周后拉一个公务员来问问，他做了这次纪念周后，对于总理，对于党的印象加深刻了多少？我有一位朋友是经济家，他说：‘纪念周平均每次一个钟头，就以我们机关而言，三四百人总算起来每星期要白化三四百个钟头。’”①

① 淡然：《做礼拜与做礼拜一》，《论语》第76期，1935年11月16日，第186～187页。

由此可见,《论语》认为纪念周不仅内容枯燥乏味、形式单一,而且浪费了政府工作人员大量的时间,根本起不到积极作用。

《论语》还用调侃的语气,建议用纪念周上各部门演讲时间的长短来打赌,以打破南京的沉闷空气,“票上注明一二三四五……号数,这号数就代表各院部的名称,譬如一号是行政院,二号是财政部,三号是铁道部,四号是交通部,五号是……号数编定后,任人选购,到星期一,如果行政院纪念周时间六十分钟,财政部纪念周时间五十八分钟,铁道部纪念周时间五十四分钟,交通部纪念周时间四十分钟,那末购一号行政院票的人就算买着”①,以讽刺纪念周上演讲活动的冗长和乏味。

除此之外,国民政府还将孙中山逝世纪念日定为植树节,进一步强化孙中山在民众日常中的形象。1929 年国民政府颁布了《总理逝世纪念植树式各省植树暂行条例》,规定各省每年 3 月 12 日孙中山逝世纪念日定为植树节,将植树造林和纪念孙中山融为一体,既有效地推动了全国植树造林运动,又在植树过程中推动了孙中山崇拜渗入民间生活。植树活动是通过一系列程序化的仪式,来强化对民众的教育功能。自 1929 年 3 月 12 日始,上自中央下至全国各地,均严格按照一定程序举行植树仪式,基本程序如下:一、奏乐;二、全体肃立;三、向党国旗及总理遗像行致敬礼;四、主席恭读总理遗嘱;五、静默三分钟;六、主席报告开会宗旨;七、演说;八、唱植树歌;九、呼口号;十、摄影;十一、散会。②《论语》对此也非常

① 林达祖:《关于纪念周》,《论语》第 112 期,1937 年 5 月 16 日,“他的话”栏目,第 746 页。

② 《陵墓前植树典礼》,《民国日报》(上海),1929 年 3 月 13 日,转引自陈蕴茜:《植树节与孙中山崇拜》,《南京大学学报》(哲学·人文科学·社会科学版),2006 年第 5 期,第 79 页。

关注，刊载《宣城植树记》一文，再现了民国时期植树仪式的场景：

……中搭“礼堂”一，上悬党国旗各一。总理遗像及秩序单贴于其下。上面露天，“四周满挂党国旗。”（此句系抄自翌日之《宣城日报》。依记者观之，仅有党国旗二及美国旗一。余系不知名者，如蓝底中嵌黄星，或十字架等等。）时场中已有各界之首的军队一班在“立正”，继“看齐”，二十秒钟完毕，成一字长蛇阵。继而学界至，满布场中。最后政绅二界抬到，立“礼堂”之侧。而“礼堂”前于是时亦增手提机关枪二架。人数连场外农工而算仅有千人，报载“共约二千余人”，想是该报记者有三个眼睛之故。

“鸣炮！”司仪一声令下，“百子”齐鸣。炮声未已，乐声已起。乐止，而“行三鞠躬礼”及“主席恭读总理遗嘱”亦在炮声中继之。……主席读毕，而司仪即令“主席报告”。呜呼！“默念”一节，礼仪所系，今竟连三秒亦未静默，而即行报告，“中国不亡，真无天理！”

主席声音不大，台下莫名其妙……报告毕，“来宾演说”，建设科长即当仁不让登台致词……最后由某校长演说……演说毕，无人上台，司仪乃高呼：“各校教职员有什么好……好话，请上来说！”一时学生大笑，司仪亦笑，唯政界则守缄默。然终无人。于是摄影，“请各学校向后转！”（此句并无记错或遗漏）最后分发树秧，举行植树，政界先退，仅学界作压台戏。建设局长先期饬工掘好小坑，约碗大，深亦然。植树以手行之，或用土沙堆之，或用石子实之，或……不一而足。大概所植之树尚须赖总理在天之灵扶助，而始得生机。约数之计五百株左右，于是一年一度之典礼于焉告终。①

由此可知，《论语》把整个植树仪式看作是一场闹剧，仪式过程并没有严格按照步骤进行，静默时间连三秒都没有；上台演讲即是说漂亮话；所植之树的存活还要赖总理在天之灵。对此，《论语》表示不满，进而对国民政府加强仪式政治的建立提出质疑。其实，国民政府曾反复强调严格执行仪式步骤，但是在实际操作中，参加人员大多数以敷衍和应付的态度来对待植树仪式。

民国时期，中国正处于传统社会向现代社会转型的特殊时期，许多传统观念依旧束缚着人们，其中对权威的崇拜使造神运动成为可能。国民政府正是借用传统政治文化的资源，重新塑造孙中山的权威地位，用其来实行对人民的统治，国民政府要求人民参加各种纪念孙中山的仪式活动便是一个明证。由于仪式是象征性的、表演性的、由文化传统所规定的一整套行为方式，这类活动经常被功能性地解释为特定群体或文化中沟通（人与神之间，人与人之间）、过渡（社会类别的、地域的、生命周期的）、强化秩序及整合社会的方式。② 正因为如此，当时的党国要人非常重视强化仪式程序与仪式规范的建设，《论语》曾载："考试院举行第二届高等考试及格人员授给证书典礼，赞礼者于行礼秩序中，对'静默三分钟'一节，不及数秒，遽赞'默毕'，戴先生雷霆大发，除将承办典礼人员记过外，并与钮副院长自行检举，呈请国府，予以记过处分。"③通过制定仪式规范和制度时间，使人民接受和服膺党国意识，从而接受国

① 岂青：《宣城植树记》，《论语》第 39 期，1934 年 4 月 16 日，第 740 ~ 741 页。

② 郭于华主编：《仪式与社会变迁》，北京：社会科学文献出版社 2000 年版，第 1 页。

③ 姚颖：《京话》，《论语》第 32 期，1934 年 1 月 1 日，第 416 页。

民党的统治，因而从本质上说，纪念周和植树仪式都是国民政府通过神化孙中山的形象来钳制人民思想的手段和方法。虽然这些活动因操演过于频繁而逐渐流于形式，但却使孙中山这一符号广泛传播。《论语》只看到了这些仪式活动教条化和程式化的弊端，而没有从根本上理解国民政府构建仪式政治和符号政治的用意，即通过各种符号和仪式，使人民的头脑中形成对孙中山的集体记忆，进而接受国民党一党专制的教化。在该问题上，《论语》表现出政治上幼稚的一面，同时也体现出国民政府统治技术上的隐蔽和娴熟。

三、"三民主义烧饼大，五权宪法芝麻多"：解构国民政府的权威政治

《论语》认为，国民政府在祭祀祖先和神化孙中山的同时，还利用国家元首、国旗和三民主义等符号来构建国民党的权威政治。

首先，对人民灌输国家元首至高无上的理念。"中央各委，以近来国内报纸，登载新闻，对国家元首，或负国务重要人员，每于衔职之下，又列举其姓名，殊失尊重国家元首之意义，现拟饬中央宣传委员会，通函全国各报社，嗣后记载新闻，如涉及国家元首，或负国务重要人员时，只能记载其衔职，不必再记载其姓名"[①]；南京市党部于1936年12月21日的扩大纪念周通过议案："在领袖蒙难期间，本市停止娱乐宴会，禁止跳舞。并建议中央，转饬广播电台停

① 《尊重国家元首》，《论语》第9期，1933年1月16日，"月旦精华"栏目，第320页。

止音乐游艺节目”①,以此来树立国家元首的权威地位。

其次,强令人民悬挂国旗。1934年8月30日,国民党第四届中央执行委员会第一三六次常务会议通过《党旗国旗制造使用条例》,规定了国旗的尺寸和悬挂标准。对此《论语》刊载:“由党部,市府,警厅派员挨门依户善言劝导,不买处罚。标准国旗于是满街悬挂,制销局生意兴隆。标准国旗六号,长三尺,阔二尺,国货粗布料质,每面法币二圆。隔壁卖大饼油条的王老板说得好:‘我倒还好,这面旗是角子票凑起来买的;对门那爿豆腐店的一面,还是张家大嫂借了一块钱买的,大后天才能拔清呢!’”②可见,该刊认为这种做法无疑增加了人民的经济负担。

最后,加强三民主义的宣传。《论语》曾载:“平山县值旧历年关,某高于一切之机关,曾布告住户商店,关于张贴春联,均须书有三民主义,及五权宪法等字样,城内某烧饼铺遂贴一联曰:三民主义烧饼大,五权宪法芝麻多。”③并刊登鲁西秀才作《民国救正书》的部分内容,“……三民主义,余极赞同。……三民:农,工,商也。主义:主张正义也。三民皆主‘义’,国家岂有不昌盛者哉? ……”④

可见,《论语》对于国民政府利用各种符号构建权威政治的做法,并没有明确表示态度,但就其选刊内容——人民借钱买国旗和民间社会理解的“三民主义”等——来看,《论语》是批评和解构国

① 《论语》第103期,1937年1月1日,“半月要闻”栏目,第302页。

② 众:《新京话》,《论语》第89期,1936年6月1日,第795页。

③ 白苹:《烧饼铺之春联》,《论语》第78期,1935年12月16日,“雨花”栏目,第298页。

④ 苹子:《民国救正书》,《论语》第9期,1933年1月16日,“雨花”栏目,第315页。

民政府权威政治的。

第三节　官僚是“中国的钻地虫”

——对南京国民政府官僚政治的态度

《论语》嘲讽“今日中国民治之真正障碍，官也，非民也”[①]，认为官僚政治是民主政治最大的障碍，并对其展开了辛辣的讽刺和批评。

一、是“公宴”还是“私宴”：讽刺公共权力私人化

1937年2月15日，国民党五届三中全会在南京举行。2月26日，国内各报都报道说：“三中全会期间，各中委为集中精神，研讨党国大计，已相互约定，除公宴外，对一切私人应酬，概行谢绝。”[②]表明该次大会是团结和节俭的大会，对此《论语》却说：

> 公宴，公宴，公宴到底是没那么简单吧，您瞧：汪主席孙院长等，十七日午假立法院公宴，出席三中全会之粤桂籍中委余汉谋，黄旭初，等数十人。席间尽欢而散。
>
> 蒋委员长十七日下午七时，设宴中央军校，欢宴出席全体中委，到一百五十余人，九时尽欢而散。
>
> 行政，立法，司法，监察，考试，五院院长暨副院院长，以全体中委均集首都，为联欢计，特于十八日正午在国际联欢社设宴招待，全体中委约十八日晨散会后，即应邀前往，计到汪兆

---

① 语：《又来宪法》，《论语》第8期，1933年1月1日，“论语”栏目，第244页。

② 曾迭：《三中宴会》，《论语》第107期，1937年3月1日，第516页。

铭,丁惟汾,陈果夫,冯玉祥,李文范等百余人,蒋,孙,戴,居,于,五院长均亲临接待。席间并举杯相敬,至为欢洽,至下午三时方尽欢而散。

行政院长蒋中正,秘书长翁文灏,财长孔祥熙,铁长张嘉璈,教长王世杰,实长吴鼎昌,军长何应钦等,十九晚七时,在励志社宴全体中委,到百余人。

三中全会全体委员十九晨九时,应党史编纂委员张继之邀,参观党史陈列馆,下午六时,四次大会散会,行政院所属各部会长官,假国联欢社宴全体委员。

虽然说"拒绝私人应酬"私人的应酬大概还是却不过感情的,如"余汉谋,吴铁城,张发奎,马超俊,曾养甫,陈策,十八日晚假首都饭店,联合欢宴参加三中全会各中委,及京中各院部会长官,席间尽欢始散。"又"孔祥熙十九日午在邸宴请商震,徐永昌,萧振瀛,秦德纯,戈定远,沈鸿烈,张钺等,就便问冀,鲁,晋,豫等省近情,尽欢始散。"还有"蒋夫人宋美龄,十八晚在高楼门孔邸宴粤绥靖主任余汉谋夫人,邀孔夫人等作陪"这大概都不算是公宴。我又该佩服这几位的漂亮了,然而……①

在《论语》看来,中国的政治领域不可能完全杜绝"私人应酬","吃饭政治"在权力运作中仍起着举足轻重的作用。政府要人往往是在推杯换盏之际商定国家大事,通过"私人应酬"来确认彼此是"一家人"和利益共同体的关系。对此,《论语》用"我又该佩服这几位的漂亮了,然而……"暗讽国民政府公共权力私人化的权力运作方式,以此来说明国民政府依旧是建立在私人关系基础上人治的政

① 曾迭:《三中宴会》,《论语》第107期,1937年3月1日,第516页。

治形态，而非真正意义上的西方民主政治形态。

不仅政府高层要人之间存在着某种私人关系，而且地方上任人唯亲的现象也很严重。《论语》第32期“雨花”栏目中，曾记载一事：“张敬尧任湖南督军时，财政厅长为杨从权，其弟从政，由牧猪者流一跃而为贵族，长袍马褂，俨然士大夫阶级，印特大名片曰‘湖南财政厅长胞弟杨从政。’”①可谓一人得道，鸡犬升天。

《论语》意识到虽然五院制的建立为南京国民政府的政治构成带来近代化的因素，但是政府内部的权力运行中封建因素依然存在，人治思想浓重。政府中的私人关系严重干扰了正常的政府决策和用人制度，对此《论语》深恶痛绝。

二、“官越大越好做，越小越难”：批评官僚政治的等级制度

“官越大越好做，越小越难”②是一个当时游宦四方、饶有经验的官吏，在官场中摸爬滚打了半生之后总结出来的官场经验，揭示了民国时期新官僚政治的诸多特点。

首先，官僚体制中仍有权力等级制的封建残余。一个当了三个月科员的作者给《论语》来信，讲述了他自己的经历。有一天上午他挨了科长的骂，下午照着样子对录事发脾气，结果录事也冲他发了脾气，无奈他只能灰溜溜地回到办公室不再声张，因为“在这里自己挨了科长局长的骂，可以立刻骂录事，甚而至于骂勤务，这样做是应当的，局长才会喜欢你，说你能干”。而且在拜年的时候

---

① 铁寒：《财政厅长胞弟》，《论语》第32期，1934年1月1日，“雨花”栏目，第426页。

② 种因：《游宦回味录》，《论语》第88期，1936年5月16日，第768页。

“秘书和科长是一班，科员和录事是一班，卫兵和勤务又是一班……向局长拜过年，又向秘书长拜，接着是录事来拜，卫兵勤务来拜”[1]。由此可见，公务员内部的等级制度是很严格的，上下级的权利和义务非常明确，上级拥有绝对的领导权，不管是非对错上级都可以随意训斥下级，而逢年过节下级还必须给上级拜年。所以说，国民政府虽然仿照西方推行公务员考试任用制度，但是用人制度的近代化并没有改变中国传统社会的等级制度，官吏在人格上并没有平等权。

不仅如此，下级官吏的工资也经常遭到克扣。一个在省政府任职的小职员，给《论语》来信叙述自己的工资不是打折就是扣捐的经历：

> 忽然国难大作，政府因为要共赴国难，于是下令一律八折发薪……
>
> 八折发薪以后，不久一般高级长官觉着，打折发薪好像有点不雅相，遂又想出了个“降级实发”的办法，以避免打折的恶名……这一来，虽然说是能照定额拿薪了，可是各项的捐款，就接踵而来了……
>
> 现在我把我自当公务员以来，所扣的捐款数目来统计于下：一、所得捐九十二元四角；二、航空救国飞机捐十二元；三、华北战区救济捐四元四角；四、黄河水灾救济捐七元二角；五、水灾助振捐十三元二角；六、灾区善后储蓄捐一百五十四元；七、捐薪助振捐五十五元；八、水灾公振公债十元。合计三百四十八元二角。

---

① 江季子：《三个月的公务员生活》，《论语》第64期，1935年5月1日，第783页。

其余因降级少支及八折再九五折这些损失,尚不在内。[①]

可见,民国时期,下层官吏不仅要对上级领导唯命是从,而且在经济上也备受官僚体制的剥削,在人格和经济上受到官僚政治的双重压迫。《论语》非常关注下层官吏的境遇,刊登大量反映下层官吏生活的来稿,使读者了解其遭受不平等待遇的同时,也暗示对这种等级制度的不满。

其次,官吏升迁和任命由上级决定,下级官吏只对上级领导负责,而不对下级和人民负责。如前所述,科员之所以对科长唯命是从,是因为他的政治命运掌握在科长手里。一个做了四年科员的公务员给《论语》来信,讲述了自己由一等科员变为额外科员的职场经历。作者起初不懂应酬拉拢,不会吃酒打牌,看到长官,面孔就红,赶快把头低下,长官来了一个月还不认识他。同事把他当作乡下人,背转身来就隐约听到许多不客气的称呼,更可气的是被自己骂的人也好意思在背后骂他。有一次本衙门的公事没有办好,×长在南京碰到了钉子,回来就转碰科长,科长自己不肯认错,单找像乡下人的他出气。于是引起了他的反抗,科长与×长一商量,说他人地不宜,从这科调到那科,本来是个一等科员,一年不到就变为二等了。后来,他并没有灰心失望,还是努力向上,听从热心朋友的忠告,学会了吃酒、打牌和说笑话。自以为变成漂亮,升迁有望。谁知换了一个×长,面孔上挂着"贤良方正"的匾额。最恨的说笑话和吃酒,而不反对打牌,可惜他薪水的部分,已经在打牌速成科缴付了学费,再没有十元一底的力量去应付了。剩下说笑话和吃酒两桩事,又成了他的罪案。有一天,他观看两个不会下棋

① 紫圈:《折扣与捐》,《论语》第85期,1936年4月1日,第615~616页。

的科长下棋，忍不住说了声“好一对屎棋啊”，得罪了两位科长，后第二年又由二等科员变作了三等。寒来暑往，又换了×长。他开始一心锻炼身体，天天学打拳，把学校里的旧制服当中山装穿。而新×长是北方人，喜欢穿蓝布长袍黑马褂、布鞋布袜，像是俭德会中人。同事们神经锐敏，个个改装，大家一色布衣走进走出。新×长说他思想落伍，有心立异，为了位置丰沛故人，又把他从那科调到这科。本来这科原有三个科员，多了他一个，遂成了额外科员。①

作者的不幸遭遇表明，民国时期下级官吏的政治生命掌握于上级领导的手中，所以下层官吏如果想得到升迁，就必须想方设法博得上级领导的赏识。这种用人制度直接造成民国时期政府行政效率低下、官场不正之风盛行。公务员平时的工作时间，“无事可作，左手茶，右手烟，且吸且饮，高谈阔论，评古说今”②。上级领导在时，假装干活，领导一离开就又继续喝茶抽烟，谈古论今，并将所有的精力和聪明都用于研究为官之道上，“昔日做官之道简，今日做官之道繁。繁而约之以简，仍不外乎三端：吹，拍，变。吹须吹得不大不小：上条陈，编书报，投稿有后台老板的机关什志，皆‘吹’之所有事也。拍须拍得不疾不徐：引证党魁言论，颂扬长官德政，言其言而行其行，皆‘拍’之所有事也。变须变得不先不后：见风转舵，知几其神，灰色的态度，模棱的口吻，不着边际的办法，皆‘变’之所有事也”③。于是得出了官场吹、拍、变三条颠扑不破的三原则。

① 王风：《二等三等八折五折——一个科员的自白》，《论语》第77期，1935年12月1日，第235～236页。

② 智珠：《“科员”剪影》，《论语》第68期，1935年7月16日，第980页。

③ 种因：《游宦回味录》，《论语》第88期，1936年5月16日，第767页。

《论语》深谙民国时期官场的潜规则，选刊众多暴露官场黑暗的题材，使读者有机会了解公务员任用制度背后的潜规则，加深读者认识问题的深度。

再次，官员和军警享有特权，并利用特权欺压百姓。《论语》经常报道官员和军警利用特权谋取私利和欺压百姓的新闻。如"湘省航空处长黄飞，以飞机运贩吗啡，在汉被捕"①；贵州省"教育厅长谭星阁，于九一八纪念日以汽车多辆，向开纪念会之十岁上下小学生行列冲去，死学生二人，伤四十余"②；"某省主席素以包龙图自命，一日，乘汽车过某巷，适狂风大作，主席急呼停车，谓此地定有冤狱，令左右速搜，竟获一烟犯，乃毙之"③；"国民革命军二十四军在成都征收房捐，捐率以房价为比例，房价则由收捐者自由估定。有八十二岁老孝廉盛篁樗，靠数楹老屋养活，并赡养家口。收捐者敲门而入，逼缴房捐五百元。盛年老耳聋，瞠然不知所对，收捐者以笔谈，盛诧然长叹，立刻气绝踣地而死。事发，军部以盛为年老寿终，仍须缴纳百元，方能了事。记者恭敬建议于中央党部：此军仅称'二十四'，'国民革命'四字省去，如何？"④刊登四川流行童谣，"匪是梳子梳，兵是篦子篦，军阀就如剃刀剃，官府抽筋又剥皮"，生动描写军匪官僚搜刮百姓之残酷，《论语》戏谑地称其是"可为民国治绩的写照"⑤。由此可见，民国时期的官吏和军警利用手中的特权，随意杀人、草菅人命；滥收捐税、鱼肉百姓。对此，《论

① 《论语》第50期，1934年10月1日，"半月要闻"栏目，第86页。

② 《论语》第29期，1933年11月16日，"半月要闻"栏目，第213页。

③ 《论语》第63期，1935年4月16日，"半月要闻"栏目，第721页。

④ 《论语》第24期，1933年9月1日，"半月要闻"栏目，第883页。

⑤ 《梳子，篦，剃，剥，及其它》，《论语》第17期，1933年5月16日，"论语"栏目，第586页。

语》深表不满，以简短而深刻的评论作为批判的武器，揭露官僚政治的黑暗。

而且，《论语》意识到民国政治已成为官僚主宰政府权力的官僚政治。《衣治》一文讲述了警察拳打一个读书人的经过，使读者认识到："中国现在已不需要人治，也不需要法治（韩非子已是过去的人物了），在今日我们这古文明兼新文明的中华大国，需要'衣治'，并且正盛行'衣治'。'衣治'是什么呢？就是衣冠楚楚者治人，褴褛者受治于人。"[①]"衣冠楚楚者治人，褴褛者受治于人"代替了封建社会"劳心者治人，劳力者治于人"（《孟子·滕文公上》）传统的等级秩序，传统士大夫失去了昔日统治阶级的地位，官僚阶层已掌握统治人民的权力，他们拥有巨大的权力，在国家的政治生活中起着主导和决定性的作用。

虽然，国民政府规定民可以告官，而且专设行政法院、检察院、政务官惩戒委员会、公务惩戒委员会等机关加强监督和惩戒官员违法犯罪的行为，但实际上，政府仍然对官吏的违法犯罪行为予以袒护。"官爷有害百姓者，依法律百姓有向行政法院提起诉讼之权。百姓敢控官爷，而且特设衙门专司其事，实从此始（行政法院院长茅祖权语）。该院成立以来，百姓往控者，不乏其人。乃该院以宁人惜（应为"息"——笔者注）事为怀，一张张，一件件，皆拟以'驳回'大吉。问其理，则曰：本院打官司，谈何容易！一来须属于行政衙门（司法衙门则不行）违法（不合法则不行）之行政处分者。二来须权利与利益发生损害者（仅权利受损害而利益未受损害则不行）。三来须曾经提起诉愿，经裁决不服；或经若干时期而不予

① 得哉：《衣治》，《论语》第25期，1933年9月16日，"群言堂"栏目，第72页。

裁决者。三者缺其一,即遭驳回。故本院驳回居多,良有以也。阿斗之民,闻之瞠目无以答。既而悔悟曰:百姓若能与官爷同吃官司,岂非天翻地覆!今行政法院袒护官爷,正顺其道而行,天理尚在,官爷岂可侮哉?”①

《论语》认为正是由于官僚特权的存在,使政府各项决策得不到真正的贯彻和实施。例如,国民政府为了振兴民族工商业,曾经提倡国货运动,但是收效甚微。一些报纸批评家肤浅地认为,原因是由于“在上不行所以在下不效”,于是提议党国大官和社会富豪以身作则,带头穿大布衣裳,就可以成功。然而,《论语》则说“提倡国货是对一般人说的话,不是对特殊的人说的,而且说是说,行是行,何必叫地位不相称的人来服用国货”②。可见,《论语》认为国货运动的不成功是由于中国社会存在一个特权阶层,他们有权制定国家重大的法律和法规,但是自身却有权逃逸于外。

三、“上台以后,唯一的工作,便是吸血”:痛恨吏治腐败

官员经过“艰辛”的仕途,最终跻身于特权阶层,势必要想方设法贪污公款、收受贿赂。《论语》将官僚的贪污比喻为“钻地虫”③和“蚊子”,官员们“上台以后,唯一的工作,便是吸血,它们不分皂白,不管肥瘦,所到之处,莫不竭力吮吸”④。民国时期,官员贪污腐败的现象非常普遍和严重。

首先,大发国难横财。《论语》曾报道:“马占山报告收到东北

① 真:《官爷惩戒调查录》,《论语》第36期,1934年3月1日,第580~581页。
② 凯:《地位相称》,《论语》第6期,1932年12月1日,“论语”栏目,第183页。
③ 梦谷:《中国钻地虫》,《论语》第47期,1934年8月16日,第1068页。
④ 忒生:《蚊子》,《论语》第22期,1933年8月1日,第824页。

抗日捐款，只一百四十余万，李杜所得，仅八万三千元，而报上胜（应为“盛”——笔者注）载民众捐款仅上海一隅已有三百万，广东已有一百四十万，全数当在千万以上。预料此层公案，当以各捐款机关请几顿饭，请人疏通了之，否则我们不是中华民国。”[①]甚至还侵吞华侨的捐款，“在美华侨捐助抗日军费。共达一千万美元之多。而实际汇交中国抗日军队者。不过三十六万元。此事经北洋大学某秘书在华侨联合会宣布之后。纽约华人始知受人欺骗。大为懊丧”[②]。

其次，大发难民横财。《论语》第137期上刊载《救济委员》一文，讲述了官员大发难民横财的现象。陈某被任命为两广地区救灾委员，所有的朋友们都来向他道贺，他嘴上说“这不过是为灾民服务，那里谈得上什么好不好”，但是心里暗自欢喜，觉得得到了一个肥缺，可以打捞肥水。果然，十多天的放赈工作下来，老陈一算分到自己份下的“水头”，又是两千余万，还认为自己“的确不十分够手段”，否则也许不止这个数目呢！“可怜的灾民们，每人得了一些砂糠夹杂的糙米，然而也还是欢天喜地，非常感激！”[③]

再次，国民政府的各级权力机关都存在着贪污腐败的现象。其一，省级机关贪污腐败现象严重，甚至地处边陲的新疆也是如此。罗文干新由新疆回来，发表谈话说：“新疆官吏，无一不贪，且无一不枉法。胡作胡为，贿赂公行。一为官吏，即可杀人放火，无法无天。人民受害，亦无处诉苦。……官吏所为，无敢反对。何为

① 《论语》第22期，1933年8月1日，“半月要闻”栏目，第791～792页。
② 《论语》第22期，1933年8月1日，“半月要闻”栏目，第792页。
③ 雪伦：《救灾委员》，《论语》第137期，1947年9月16日，第845～847页。

法律,何为自由,官吏所为者皆法律,官吏所为者皆自由,人民受压迫之深,古无前例。新省人民,无一敢反抗其省政府,亦无一敢诽谤其官吏。偶语弃市一语,余今在新疆证实之。新疆无文化,只有武化,报馆并无一处,亦无人敢不要性命去办报纸。”①其二,县级权力机关也存在贪污现象。“最近江苏省政府悬赏通缉欠款未清交代未算的历任知事县长财政局长的通告中,被列名的有二百余人之多”②。其三,乡级权力机关贪污腐败现象同样严重。“吾乡救济院长某,到任未久,即脑满肠肥,有人为之征联云:救济院,救济院长!适保卫团成立后,逍遥河上,一事不做,匪犹未至,早闻枪先遁,遂有应征者,以之巧对下联为:保卫团,保卫团丁!”③

贪污腐败现象已经成为国民政府的痼疾和毒瘤,严重影响了国民政府的行政效率和政府形象,造成文官委靡不振、渎职亵职,武官贪生怕死、临阵脱逃。人民对政府的信任度降至零点,1933 年 6 月 26 日《大公报》汉口通信尾句曰:“记者久蓄一种志愿,想在有匪各省中,寻一忠实敏捷的循吏,大大的歌颂一番,使读者换换口味,但到现在还没有寻着,也许是记者之不幸啊!”④近人把济南铁公祠“四面荷花三面柳,一城山色半城湖”的对联,改为“四面污泥三面水,一城王八半城官”⑤。可见,新闻舆论界的记者、民间的老百姓都对国民政府官员的贪污腐败现象甚为不满,《论语》刊载这些不满言论,再加上自己反讽的语气和口吻,指出政府的病症所

---

① 《论语》第 30 期,1933 年 12 月 1 日,“半月要闻”栏目,第 257 页。
② 《论语》第 59 期,1935 年 2 月 16 日,“半月要闻”栏目,第 529 页。
③ 亚魂:《保卫救济》,《论语》第 49 期,1934 年 9 月 16 日,“雨花”栏目,第 83 页。
④ 《论语》第 21 期,1933 年 7 月 16 日,“半月要闻”栏目,第 747 页。
⑤ 赤子:《随时进化》,《论语》第 40 期,1934 年 5 月 1 日,“雨花”栏目,第 788 页。

在。

四、“先生，看水稻请在六月来吧”：嘲笑官员素质低

官僚政治不仅造成严重的腐败现象，而且导致官员的整体素质降低。《论语》第111期《视察专员逸闻》一文，就讲述了高级官员在出外视察时，由于缺少必要的生活常识而闹出了笑话：“北方国立大学农学院，某次教育部于国历三月派华北高等教育视察专员某先生莅校视察，因为是农学院，在各项视察完毕之时，专员灵机一动，向陪待的人说：‘我们去看看水稻看（疑应为“吧”字——笔者注）。’该陪待的人说：‘先生，看水稻请在六月来吧，现在还未播种呢！’阳历三月，华北才初解冻，水稻种子，还在仓里藏着呀！同次某专员于参观农业化学系之际，极感兴趣，于是便用视察的询问口气问：‘你们肥料里面‘阿米巴’多不多？’回答这句话的人，明知专员问得不内行，于是也就回他说：‘那看时候，要是有人拉痢疾，‘阿米巴’便多了。’因为痢疾的细菌正是阿米巴的一种。”①

高级官员的文化素质如此，基层官员的文化素质更为堪忧。《论语》第27期刊“雨花”栏目中刊载的《好用新名词》一文，便讲述了一个公安局长在大庭广众之下所犯的低级错误：“在某年五月三日，济南各界开蔡公时烈士殉难纪念会，到民众甚多，各代表多有演说。有一位公安局长，平时说话，好用新名词，苦常不得其当；今日也上台演讲，略谓：‘蔡先生被日人剜掉眼睛舌头，割去耳朵手足，结果再打了几枪’；语至此，新名词来矣，高声曰：‘日人此种举

① 荫乔：《视察专员逸闻》，《论语》第111期，1937年5月1日，第714页。

动,真是大不‘卫生’呀!’闻者为之哄然。”①还有一个拥有12个官职和头衔的浙江鄞县小官僚,在孙中山先生追悼会上讲演说:“中山先生死了,我们来开追悼会。什么叫追悼会呢?追,是追过去,逃(悼),是逃跑了。现在中山逃走了,我们要追啊!追啊!”②

在《论语》眼中,民国时期官员还很专横跋扈,官僚作风严重。《论语》第68期《“科员”剪影》一文,描述了科员为人处世的三种状态:“神仙”、“虎”和“狗”。其中,用“虎”来形容官员的专横:“(甲)对于茶房,吹胡瞪眼,拿腔作势,恣睢叱咤,一虎也。(乙)出差视察,任意吹毛,以命令为护符,以报告作要挟,二虎也。(丙)襟章高挂,过市招摇,扇洋车夫之耳光,踢乞丐以大腿,三虎也。”③可见,民国时期的官僚对比自己地位低的人态度非常粗暴,官僚作风严重。

小　结

一、《论语》半月刊的政治理想

在《论语》眼中,民国政治是武人当道、人治盛行、吏治腐败、缺少民主和法制的病态政治;国民政府是善于编织谎言的政府,小到政要更迭,大到政治文化的建设,政府都会编造谎言欺骗人民,国民政府实质上仍是官僚政治的代言人。

---

① 培:《好用新名词》,《论语》第27期,1933年10月16日,“雨花”栏目,第161页。

② 张尔华:《我所遇见之奇人》,《论语》第28期,1933年11月1日,第193页。

③ 智珠:《“科员”剪影》,《论语》第68期,1935年7月16日,第980页。

对国民政府构建政治文化的批评，则尤为显示出《论语》的政治理念。《论语》之所以不赞同国民政府利用伦理、佛教、各种符号及仪式加强政治权威的做法，是因为它认为当时中国政治最大的问题是“人治”问题，只要人治存在，再讲一千年的道德仁义也没有用，“公民不会加多。道德仁义之危害大矣哉”①。因此，国民政府当务之急应该恢复韩非子的法制思想，加强法制建设。与此同时，切实保障民权，将民权保障同盟的出现看作是“国民党的最大耻辱”，因为“原来国民党就是一个中国民权保障同盟会！在过去，国民党许多志士，掷了许多头颅，流了许多热血，去和清政府奋斗，去和袁世凯拼命，去和封建军阀战争，他们为的是什么？为的是民权”②。《论语》认为，只有“保障人民性命财产自由之权”③才是真正的民权。而国民政府则认为，当时中国政治迫切需要解决的问题是如何加强政权统一，建立权威政治，塑造强有力的政府形象。《论语》的政治理想是在中国建立起西方民主和法制的国家，并将这一希望寄托于国民政府身上；而国民政府则想尽一切办法，加强政权控制，两者政治理念的不同必然导致严重的冲突，致使《论语》对国民政府各项加强政治权威的政策提出质疑和批评。

虽然如此，《论语》还是将实现政治理想的希望寄托于国民政府身上，毕竟它仍旧是中国唯一合法的中央政府。从“论语同人戒条”来看，“不评论我们看不起的人……但我们所爱护的，要尽量批

---

① 语：《半部韩非治天下》，《论语》第3期，1932年10月16日，“论语”栏目，第83页。

② 《民权保障与国民党》，《论语》第11期，1933年2月16日，“月旦精华”栏目，第384页。

③ 语：《又来宪法》，《论语》第8期，1933年1月1日，“论语”栏目，第244页。

评(如我们的祖国,现代武人,有希望的作家,及非绝对无望的革命家)"[①]。《论语》对国民政府各种政策的批评是出自"爱之深,责之切"的情感,相反,《论语》很少刊登中国共产党方面的文章和消息,固然是因为当时共产党力量弱小,但是也与它的政治倾向有关。虽然该刊批评政府,但是这种批评是体制内批评,从来没有动摇国民政府统治地位的想法,更不会有反政府的行为。甚至还将蒋介石看作是论语派中人,"我们希望一般跟人家喊主义口号的酒囊饭袋书蠹能够听蒋先生的话,打破主义的迷信。近来看看,蒋先生也在研究王阳明,曾国藩,若再多看看《资治通鉴》,《定盦文集》,《小仓山房尺犊》,《论语》半月刊,我们认为很有希望的"[②]。有时还在某些方面与国民政府达成一致,"不过这次的停止国庆的确是极好的方策,奠国基于治平,大约可以从此开端了。政府的贤明有为也因此可以表见了,伟大哉停止庆祝国庆"[③]。

与此同时,《论语》对政府的批评又是尖锐的。"自古未闻粪有税,而今只许屁无捐"[④],批评民国万税的情形;用"女人之宽紧带"[⑤]来形容党治下的法律;"愿我的哥哥是蒋君介石"[⑥],讽刺国民政府的裙带关系;反问戴季陶喝了多少"洗澡水"[⑦],讥讽政府要人的崇佛;中国官僚都是"钻地虫",批评官僚政治;"今日亡国之捷径

① 《论语社同人戒条》,《论语》第2期,1932年10月1日,封二。

② 语:《蒋介石亦论语派中人》,《论语》第2期,1932年10月1日,"论语"栏目,第2~3页。

③ 岂凡:《国难期间停止国庆说》,《论语》第3期,1932年10月16日,第88页。

④ 《补白》,《论语》第2期,1932年10月1日,第12页。

⑤ 颖:《适用青天》,《论语》第11期,1933年2月16日,"论语"栏目,第359页。

⑥ 江寄萍:《我的五愿》,《论语》第26期,1933年10月1日,第109页。

⑦ 《论语》第74期,1935年10月16日,"半月要闻"栏目,第83页。

莫如缄民之口。应付国难,非二三高明士大夫带白手套举香槟杯所能应付也,须全国上下一心共赴国难,而后有济”①,批评国民政府对内加强舆论控制,对外妥协退让的两面政策;“打仗可以打尽人民的生命财产。但打不掉政府要员的荣华富贵……人民仅是厌战,但为若干政府要员着想,没有理由要向共党屈服”②,批评国民政府坚持内战,不要和平的做法等等。

由此可见,《论语》与国民政府的关系相当微妙。《论语》自始至终与政府保持一定距离,摆出一种“穷则独善其身”的姿态。1933年6月18日,杨铨遭到国民党特务的暗杀后,《论语》立刻发表了《谈女人》一文,表明“只求许我扫门雪,不管他妈瓦上霜”的立场,声称要从“清议派”走入“清谈派”③,以表明自己疏离政治的立场;当国民政府提倡新生活运动力主禁烟时,刊物从起初被怀疑为某牌香烟做广告,变为不再刊载吸烟有好处的文章。同时,《论语》自始至终关注着国内外的政治,坚持舆论批评的立场,小心翼翼地把握政治批评的尺度。尽管如此,《论语》还是开罪于国民政府,1949年5月6日被政府查禁。

二、《论语》半月刊政治观的成因及评价

《论语》社会文化政治观的形成与林语堂、邵洵美有密切关系。首先,林语堂是《论语》的灵魂人物,他对政治的态度直接影响着该刊的政治倾向。林语堂出生成长于福建山地地区,练就了

---

① 语堂:《国事亟矣!》,《论语》第78期,1935年12月16日,“我的话”栏目,第256页。

② 达:《和平之难》,《论语》第172期,1949年3月1日,“论语”栏目,第2328页。

③ 《谈女人》,《论语》第21期,1933年7月16日,“论语”栏目,第748页。

脱俗不羁的性格,后因缘际会留学美国、法国和德国,深受西方民主主义思想的影响,赞同西方民主政治制度。1923 年留学归来,积极参与政治活动,在《语丝》上发表激进文章,参加北京女师大学潮的游行示威活动,并与警察进行面对面的搏斗,俨然一个激进民主主义者的形象。1926 年"三一八"惨案爆发之后,林语堂深刻体会到政治的残酷性,逐渐产生疏离政治的想法。而且,由于林语堂深受意大利克罗齐美学思想的影响,坚持个性至上主义,所以,1932 年《论语》创刊之后,林语堂力倡中立立场,与政治保持一定距离,始终保持刊物独立的个性,以幽默戏谑的方式来表达自己的政治理想。其次,《论语》的核心人物邵洵美,不仅为《论语》的创办和发行提供了资金保障,使《论语》获得独立的经济地位,不受制于任何政治势力的牵制,而且还利用与张道藩等政府要人的私人关系,为《论语》保驾护航。这就为该刊保持独立的政治立场创造了条件。

由于两人属于自由主义文人,所以其论政性质是在政治场域之外对政治的审视。他们批评政府,同情贫苦人民和下层官僚,有着基本的人道主义关怀和民本思想,在一定程度上属于弱势群体的代言人。但是,他们不是真正的理性政治人,不属于理性政治观察家和评论家,而带有文人论政的特点,即政治理念过于理想化,可操作性不强;为批评而批评,不带有任何的政治目的;没有系统的政治理论,只有文人对政府不满情绪的表达。因而,他们对政府行为的评判有合理的部分,也有不恰当的地方。这就造成了《论语》对攘外必先安内政策和官僚政治的批判是相当准确的,但是对国民政府提倡伦理政治、建构符号和仪式政治的批评则存在偏差。

众所周知,民国政治领域中,并行存在着两套权力运作系统,一是根据西方近代政治体制中的“三权分立”原则和孙中山“五权宪法”思想建立的五院制；一是国民党一党专政。五院制合理地划分各领域及职责，强调分权，而一党专制强调集权，这就形成两个权力运作系统的矛盾和冲突，最终造成了国民党“弱势独裁”的局面。面对日本的侵略，中国迫切需要一个统一而强有力的政府，因而，国民政府积极利用各种政治资源（儒家道德、佛教思想、符号和仪式等），加强政府的权威建设。应该说，当时构建国民党大一统的党治体系，有其历史的合理性。无论任何时代和国家，当权者都会考虑如何加强政府的控制力，只不过对于有着几千年君主专制历史的中国而言，建立权威政治是加强政府控制力最有效的手段。《论语》论政主体是文人，他们不懂得政治运作过程中的原则和手段，因此在品评政治时，难免出现偏差；况且，国民政府在利用传统政治文化资源和建立各种仪式符号时，也存在着具体的技术和操作问题，如教条地照搬儒家经典、仪式活动程式化等，这些都不能使人信服其理论。

《论语》文人群体将实现政治理想的希望寄托于国民政府身上，而国民政府的政治理念又与其政治理想背道而驰，致使他们内心深处产生强烈悲观的情绪，这些在《论语》上都有所体现，如“起初想人是这样渺小的动物，同胞又是这样不争气的同胞，风俗是这样末世的风俗，国家是这样颓唐的国家。……我非忠臣，向不思君，又未身受国家厚泽，所以不能效顾亭林六谒孝陵。朱家与我非亲非戚，让十六朝皇帝齐死尽，也与我无关。且使陵中帝魂有知，也那（应为“哪”——笔者注）里管得我驴背上人之休戚？”[①]可见，

① 语堂：《梦影》，《论语》第43期，1934年6月16日，“我的话”栏目，第880~881页。

他们认为身处末世，很想遁入山林以逃避，但是他们又是从传统文人转化而来的现代文人，身上残存着传统“士”的流风余韵——“以道为己任”，将追求“民主”和“法制”看作是他们独有的责任。因此，他们又忍不住关心政治，内心的痛苦造成前后行为的矛盾，致使该刊的观点经常出现相互抵牾的现象。

同时，由于《论语》中立的政治立场，对国民政府的态度是“同情的批评”，因而遭到左联文人的批评。这种批评加深了《论语》文人群体内心的痛苦，一种被人误解、不被理解的苦闷之情经常流露出来。《孔子的苦衷》一文写道：“孔子的环境，是何等的恶劣。门弟子的疑问辩难，无处发泄。标榜主义，自号高蹈，政治上没有插足的余地。不善投机，不知迎合，社会上又没有人原谅他的苦衷。出国放洋，两手空空，又恐重演‘绝粮’的笑话。试问，处在如此情形之下，怎么不要顿足搓手的喊‘知我者，其天乎？’呢！‘问政’，‘问君子’，‘问孝弟’……责疑问难，不免受些闷气。如此日积月累，噎膈，心悸怔忡，躁扰不宁，食积，胸涨……结果便成了胃病。”①该文是这一文人群体以孔子参政的境遇来暗喻自己，表达了处于边缘与夹缝的地位和不被理解的痛苦。

① 石叟：《孔夫子的苦衷》，《论语》第26期，1933年10月1日，第99页。

第四章 《论语》半月刊的文化观

民国时期正处于“古今中外”新旧文化交流碰撞的时期，西方文化大量涌入，对中国传统文化造成巨大的冲击。在这种中西文化交流的大背景下，《论语》对于中西文化有着自己独特的见解。该刊将儒家文化做现代化解释，将中国民间文化看作是一种艺术，同时翻译和传播各国文学，促进中西文化交流。

第一节 “吾恨不曾为及门弟子而与之谈天说地耳”——对儒家文化的态度

一、尊孔即所以贬儒：还原孔子的本来面貌

《论语》刊载了《孔子绝粮以后》一文，该文是以孔子在陈绝粮为题材改编的小故事。孔子绝粮之后，派子贡去讨借粮食，被借粮的国家首领不理解《论语》内容，以“民为邦本本”作上联，请子贡对出下联，子贡只得以“夫人不言言”来对答，将《论语》中“民为邦本本固邦宁”、“夫人不言言必有中”等句子断的支离破碎，曲解儒家经典原义。[1]《论

① 李青崖：《孔子绝粮以后》，《论语》第1期，1932年9月16日，第19～20页。

语》用讲故事的方式，暗讽了民国社会牵强附会、断章取义阐释儒学经典的现象，尤其是国民政府提倡尊孔读经以加强伦理政治的做法。

对此，《论语》认为，这些做法都曲解了儒家文化的真义。诚然尊孔可以纠正中国风俗的浇薄，但是“尊孔却不可不用批评的眼光，分出个孔家的真面目，与宋儒之伪道学出来”①。现存的儒学已经被宋明伪儒扭曲，“他们觉得孔子伟大，是圣，是至人，是教主，是神通广大，是洪钧老祖，总之，不是人，不是个平平常常吃饭穿衣走路睡觉的人”②。孔子形象已被严重的神圣化和理想化，而事实上孔子是一个“多情人也。有笑，有怒，有喜，有憎，好乐，好歌，甚至好哭，皆是一位活灵活现之人的表记。……故孔子者，能喜能怒能哀能乐之大丈夫，安在而见得其为喜怒不形于色之伪君子乎？惟其能喜能怒能哀能乐，故七情备，惟其七情备，故足为万世师表，否则立一不喜不怒不哀不乐之圣人为师表，吾辈将何以学之，不能学之，亦何贵乎师表之有无乎？”③可见，孔子是一个有着丰富情感和真实的人。

同时，孔子是又一位幽默大师，“吾尝细读论语精读论语而咀嚼之，觉得圣人无一句话不幽默”④，“孔子的幽默，是高深地。不沉心静气于回环萦思，那是不能感觉出这种趣味的”⑤；“孔子之言行

---

① 语堂：《沙蒂斯姆与尊孔》，《论语》第51期，1934年10月16日，“我的话”栏目，第134页。

② 海戈：《无定室杂谈：孔门的神话》，《论语》第127期，1947年4月16日，第416页。

③ 语堂：《思孔子》，《论语》第58期，1935年2月1日，“我的话”栏目，第486页。

④ 语堂：《思孔子》，《论语》第58期，1935年2月1日，“我的话”栏目，第486页。

⑤ 向五：《幽默先师孔子》，《论语》第70期，1935年8月16日，第1060页。

中,亦时透露出其幽默态度,尤合温柔忠厚之旨,惜世人不曾理会耳。要知孔子之幽默是自然由其德性流露出来,毫无油腔滑调,亦无矫揉造作之处,亦由其道理未曾陷于酸腐偏激,只是巍巍荡荡,随之自然,合乎人情;合乎人情,则无意幽默而幽默自见,其言也如此,其行也亦如此"①。在《论语》看来,孔子的一举一动都透露出一种风趣的态度和平易近人的气质。

孔子还是一个个性自由且光明磊落的人,"孔丘注重讲礼,但他更注重'礼之本','本'就是'直','直'就是尊重个人性情的自由。人若没有真性情,虽行礼乐之文,只是增其虚伪……他最痛恨欺世盗名,虚伪用事的这种人"②;"孔子之可爱,在其磊落不羁,小德出入,一生不亦悦乎……"③

综上所述,《论语》认为,孔子是一个有着真实情感的人,其幽默的风格、自由的个性、磊落的胸怀使其有别于虚伪的宋明伪儒,所以"尊孔即所以贬儒,使乡原德贼无所存乎天地之间"④。

二、"孔子姓孔,孟子姓孟":消解孔子的圣人形象

《论语》在还原孔子形象的同时,还戏说儒家。《论语》曾刊载了一位先生和学生的对话:"先生:'孔子与孟子有何异点?'学生:'孔子姓孔,孟子姓孟。'"⑤虽然只是一个玩笑话,但却蕴藏着解构官方哲学的意味,孔孟向来被称作官方哲学儒学的创始人,有"至

---

① 语堂:《思孔子》,《论语》第58期,1935年2月1日,"我的话"栏目,第486页。
② 王鹏皋:《谈幽默》,《论语》第77期,1935年12月1日,第215页。
③ 李麦麦:《不要冤枉宰予》,《论语》第20期,1933年7月1日,第715页。
④ 语堂:《狂论》,《论语》第50期,1934年10月1日,"我的话"栏目,第87页。
⑤ 李灼之:《学校中的幽默》,《论语》第18期,1933年6月1日,"雨花"栏目,第662页。

圣”和“亚圣”的美誉。但是在《论语》看来，两者并不代表着儒家的传统和文化，而只是两个姓氏不同的普通人而已，以消解孔孟的圣人形象。

《论语》还刊载坊间流行的孔子在陈绝粮的曲子，来消解孔子头上的圣人光环。“有一回孔子去卫在陈邦，也是他时运不及（应为“济”——笔者注）绝了粮；算起来一时待了七天整，并无有蔬食菜羹入腹肠。孔夫子孤身遭难还犹可，众徒弟一齐受困实难当。只见那从者皆病莫能兴，众门人饿的愁眉难展放。只饿的颜回好学无气力；只饿的闵子侍侧意仓皇；只饿的宰予昼寝爬不起；只饿的仲弓为人心里慌……”①以歌谣的形式讲述了孔子及其门徒在陈徒绝粮之后的狼狈情形，这时孔子再也不是头顶光环的圣人，而是一个落魄的普通人。

该刊还将儒家经典《论语》做现代解释，完全改变孔子的原意以阐述自己的观点，从而达到借古讽今的目的。如“子曰：学而时习之，不亦说乎？”本是孔子从学习角度阐述君子的要求，原意是：“学了能按时温习，不也很快乐吗？”而曲斋老人（俞平伯）则注释为：“学之为言效也。人皆自私而升官发财有先后，后升发者必效先升发者之所为，乃可以踏等而进取也。习，鸟数飞也。学之不已，如鸟数飞也。朱子曰：说与悦同。此义勉强可通。盖学而时习之则精矣，熟矣，不怕会考矣，岂不悦乎？”②将“学”理解为官员掌握为官之术和学生应付考试的手段，以讽刺民国时期的官场腐败

① 纪音：《在陈绝粮》，《论语》第87期，1936年5月1日，第713页。

② 曲斋老人补注、鲍世故正义：《论语新解》，《论语》第21期，1933年7月16日，第752页。

和教育制度的弊端。曲斋老人补注的《论语新解》在《论语》上连续刊载了10多期，风格既幽默又辛辣，完全瓦解了孔子和儒家经典的神圣地位，通过重新阐述将《论语》变为反映当下社会现实的新著。

三、"孔子是与我们同调的"：将孔子引为同道

《论语》眼中的孔子是一个有着真实感受的普通人，当他落难时，也不得不变通地处理问题，以求得自身的生存。《论语》也和孔子一样，身处舆论高压环境之下，也不得不变换策略，以幽默的方式隐晦地表达自己的想法，因而该刊自始至终都将孔子引为同道。《论语》第1期上的"缘起"写道："我们朋友，思仰圣门，故多以洙泗问学之门人做绰号。虽然迹近轻浮，不过一时戏言，实也无伤大雅。例如有闻未之能行者自称'子路'，有乃父好吃羊枣者为'曾子'，居陋巷而不堪其忧者为'颜回'，说话好方人者为'子贡'。"[①]《论语》第3期上"编者后记"中说，"处处可以看见孔子燕居与门人谈笑幽默之风度，只要读者会读《论语》。在这一点，孔子是与我们同调的"[②]；甚至发出"呜呼，世人岂知孔门师徒之中燕居闲谈雍容论道之乐乎？吾恨不曾为及门弟子而与之谈天说地耳"[③]的感叹。

《论语》还将自己比作孔子，"我们细读孔子的遗训，处处与《论语》相合，因为孔子的话，与荀孟都有些微不同，而与《论语》中'子

---

① 《缘起》，《论语》第1期，1932年9月16日，第1页。

② 《编辑后记》，《论语》第3期，1932年10月16日，第112页。

③ 语堂：《思孔子》，《论语》第58期，1935年2月1日，"我的话"栏目，第486页。

曰'之某君,则句句相符。因此我们可以断定孔子是属九流中之儒家,甚且大胆的假设,某君即孔子"[①]。并借用孔子之口,来表达刊物的文化立场不被左联理解的苦闷心情。《孔子去楚的途中》一文写道:"孔子听见人家说他'布尔乔亚',心想这人也一定是要转变的'布尔乔亚',那自己拉他出来,倒是多了一个'帮闲'者,于号召上,声势也大些,便停止了前进,要子路立刻回去再见他。却不料那老头子,并不是想转变的'布尔乔亚',而是一个十足的'普罗'者,他之所以招待子路,不过因为子路还不像孔子那样为右翼'帮闲',充其量,还只是'第三种人',有时,原也可以认为'同路人'的原故。"[②]"布尔乔亚"指代"市民";"普罗"指代"无产阶级";"第三种人"指代的是1932年以后左翼作家批评的具有自由思想的知识分子,代表人物是杜衡、施蛰存和戴望舒等人。

20世纪二三十年代在国际社会上兴起了的无产阶级文学思潮即普罗文学,亦即通常所指的左翼文学。普罗文学兴起后,先后对"论语派"和"第三种人"展开批判。面对左联的批评,《论语》坚持市民文化的办刊方向,重塑孔子平民形象,并以此为刊物代言人,表达自己的观点,"难道国势阽危,就可不吃饭撒尿吗?难道一天哄哄哄口沫喷人始见得出来志士仁人之面目吗?恐怕人人不是这样一个动物吧。人之神经总是一张一弛,不许撒尿,膀胱终必爆裂,不许抽烟,肝气总要郁结,不许讽刺,神经总要麻木,难道以郁结的藏府及麻木的神经,抗日尚抗得来吗?况且孔子之时,世风也

---

① 语:《孔子亦论语派中人》,《论语》第5期,1932年11月16日,"雨花"栏目,第147页。

② 荆有麟:《孔子去楚的途中》,《论语》第24期,1933年9月1日,第893页。

不胜于今日，孔子尚且有闻人歌而乐必和之之闲情别致，你能说孔子亡周吗？”①

可见，《论语》之所以消解孔子头上的神圣光环，是想借用孔子的影响，来宣扬自己所提倡的幽默文化和平民思想。因为在《论语》看来，城市社会文化除了有革命的宏大叙事之外，还有去“革命化”的世俗文化，这些也是中国传统的庙堂文化一向忽略的。从该刊对孔子和儒学的理解来看，《论语》文人已经逸出传统文人的范围，开始具备市民性和世俗性的现代化基因了。

第二节 “中国人本是最艺术的”
——对民间文化的态度

《论语》不仅借用孔子来宣扬该刊的市民文化理念，而且还将关注的焦点放于民间文化、风俗习惯和民间艺术形式上，经常刊载民间流行的民谣和竹枝词，介绍民间风俗，关注民众信仰。尤其是对旧历新年等岁时节令的喜爱和眷恋之情，更能体现出《论语》市民文化的倾向。

一、“如有关于阴历新年之回忆感想，马上执笔”：关注旧历新年等岁时节令

1912 年 1 月 1 日，孙中山就任临时大总统后，为了与国际上普遍采用阳历的潮流相契合，正式通电各省：“中华民国改用阳历，以

① 语堂：《有不为斋丛书序》，《论语》第 48 期，1934 年 9 月 1 日，“我的话”栏目，第 1099 页。

黄帝纪元四千六百九年十一月十三日，为中华民国元年元旦。”①袁世凯就任临时大总统后，虽然赞成南京临时政府提倡阳历纪年的办法，但是考虑到民间习惯势力的强大，采取折衷的办法，实行阴阳历并行。1928 年，国民政府再一次展开了废除旧历的运动。1928 年 5 月 7 日，内政部长薛笃弼草拟《普用国历办法八条》，呈请国民政府允准。11 月 8 日，行政院召开第二次会议，对内政部提案做了明确规定。12 月 8 日，国民党中央执行委员会提出《中央对普用新历废除旧历协助办法》，通令国民党各级党部和民众团体，协助国民政府废除旧历。国民政府为了彻底废除旧历，采取简单粗暴的方法，禁绝旧历各种岁时节令，如立春、元旦、元宵、端午等等，将旧历节气原封不动地移为阳历月日，并将在旧历年节的习俗和活动，统统移到阳历年节来做。《论语》就曾刊载：“政府为革除阴历起见，对于各机关职员，则禁止其元旦请假，对于商店及民店，则禁止关门闭户，张贴春联，敲击锣鼓，迎神赛灯，及燃放鞭炮。政府之用心，可谓至矣尽矣！”②国民政府的做法，遭到社会各界的消极抵制。对此，《论语》也申明：“如有关于阴历新年之回忆感想……马上执笔”③，选刊各种关于旧历新年风俗的回忆性文章，来表达对旧历新年的眷恋之情。

首先，《论语》非常关注旧历新年习俗，并选刊介绍旧历新年各种习俗的文章。《糖瓜祭灶》一文介绍了旧历腊月二十三一位营长二嫂用糖瓜祭灶的过程，文中写道：“有家必有灶，有灶即有神，有

① 孙中山：《临时大总统改历改元通电》，见《孙中山全集》第 2 卷，北京：中华书局 1982 年版，第 5 页。

② 姚颖：《京话》，《论语》第 36 期，1934 年 3 月 1 日，第 601 页。

③ 胡徇遒：《第二新年》，《论语》第 35 期，1934 年 2 月 16 日，第 545 页。

神斯有祭。祭灶，又名送灶，当灶神登天报本时，家中主妇为之设筵饯行也。……时至今日，义主三民，历定一尊；政令所施，服从无间人神，灶王爷年终登天，亦应尊奉‘国历’才是；然而他们竟不依法启程，此实因主妇们祭灶，非到‘废历’腊月二十三，不肯举行也。……灶王之为神，位卑而接近民众，禄少而权大无朋；天天高据锅台，时时监察全家。……年终登天，而奏玉帝；一言褒贬，立判祸福。此家主妇如营长二嫂之类之所以不敢不敬他，畏他，以至于谄媚他，祈祷他‘上天言好事，回宫降吉祥’也。贿之以糖瓜，良以此耳。然糖瓜之妙用，更有出乎‘敬，畏，谄’的意义之外者。”①虽然政府明令废除过旧历新年，但是营长二嫂还是在旧历腊月二十三举行祭灶活动，可见，传统民间风俗是难以用行政命令加以禁绝的。

《论语》还刊载多篇文章，详细介绍了元宵节“观灯”和“耍龙灯”的习俗。《灯节小史》介绍了元宵节的起源和历史，“灯节俗称元宵节，一名灯夕，一名灯期。就是在上元那天晚上，张灯设宴，俗谚所谓‘正月十五逛花灯，家家户户过新年’是也。这种习俗，相沿颇久。考察它的来历，大约起于汉初”②。《上元灯话》追述了上元张灯的历史及灯市和灯品的情况，“我国旧俗年节的灯，有上元的灯，中元的莲花灯，这两节的灯，当然以正月十五上元节的灯，为最热闹；而且上元节俗又称他是‘灯节’，可是说是一年中灯的展览会，灯的赛会，故上元的灯，样式种类多，制法也极巧妙争奇斗艳，名色不一，这两句实在可以包括一切了。上元张

① 老向：《糖瓜祭灶》，《论语》第35期，1934年2月16日，第532页。
② 观今：《灯节小史》，《论语》第105期，1937年2月1日，第399页。

灯，由来很古，大约已经有一千几百年的历史”[①]。《唐宋时代元宵看灯的盛况》[②]一文，介绍唐宋时期看灯的情况。朱白华的《元宵登高观火记》一文，介绍了江苏南通元宵节“照毛虫”的风俗，千家万户齐出动，手里举着巨大的火炬在田里东南西北地照耀着，口里不住地同声喊着什么“毛虫死掉，花稻好……天下太平……财气到我家来”的口号[③]。《龙灯花鼓在民间》一文，介绍了民间龙灯花鼓闹元宵的情况：“这种龙灯的发起，大概以一团——五十户至百户——为单位，组织很简单，有几个为首的人沿门挨户的邀约一声，就够了。经费除扎灯彩与点蜡烛外别无开支，因为主干份子的锣鼓手与扮旦装丑的，响器和服饰等都是由自己预备，所以这种玩意只要大家高兴，年岁丰收，办起来是并不如何费事。”[④]

其次，《论语》还非常关注旧历新年的饮食风俗。《恭贺新禧》一文中写道：“新年的风俗，虽各地不同，然而考究‘吃’，则彼此皆然。就吃的质料说，大都直接间接，与麦有关。如面也，馄吞也，饺子也，面筋也，窝窝头也，固属麦之主要食品。他如酥糖，虾球，蛋糕，饼果等，亦非麦不为功。”[⑤]而《过年日程》一文，则详细论述了从腊月初八到正月十五的饮食风俗。腊月初八吃一顿腊八粥，“那一顿腊八粥，确是异乎常粥。在常日，嫌稀，哭，活该！不吃？下顿还是这个，饥得扛不住了你就吃啦。这一天，稠得‘插箸不倒’，盛到碗里可以挂尖儿，并且还有豇豆，枣，间或还许发现些花生米或

① 梧生：《上元灯话》，《论语》第105期，1937年2月1日，第404页。

② 林达祖：《唐宋时代元宵看灯的盛况》，《论语》第106期，1937年2月16日，第502～504页。

③ 朱白华：《元宵登高观火记》，《论语》第83期，1936年3月1日，第525页。

④ 蝶媒：《龙灯花鼓在民间》，《论语》第105期，1937年2月1日，第429页。

⑤ 姚颖：《恭贺新禧》，《论语》第32期，1934年1月1日，第350页。

半个陈栗子之类”。从腊八之后，饮食渐入佳境，“磨过年吃的面，摘了‘中三烂’，剩下黑面，蒸高粱糁儿饼子的时候儿，也许‘随粱带蒸’几个黑饽饽。蒸过年的白饽饽的时候儿，一个孩子也总有尝半个的机会。然而，‘半块馒头也比没有强’”。可以吃上半块白面馒头，家家宰杀牲畜。“到了二十三，又是一个新的阶段。祭完灶的糖瓜儿，一个孩子可以分得十几个之多……捏饺子也是一件大事。饺子是饭食中的极品，作起来可是麻烦；必得一壁儿说闲话，要不然实在太沉闷。……三十晚上那一顿隔年饺子，是‘年’的前奏曲。……初一早晨这一顿饺子，才是正式的过年。……自初二起，天天玩：看耍猴儿的，看变戏法儿的，‘看’说书的，‘看’别人打秋千。天天有客来，天天有饺子吃。初六，照例是姑夫来拜年的日子，‘带岁钱儿’准给是‘一百’。……正月十二，老鼠娶媳妇儿，大孩子们挨家敛破鞋，给老鼠添箱，晚上堆在街里，熊熊的火光，满街布臭气，可看而不可闻。同时家家炒豆子，说是炒‘老鼠眼’。……正月十五，是过年的尾声。尽着余剩的东西，再吃一顿，这一顿要是撑不死，大概本年度就可保无虞了”①。

最后，《论语》还介绍其他岁时节令，如《端午节考》一文即考据了我国端午节的风俗：

(一)端午节的来源：从一般的说，大都以为始于屈原的；其实最初就有沐浴采药之举了……

(二)名称：端午节的名称殊不一律，端阳，端五，重五，天中节，又简称为午日，自改阳历后，又有夏节之名。……

(三)竞渡：以一般记载与传说，多谓纪念屈原……

① 何容：《过年日程》，《论语》第35期，1934年2月16日，第530～531页。

(四)粽:粽也是悼屈原的纪念品之一。……

(五)长命缕:亦汨罗遗风也……

(六)忌生子:五月五日俗忌生子,回溯上去,这习俗很早就有了,历史上亦不断的记载。……

(七)悬艾挂蒲……

(八)采百草:俗于是日采集杂草制药……

(九)五毒符:五毒各说殊不一律。……

(十)健人:一曰豆娘,亦号艾人,名虽异而实同也。……

(十一)香囊……

(十二)天师与钟馗……端午日民间亦有以钟馗像挂堂中以祛邪魅者,盖取其能啖鬼也。……

(十三)雄黄……

(十四)斗百草……

(十五)各地殊俗:“五毒饼”为北平端午节中特有之物,饼料如杏仁酥,只饼面印有五毒二字以为区别耳,其取意殆亦祛除五毒也。又于节日吃桑葚,桑葚有黑白两种,配以樱桃或荸荠,据说节日吃了则夏日不曾闹肚痛。南京过端午有五毒菜之制,五毒菜者为韭菜,菊花佬,茭儿菜,银鱼,酱油干,合炒而成;谓食之可免百病。又有五色花之制,为蜀菊,石榴,以及杂草,泡之水中,于节日正午取水洗目,谓可保一年不生目疾。小孩襟上挂长命缕香囊外,另挂一咸蛋,蛋面用雄黄书一大“王”字,谓可辟邪。福州有“午时书”之举,谓于五日午时正所书联对可辟邪祛魅,其句有颇贴切者,尚记贴书斋一联云:“愧无佳句堪题午,幸有书声可辟邪。”颇工整。此外为“蒲能益寿,艾可延年。""艾旗招百福,蒲剑斩千邪。"等。①

由此可见,《论语》作为中国近代的传媒形式,将自己的目光放于民间文化和风俗习惯上,选刊大量介绍中国传统文化中岁时节令的文章,充分表明其民间立场;同时也充分反映出近代中国传播媒介的大众化、世俗化和社会化的方向。

二、"过年是一种艺术":提倡旧历新年等岁时节令

中国几千年的文化习惯使得旧历新年等岁时节令,不可能由于政府的一纸禁令而得以废除,它将长期作用于中国人的心理。林语堂以自己的亲身感受说明该道理,他在《纪元旦》一文写道:"今天是廿四年二月四日,并非元旦,然我已于不知不觉中写下'纪元旦'三字题目了。这似乎如康有为所说吾腕有鬼欤?我怒目看日历,明明是二月四日,但是一转眼,又似不敢相信,心中有一种说不出阳春佳节的意味,迫着人喜跃。"②这种喜悦使他回忆起童年时期旧历新年的春联、红烛、鞭炮和走马灯,本不打算过旧历新年的他也不自觉地走到城隍庙逛起了年货大集,亲自购买了过年用的红烛,随着鞭炮的炸响,他再也抵御不住旧历新年的魅力了,叫下人买来鞭炮庆祝旧历新年的到来。可见,过年已经成为中国人固有的民族心理,其独特的魅力不是哪一个人能够抗拒得了的。

为什么过年有这么大的魅力?《论语》分析到:"我们使用阴历已有悠久的历史。它和我们的礼教,风俗,习惯已发生了最密切的关系。……在我们还没有新的礼教,新的风俗,新的习惯以前,要

① 闲堂:《端午节考》,《论语》第114期,1937年6月16日,第826~829页。
② 语堂:《纪元旦》,《论语》第59期,1935年2月16日,第530页。

把阴历年完全废止，当然不是件容易的事情。……从社会心理方面来说，我们的贸然废止阴历，却造成了社会上一种心理的紊乱现象。假使我们把它的罪孽说得重一些，那么，外交上虽然靠它得了些小便利，而内政上却因它受到了个大累赘。再说得重一些，那么，我们的国家到现在被人称为一个无秩序的国家，它也应负相当的责任。"[①]可见，旧历新年中一系列的程式活动已经内化为民众心理，并具有规约教化民众、维系民族团结的功效，如果骤然废止，就会造成整个社会的动荡和不安。《论语》充分认识到民间文化对于政府命令的拮抗作用，不赞同国民政府废止岁时节令的做法。

过年作为一种民俗文化，不仅有着教化民众、维系民族团结的功能，而且还有调节民众心理的功能。通过多种民俗活动的娱乐、宣泄、补偿等方式，使人类社会生活和心理本能得以调剂。[②] "旧历新年，确是一种欢天喜地的景象，人人欢喜，皆大欢喜，此所以为新年。据我想，新年应当为儿童的节日，为我们恢复赤子之心的时期"[③]。而且，旧历新年习俗有众多功能，以龙灯花鼓为例，"乡下人玩出来的龙灯花鼓，不但是一种极为综错复杂的综合的艺术，并音乐，戏剧，美术，武艺而有之；而且是一种雏形的民族或群众的组织，内中带着有许多竞争和比赛的意味，不仅为枯燥寂寞的乡村的有力的兴奋剂，实在为调和农民生活，陶冶乡人心性必要的壮举雅事"[④]。

《论语》还从民众心理的角度，分析旧历新年受到民众欢迎的

---

① 邵洵美：《阴历难废论》，《论语》第106期，1937年2月16日，"我的话"栏目，第471页。

② 钟敬文：《民俗学概论》，上海：上海文艺出版社1998年版，第30～31页。

③ 语：《新年恭喜》，《论语》第8期，1933年1月1日，"论语"栏目，第243页。

④ 蝶媒：《龙灯花鼓在民间》，《论语》第105期，1937年2月1日，第428～429页。

原因。旧历新年之所以受到民众欢迎,是因为旧历新年是一种"变态"新年。"这里所谓变态,非指病理的变态,乃是指新年时应有的异乎常日的情形"。"一到阴历新年,我们对它总觉得有一种亲切之感,有一种欣欣向荣的活泼气象,决不像阳历新年那样呆板,乏味";而"阳历新年之所以不能得到民众的同情,就因为它不能使民众兴奋,热狂,不能使民众的感情,有相当的发泄:总之,阳历新年中的时日完全只是常态的,单调的,民众们不能在它的过程中,找到一点奇迹,一点新的景象"①。钱仁康用"变态"和"常态"来形容旧历新年和阳历新年,形象而生动地说明了民众日常生活的平淡安静,非常需要过年的异乎日常的气氛,因而发出"我们要拥护变态的新年"的号召,也希望阳历新年也快些"变态"而新鲜起来,从而不致遭到民众的冷遇。

因而,《论语》发出感慨:"过年是一种艺术。咱们的先人就懂得贴春联,点红灯,换灶王像,馒头上印红梅花点,都是为使一切艺术化。爆竹虽然是噪音,但'灯儿带炮'便给声音加上彩色,有如感觉派诗人所用的字眼儿。盖自有史以来,中国人本是最艺术的,其过年比任何民族都更复杂,热闹,美好,自是民族之光,亦理所当然。……过年是种艺术,谈不到科学;谁能在除夕吃地质学,喝王水,外加安末尼亚?"②由此可见,《论语》非常赞成过旧历新年,因为传统新年有着教化民众、规范社会行为、维系社会稳定、调节民众心理等多重功效,可以堪称是一门艺术。国民政府废止旧历新年等岁

① 钱仁康:《拥护变态的新年》,《论语》第35期,1934年2月16日,第537~538页。

② 老舍:《大发议论》,《论语》第35期,1934年2月16日,第527~528页。

时节令的做法，只能带来社会的动荡不安和民众的消极抵抗情绪，从而二元的中国社会“阳历既是国历，那末阴历就算民历罢！这话又怎解，难道国和民真分了家不成！？这样一年一年下去，国历过年，只是一个官样文章；废历过年，又永远废而不废”①。政府机关、学校、民众团体等过阳历年，而广大的农民、城市商民等仍沿用阴历，形成政府和民间“你过你的年我过我的年”②各行其是的局面。

综上所述，《论语》认为旧历新年等民俗文化是维系民族认同感和归宿感的纽带，一切政治命令都难以废止民间风俗和改变民众心理。国民政府为了革故鼎新而采取简单粗暴的做法，只能适得其反，造成民间社会对中央政府的疏离。中国传统的民间文化富有生命力，它将长期作用于中国人的心理。因而，《论语》认为应该保留旧历新年等岁时节令，并以戏谑的口吻表达其立场：“林语堂在端阳日到城隍庙买两只蜈蚣，放入脸盆竞游，以代观渡，而泄悲酸。并向小儿细说昔日竞渡情景。”③该则消息虽然包含自嘲和戏谑之意，但是也显明地表达了《论语》对中国民俗文化的眷恋和喜爱之情。

三、“左右逢源之乐，中西合璧之妙”④：拥护阴阳合历

阳历代表着政府的意志，有政权的力量作保障，而阴历则揭示了广大民众的风俗习惯，其依存的几千年来的民间文化，势必会造成民国社会阴阳历并行的局面。虽然政府强制人民过阳历新年，但是各阶层民众还是想方设法地过旧历新年。《南京通信》一文，

① 胡徇道：《第二新年》，《论语》第35期，1934年2月16日，第545页。
② 姚颖：《阴阳历新年之比较》，《论语》第35期，1934年2月16日，第535页。
③ 《论语》第43期，1934年6月16日，“半月要闻”栏目，第879页。
④ 仁康：《论阴阳合历》，《论语》第32期，1934年1月1日，第375页。

描写南京商界过旧历新年的场景。阴历一月二十六日，南京街头异常冷清，各个店铺都借故关门歇业。“走到了大行宫，一家酒馆门口，贴上一张‘修理锅炉，休业三天’的红条。折转至太平路，又看见几家铺面，也贴上类似的红条，语气也相仿：‘整理内部，休业三日’，‘清理账目，休业五日’，‘改良营业，暂行休业’……”[①]真实反映了商界借故停业过旧历新年的情境。

对于废除旧历新年采取阳奉阴违态度的还有各级政府机关中的公务员，虽然政府命令禁止旧历新年放假休息，但是待到新年来时，他们也禁不住过年。《过旧历新年记》一文，记载了一名公务员旧历新年的日程：“衙门里的公事从腊月初八起就不见有人办了。根本原因是下级衙门不给呈文我们看。……三十儿晚上我跑到办公厅去，手里热腾腾的带着一洋铁盒儿的油炸年糕，这没让卫兵们猜着，还当我表示不过阴历年哩！两个敬礼！”第二天是狗年初一，他又忙着给弟弟妹妹寄年礼。“好像衙门里的几位大同事小同事都在恨我过阴历年，也许部长回来就要说俺两句。也罢，拉拢拉拢他们，打个小牌去。一看手表，下午三点”。初一就这样过了，初二、初三、初四也没有人催他上衙门。“第五天，刚走到衙门口儿，碰见老杨，老侯，老施，老赵，他们四位。‘上哪儿去？’‘得了，别装。签过到啦！上财神庙瞧瞧女人去！’这话幸亏跟年糕一样，没让卫兵们看见。……有吃有喝，有说有笑，有扒手偷，有妓女吊。乞钱的，讨饭的，走江湖的，摆小摊的。站在财神殿上人丛中一看，真妙！不到过年这一关，谁也看不出中国的社会是如此其热闹！”[②]可

---

① 姚颖：《南京通信》，《论语》第11期，1933年2月16日，第374页。

② 楚楚：《过旧历新年记》，《论语》第37期，1934年3月16日，第645～646页。

见，虽然国民政府不允许机关、学校和事业单位过旧历新年，但是当旧历新年来临之际，机关中一切日常工作都停了下来，公务员也停止办公，想方设法体会一下旧历新年的热闹。因而，徐讦发出感慨："新派的人，尽管说得干干净净，说他们过的光是阳历年；旧派的人，说得干干脆脆，说咱们过的是阴历年；但是这些只是嘴上光亮，其实哪一个不是拖泥带水的在阴阳地过年以外再过年呢。"①

所以，《论语》认为，既然民间风俗和习惯势力如此之大，政府就不要骤然废弃旧历，而应该向民间社会做适当的妥协和退让，对陈果夫主张"以阳历为主，一切纪念日，概从阳历，至关于各种佳节，则仍依照阴历，酌量采入"的观点表示赞同；"我甚望内政部早日核议，采纳果夫先生之建议，则今年除夕，我将买十万爆竹，约齐果夫先生大放特放也"②，支持政府调和两者、折中办理的做法。"俗话说得好：'有利必有弊'；阴阳合历，正是各取其长而舍其短的折衷之道"③。阴阳并行，博采众长，政府向民间社会做出让步，民众就会更积极地参与阳历庆典，承认阳历纪念方式和新节日，以调适和协调政府与民众之间的关系。

第三节 "一团矛盾"
——对西方文化的态度

如果说《论语》对中国的传统文化内心充满认同感，那么它对

① 徐讦：《论阴历》，《论语》第35期，1934年2月16日，第536页。
② 姚颖：《京话》，《论语》第37期，1934年3月16日，第643页。
③ 仁康：《论阴阳合历》，《论语》第32期，1934年1月1日，第374页。

西方文化的态度则表现的更为复杂。该刊理智地认为西方文化有值得中国学习的地方，并积极传播西方文化，赞同中西文化交流，但是在情感上又接受不了外国人对中国的伪善和侵略，因此对西方文化的态度就如同林语堂对自己的形容一样："我只是一团矛盾而已，但是我以自我矛盾为乐。"①

一、"无秩序的民族性"：西方文化较中国文化更具有活力

《论语》曾刊登一则笑话："穆××年少留学美国时，英文程度不甚佳，初入校之日，打中国式的英语对教授言：'余小子年轻识浅，不知天高地厚，请先生不吝指教。'但在英文说来即是：'我年纪轻，没知识；我不知道天有多高，地有多厚；请您告诉我。'教授摇头答：'我也不知道啊。'全堂大笑。"②虽然，这则笑话只是博大家一笑，但是它也反映出由于中西方文化的差异而造成的交流误解。《论语》深知这种差异，并从教育、艺术、国民性、人生观等方面来阐述中西文化的不同。

教育方面，"中国认学问与涵养为一事，此为中国传统教育之一大特点，与德国教育注重鸿博精研，法国教育注重艺术陶养不同，而与英国教育之注重性格培成亦大迥异。……中国教育虽也以陶养德性为前题（应为"提"——笔者注），然其所认为目标之涵养，却大不相同了。大概英国式的陶养，性格越养越刚，中国式的陶养，越养越柔，到了优柔寡断地步，已经德高望重了"③；艺术方

---

① 林语堂：《林语堂名著全集》第10卷，第245页。

② 大华烈士：《东南风（一续）》，《论语》第28期，1933年11月1日，第187页。

③ 语：《涵养》，《论语》第3期，1932年10月16日，"论语"栏目，第82页。

面,“中国艺术的冲动发源于山水,西洋艺术的冲动,发源于女人。西人知人体曲线之美。而不知自然曲线之美。中国人知自然曲线之美,而不知人体曲线之美……中国美术系 Apollonian Art,西欧美术系 Dionysian Art。前者主幽静、婉约、清和、闲适,后者主刚毅、深邃、情感、淫放。中国美术,技术系主观的(如文人画,醉笔),目标却在神化,以人得天为止境;西洋美术,技术系客观的(如照相式之肖像),目标却系自我,以人制天为止境”①;国民性方面,“俄国,日本和中国的道路最能表现出这三个的民族性。俄国普通的道路都是用大块石头铺的,这代表俄国人的沉毅坚决的民族性。日本的道路多半是用悦目的黄沙铺的,遇着雨天,车轮过处会留下一条沟,所以修道夫几乎一刻都不停止的工作着,这代表日本人的虚伪,美饰而精警的民族性。中国的道路是怎样的呢?一段‘尖刀岭’似的乱石路,一段生疮的劣等柏油路(这还是偷人家的),一段没脚的泞泥路,一段野草蔓生的‘无径’路……,这代表中国人的庸愚,懒堕浮衍,无秩序的民族性。德国人重知识,英国人重实行,法国人重生活,俄国人重思想,美国人重领袖,波兰人和日本人重国家,中国人重什么?哎!想不出,若有,许就是重‘忍让’罢!”②人生观方面,《论语》赞同罗素对中国人的看法,“罗素谓中国人的人生目的在享乐,西洋人的人生目的在权力,东方与西方根本不同之点在此”③。

综上所述,《论语》认为,中国在教育、艺术、国民性和人生观等

---

① 语堂:《我的话》,《论语》第 30 期,1933 年 12 月 1 日,第 258 ~ 259 页。

② 孟斯根:《放下饭碗漫记》,《论语》第 4 期,1932 年 11 月 1 日,第 135 页。

③ 紫岑:《大题小做》,《论语》第 50 期,1934 年 10 月 1 日,“论语”栏目,第 90 页。

方面都与西方文化存在着差距,相比较而言,西方文化更具有活力,这种活力可以改善中国传统文化的老朽和死寂,因而《论语》从创办之始,就大力介绍和传播西方文化。

二、“两脚踏东西文化,一心评宇宙文章”:引进和传播西方文化

林语堂曾用“两脚踏东西文化,一心评宇宙文章”[①]来表达自己的文化立场,这种文化立场直接影响到《论语》的文化态度。为了沟通中西文化,该刊自创刊之始就致力于西方文化的传播,经常刊载介绍西方名人思想、英美高等学府情况的文章,并翻译各国的文学作品。

首先,《论语》介绍西方名人的思想和言论,宣传西方文化的理念。如介绍古希腊哲学家苏格拉底的幽默,苏格拉底将娶妻当作是锻炼德性,妻子就像一匹马,“马愈刁悍,愈可练习骑术”[②];当英国剧作家、评论家萧伯纳访华时,《论语》推出“萧伯纳专号”,详细介绍萧伯纳其人及其幽默思想;刊载德国大音乐家贝多芬临终的遗言:“朋友们,拍掌吧! 喜剧快收场了!”欣赏他“以幽默的眼光观察生命之结局”[③]的做法;还介绍了美国幽默大师马克·吐温、罗杰士[④]、林克莱脱[⑤],舞

① 林语堂:《行素集、披荆集》,见《林语堂名著全集》第14卷,第39页。

② 《苏格拉底之幽默》,《论语》第3期,1932年10月16日,“雨花”栏目,第98页。

③ 椵:《贝陀芬之幽默》,《论语》第4期,1932年11月1日,“雨花”栏目,第130页。

④ Will Rogers(1879~1935),美国幽默作家兼演员。

⑤ Eric Robert Russell Linklater(1899~1974),苏格兰小说家、诗人、历史作家。

蹈家邓肯[①]以及作家赛珍珠[②]等人的情况。通过这些介绍，使得中国人了解和学习西方文明，改变其懵懂和麻木的国民性，从而使中国的古老民族焕发生机和活力。

其次，《论语》介绍英美高等学府的教学情况，赞扬英国牛津大学的教育理念。《哈佛，耶路及普灵斯登》一文写道："普灵斯登学生最讲礼节，耶路学生未免自大有'天地间惟我独尊'之气概，而哈佛学生之随随便便马马虎虎，满不在乎的神气，则颇似剑桥学生走路，殆'不知天地为何物'也。"[③]描写三所高等学府的学生气质，代表着各自的教育理念。《哥伦比亚大学及其他》[④]介绍了哥伦比亚大学学生的素质和博士论文的情况，以讽刺的口吻，说明该学府的教育理念。《谈牛津》一文，详细描述了牛津大学的建筑风格和学风，并得出"仍能使学者达到大学教育最纯正的目的，仍能产生一种谈吐风雅德学兼优的读书人"[⑤]，字里行间透露着对英国式教育严谨学风的欣赏。虽然英美高等学府存在着诸多问题，但是都比中国的高等教育讲科学、有活力，因而在高等教育方面，中国不如西方，所以应该向西方学习。

最后，翻译各国的文学作品(具体见表4)，使中国深刻了解西方文化。

---

① Isadora Duncan(1877～1927)，美国女舞蹈家、舞蹈教育家、现代舞编导。

② Pearl Sydenstricker Buck(1892～1973)，美国作家。

③ 椴作，《论语》第4期，1932年11月1日，"雨花"栏目，第130页。

④ 语堂作，《论语》第5期，1932年11月16日，"有不为斋随笔"栏目，第175～178页。

⑤ 语堂作，《论语》第9期，1933年1月16日，"有不为斋随笔"栏目，第311页。

表 4 《论语》刊载的翻译文学作品

文章题目	作者或出处	译 者	期 数	栏 目
恐怖	Somerset Maugham	潘光旦	第 2 期	
论中国之内战	罗杰士（Will Rogers）	全增嘏	第 3 期	
革命家箴言	萧伯讷	林幽	第 3、6、12 期	
少年维特之烦恼	W. M. Thackery	全增嘏	第 5 期	
中国教育化刍议	U. J. Tallone		第 6 期	
亨德生	毛妧	潘光旦	第 6 期	
碧眼儿日记	Anita Loos	郭明	第 9、10、13、16 期	
鸦片随笔	Jean Cocteau	衣萍	第 10 期	
萧伯讷敬告中国人民	萧伯讷	宋春舫	第 12 期	
萧伯讷谈座	载 Archibald Henbersme W	陈翔冰	第 12 期	雨花
论早起之无理	Phillip Curtiss	全增嘏	第 14 期	
维多利亚女王轶事	Lytton Strachey		第 14 期	雨花
忧惧什么?		管思九	第 15 期	
专门医生	法国内尔讷尔	李青崖	第 15 期	
中日战争寓言	新政治家与民族（New Statesman and Nation）	林幽	第 15 期	
战云弥漫之欧洲	美国 NEA 通讯社		第 18 期	
我的养生术	J. B. S. Haldane	全增嘏	第 19 期	

（续表）

文章题目	作者或出处	译　者	期　数	栏　目
节妇多情记	T. Petronius Arbiter	全增嘏	第 21 期	西洋幽默
老奶妈	Pearl S. Buck	唐锡如	第 21、22、23、24、26 期	
腊丁大文豪西山六(Marcus Tullius Cicero)的幽默		木林森	第 22 期	西洋幽默
西山六文集		木林森	第 22 期	西洋幽默
四个俄国的笑话	Mihail Zoshchenko 原著；Vera Efron Mintz 英译	闲人	第 23 期	
幽默之有无	鹤见佑辅	亢德	第 23 期	
狐与鸡	鹤见佑辅	亢德	第 24 期	
散文与诗	法国莫利安	宰予	第 24 期	西洋幽默
婉转的中国人	明牧师	自讼酌	第 25 期	
孟子的不劳所得	长谷川如是闲	亢德	第 25 期	
学究与贼	Chamfort	克敏	第 26 期	西洋幽默
马莱爵士论教育	大陆报载	魏永德	第 27 期	
新爱国主义	Pearl S. Buck	林疑今	第 27 期	
弄巧成拙	Max et Alex Fischer	侯毅	第 28 期	
止谤会	Y. Y.	张沛霖	第 28 期	西洋幽默
照相馆中	Stephen Leacock	黄嘉德	第 31 期	西洋幽默
论幽默(上、下)	西班牙 Ramon Gomez de la Serna	汪倜然	第 32、33 期	
妻子的病	德国 C. Gellert	哥夫	第 34 期	西洋幽默

（续表）

文章题目	作者或出处	译者	期数	栏目
外籍教师的一封信	邓勤 （J. P. Duucan）	周孟人	第36期	
外交事件	Stephen Leacock	黄嘉德	第36期	西洋幽默
拜伦再世	苏联亚佛司钦珂	黄嘉音	第37期	
两人何以会相爱	Plato	陌生	第38期	西洋幽默
巴比伦的婴孩	H. D. Bradley	林疑今	第40、41期	西洋幽默
“笑”之社会的性质与幽默艺术	长谷川如是闲	徐懋庸	第42期	
水缸	法国中古短笑剧之一	刘小蕙	第42、43期	
口角	Anthologie Des Humroistes Français Contemrorains	宁	第43期	
医生与病人	Stephen Leacock	黄嘉德	第43期	
苏维埃式的鲁滨孙漂流记	意尔夫·比脱鲁夫	宋春舫	第44期	
自判自的犯人	W. H. Dviaes	小品	第45期	西洋幽默
我的表	Mark Twain	黄嘉音	第46期	
理发匠	Mark Twain	晚杭	第47期	西洋幽默
政变	法国拜纳	包乾元	第49、50期	
一个好小孩的故事	Mark Twain	黄嘉音	第50期	
考据学之一例	Martin Armstrong	全增嘏	第51期	
饼与糕	法国中古短笑剧之二	刘小蕙	第52、53期	
买鸟	林语堂	黄嘉音	第52期	我的话

（续表）

文章题目	作者或出处	译 者	期 数	栏 目
尼古丁学校访问记	E. V. Lucas	稚吾	第54期	
英国风	Dr. Karel Capek	崇林	第55期	
人生七计	莎士比亚	语堂	第56期	我的话
市场的苍蝇	尼采	语堂	第56期	我的话
MABIE氏幽默论抄	Hamilton Wright Mabie	郁达夫	第56期	
我们需要健康的笑	阿巴拉姆才甫	小羊	第56期	
天堂捷径(节译自《十日谈》)	Boccaccio	潮珍	第56期	
尼姑(法国民间故事)	One Hundred Merry and Delight some Stories	梦谷	第56期	
文人的癖病	吕加斯(E. V. Lucas)	毛如升	第56期	
小儿制造厂	英国 Aldous Huxley	黄嘉德	第56期	
画诀	A. P. Herbert	宋春舫	第56期	
论冬日早起	L. Hunt	稚吾	第56期	
睡在床上的危险	马克吐温	黄嘉音	第56期	
旁若无人随笔	Baudelaire	疑今	第56期	
妇人的直觉乃胡说	Heywood Broun	林幽	第56期	
中彩票	柴霍甫	蓝萍心	第56期	
巴斯妇人的故事	Chaucer	开明	第56期	
运棺者	门太(Axel Munthe)	张沛霖	第56期	

(续表)

文章题目	作者或出处	译 者	期 数	栏 目
战壕脚	Andre Maurois	老舍	第 56 期	
溥仪印象记	Peter Fleming	古信	第 56 期	
警察有意和你开玩笑吧!	O. Henry	瞿钰	第 56 期	
西洋雨花		毕树棠	第 56 期	
Tien - hsio - teism 诗二首及译文		钱均訇	第 57 期	
美丽的女人	德国 Hermann Bahr	彤孙	第 58 期	西洋幽默
梅博士——译送博士赴俄献技	新俄程沧诺夫	韦夙今	第 59 期	
巴黎的水管工匠	Joseph Schrank 见(Esquire)三月号	邝九	第 60 期	西洋幽默
萧伯纳最近谈话		黄嘉音	第 63 期	
两个瞎子	法国中古短笑剧之三	刘小蕙	第 63、64 期	
广田示儿记	Beverley Nichols	语堂	第 65 期	我的话
希特勒主义者名言选辑	选自国社党各项书报	济之	第 65 期	
马克吐温论幽默	Raymond Blathwart	周新	第 66 期	
万能大学	John Flagg Gummere	萩园	第 68 期	
香烟头	the New Stalesman and Nation	瞿钰	第 68 期	
减租	Emill Gaboriau	路西	第 68 期	西洋幽默
西洋儿童笑话		刘小蕙	第 69 期	
苏联的澡堂	M. Zostchenko	马骏	第 69 期	

（续表）

文章题目	作者或出处	译　者	期　数	栏　目
乡村求爱	萧伯纳	黄嘉德	第70期	
怕	Robert Lynd	林疑今	第71期	
外子之书	英国J. M. Barrie	钟开莱	第71期	西洋幽默
“练心会”僧院参观记	译自《字林西报》北平通讯记者所著《深山游记》(Off the Beaten Track)	张沛霖	第72期	
在西山六文集中所见的一些罗马国外的幽默	De naturu deorum	木林森	第73期	
男女之别	Franklin Pierce Adams	朗波	第75期	西洋幽默
希腊幽默	Hierocles	梦萍	第76期	
一块钱	Stephen Leacock	张沛霖	第76期	西洋幽默
桌底下	Arkady Avertchenko	张沛霖	第77期	西洋幽默
火鸡待客	A. Avertchenko	朗波	第78期	西洋幽默
西洋幽默测验	美国心理学家毛士(Moss)	沈有乾	第79期	
治安法庭	法国O. Mirbeaw	李青崖	第79期	西洋幽默
传记草稿	A. Boukhov	沛霖	第80期	西洋幽默
世界上最有机智的人	Jim Tully写的萧伯纳访问记	无已	第81期	
写给隔壁邻人的一封公开信	Mark Spade	苍生	第81期	西洋幽默
西洋幽默	Living Age杂志	林幽	第82期	西洋幽默
法律	高尔斯华绥	周新	第84期	

（续表）

文章题目	作者或出处	译　者	期　数	栏　目
生意经中的小故事		吉人	第86期	
一个谨慎的人	莫泊桑	李青崖	第86期	
杨德修(?)贺殷尔耕诞辰启	T. S. Young	步揆	第86期	
黑猫反对猫税	英国白朗尼	禾子	第87期	
诗人	美国米姬	辛雷	第87期	
美国人的幽默		瑞鑫	第87、88期	
拉丁文问题	莫泊桑	青崖	第89、90期	
余先生	保尔·穆杭	叶灵凤	第92期	
养花的暖房	莫泊桑	青崖	第92期	
葡萄一束	E. V. Lucas	顾仲彝	第93期	
北京怎样会有电灯	美国喀萨林·密歇儿	李吟	第105期	
苏俄小游记	英国戴莱菲	忙蜂	第107、108、109、111、112期	
美国人的杀人罪	法国蒲堆 F. Boutet	李青厓	第118期	
关于死	屠格列夫、莱蒙托夫	白	第118期	
论烤猪	阑姆(Charles Lamb)	赵景深	第118期	
深山大王国营企业公司业务报告（一八五五至一八五六年度）	法国亚蒲	成之胄	第118期	
开门政策		小七	第118期	

（续表）

文章题目	作者或出处	译　者	期　数	栏　目
浦尚夫人的情遇	佛朗西斯·杜·米乌曼特尔（Francis de Miomandre）	徐仲年	第118、119、120、121、122、123、124、125、126、127、128、129、130、131期	
古文问题	莫泊桑	青厓	第119期	
曾经疯过的人	法国蒲兑	李青厓	第120期	
可怕的伦敦桥	Thomas Burke	吴同	第120期	
妙计	莫泊桑	徐蔚南	第121期	
拔荔思夫人	莫泊桑	青厓	第122期	
龚司当的日记真本（并序）	1946年1月法国文摘	成之胄	第122期	
守夜	莫泊桑	徐蔚南	第123期	
青蛙跳远比赛	马克吐温	山立	第123期	
与美国人论中国幽默	乔志高	凯旋	第123期	
狗的颂赞	James Thurber	王小令	第124期	
论嚼铅笔癖	Frank Sullivan	顾万方	第125期	
签名狂	Earl Wilson	王一榴	第125期	
幽默素描三章	Robert Benchly	王一榴	第126期	
杰根斯先生小传	Stephen Leacock	王一榴	第127期	
开着的窗	“Saki”（H. H. Munro）	王一榴	第128期	
无形的伤	Karoly Kisfaludi	丰陈宝	第133期	
不要紧		恺	第133期	

（续表）

文章题目	作者或出处	译　者	期　数	栏　目
醒来吃惊		恺	第 134 期	
关于相对论	Max Beerbohm	全增嘏	第 142 期	
洋论新语录		亢咏	第 145、147、148、149、150、157、158 期	
多少人要做作家	Counterpoints	三原	第 146 期	
请不要下记号	Herb Caen	三原	第 146 期	
售票的理由	Wall Street Journal	三原	第 146 期	
不要哭，我爱	Nebclspalter（Switzerland）	三原	第 147 期	
可靠的医学著作	Clinton Campbell	三原	第 150 期	
我已上床	J. Homer Mclin	三原	第 150 期	
谈博览多识	St. John Ervine	钱歌川	第 152 期	
教授是不是人	Eeward Y. Blewett, John Holmes	文应	第 152 期	
向窗口望去	Abbott Pharmayraph	三原	第 154 期	
你比我老些	Marcia Winn	三原	第 154 期	
如何利用失眠	Margaret Fishbaek	文应	第 155 期	
雅各先生的哲学	赫理斯	林徽音	第 156 期	
译诗五首	Richard Aimour 等	陈孝迈	第 167 期	
魔典	番邦名士（Ambrose Bierce）	俞亢咏	第 175、176、177 期	
讲故事的戒忌	Bennet Cerf	耀五	第 177 期	
应付通货膨胀有方法?	Robert M. Yoder	妙悟	第 177 期	

从表4可知,《论语》翻译国外作品161种共计203篇,其中以英国文学为主,有戏剧家莎士比亚,作家贝弗利·尼科尔斯[①]、巴里[②]、赫里斯[③],散文家罗伯特·林德[④],小说兼剧作家约翰·高尔斯华绥[⑤]以及和平人士马莱爵士[⑥]等人的作品。还有法国批判现实主义作家莫泊桑、幽默短篇小说家费舍尔兄弟[⑦]等人的作品及法国中古短笑剧;美国幽默作家马克·吐温、作家赛珍珠、美国专栏作家富兰克林·皮尔斯·亚当斯[⑧]等人的作品;奥地利作家赫尔曼·巴尔[⑨];前苏联讽刺作家米哈伊尔·米哈伊洛维奇·淑雪兼珂[⑩];加拿大幽默作家斯蒂芬·李科克[⑪];日本作家长谷川如是闲[⑫];匈牙利作家克斯法路提[⑬]以及古罗马幽默家 T. Petronius Arbiter[⑭] 和拉丁文豪西山六[⑮]的作品,并从"The New Statesman and Nation"、"Living Age"[⑯]、

---

① Beverley Nichols(1898~1983),英国作家。

② James Matthew Barrie (1860~1937),英国小说家、剧作家。

③ Frank Harris(1856~1931),爱尔兰作家及评论家。

④ Robert Lynd(1879~1949),英国近代散文名家。

⑤ John Galsworthy(1867~1933),英国小说家、戏剧家。

⑥ Dudley Leigh Aman(1884~1952),英国著名的和平人士,1930年1月被拉姆齐·麦克唐纳工党政府授予马莱男爵。

⑦ Max Fischer(1880~1957)、Alex Fischer(1881~1935),法国幽默短篇小说家。

⑧ Franklin Pierce Adams(1881~1960),美国专栏作家、翻译家、诗人。

⑨ Hermann Bahr(1863~1934),奥地利小说家和剧作家。

⑩ Mihail Zoshchenko(1895~1958),前苏联讽刺作家。

⑪ Stephen Leacock (1869~1944),加拿大幽默大师。

⑫ 长谷川如是闲(1875~1969),日本评论家。

⑬ Karoly Kisfaludi(1788~1830),匈牙利作家。

⑭ 佩特罗尼乌(Titus Petronius Arbiter,? ~66),古罗马政治家和小说家。

⑮ 即西塞罗(Marcus Tullius Cicero,公元前106~前43),古罗马政治家、雄辩家、法学家、哲学家、教育家,古典共和思想最优秀的代表。

⑯ 即 *Littell's Living Age*(《利特尔生活时代》),美国的一大众刊物。

“Magazine Digest”等国外杂志和英文报纸《字林西报》[①]上节选文章。可见,《论语》热衷于各国文化的引进和传播,虽然关注内容多是西方的幽默文化,但也为当时中国人了解外国的多元文化创造了条件。

三、“洋泾浜英语是真正的活的语言”:对西方文化的态度

《论语》不仅传播西方文化,而且还用赞赏的眼光看待中西文化之间的交流和融合。如对洋泾浜英语的看法:“我想洋泾浜英语(Pidgin English)不但非常佳妙,而且是有远大的前途的。……洋泾浜英语就是英语与中国语最天然的结合,所以是合于历史的潮流的。……洋泾浜英语是真正的活的语言。”[②]所谓“洋泾浜英语”是“Pidgin English”的中文翻译,按《上海闲话》作者姚公鹤的说法,是一种“洋泾浜话者,用英文之音,而以中国文法出之也”[③]。中国的洋泾浜英语最早产生于18世纪初的广州,后来由于贸易中心的转移才流行于上海,是中西文化沟通和贸易往来的产物。据美国传教士、外交家何天爵(Chester Holcombe)回忆:“‘洋泾浜’纯粹是当地人拼写‘商务’(business)这个词的产物。因此,这种莫名其妙的‘洋泾浜英语’实际应当被称为‘商务英语’(business English),

---

① 英国人在中国出版的历史最久的英文报纸。英国商人奚安门1850年8月3日在上海创办《北华捷报》周刊。1856年增出《航运日报》和《航运与商业日报》副刊。1864年《航运与商业日报》扩大业务,改名《字林西报》,独立发行。《北华捷报》作为《字林西报》所属周刊,继续刊行。该报曾发表大量干预中国内政的言论。主要读者是外国在中国的外交官员、传教士和商人,1951年3月停刊。

② 语:《为洋泾浜英语辩》,《论语》第23期,1933年8月16日,“论语”栏目,第836~838页。

③ 姚公鹤:《上海闲话》,吴德铎标点,上海:上海古籍出版社1989年版,第18页。

除了几个合成词之外，再也没有人知道它是怎样或者在何时将汉语中的一些经过生吞活剥、依样画葫芦地翻译成了英语的许多方言俚语杂糅了进去。然而它的发音却被搬弄得能够适合单纯讲汉语的人应急需要，倒是也能够被人听懂。……外国人与当地中国佬之间所进行巨额贸易的十分之九，都是通过这一古里古怪的‘洋泾浜英语’去完成的，离了它，您还真是玩不转。”①可见，由于洋泾浜英语有着词量小、语言简化、语法简单等优点，宜于民众掌握，因而迅速成为中外贸易的通用语言。当时，很少有人能像《论语》一样赞赏洋泾浜英语，因为他们将洋泾浜英语看作是中国殖民地的症象和民族的耻辱，而《论语》是从整个人类文化发展的进程来看洋泾浜英语，认为其是中西文化交流的产物，并符合历史的潮流，有着广阔的发展前途。

《论语》虽然以欣赏的眼光与热情的态度来看待和传播西方文化，但是对于当时社会上出现的媚外之风及外国人的伪善和侵略表示深恶痛绝。首先，《论语》对社会上的媚外之风提出尖锐的批评。《上海市政府主办刘海粟欧游作品展览会目录读后感》一文用反讽的语气质疑艺术品出洋前后定价差距之大，“此篇名为‘欧游’作品云云则意在欧游二字，含有画以游贵之义。……观其定价，欧游作品，欧游后，欧游前，国画四大类，共值四万二千七百八十元正，而欧游作品一百零九幅大洋二万三千九百七十元，平均每幅二一六. 九七五元有奇；欧游后作品廿六幅共值六千二百元，平均每幅二三八. 四六一元有奇，欧游以前每幅则只一七三. 三四七元有

① ［美］何天爵（Chester Holcombe）：《真正的中国佬》，鞠方安译，北京：中华书局2006年版，第54～55页。

奇。从此可以证明欧游以后作品比欧游以前进步。而国画卅六幅仅售四千九百三十元正，平均每帧值不到一百三十七元。”[①]对于中国商铺高挂洋号的现象，《论语》讽刺道：“华人洋号，亦为‘中学为体，西学为用’之一着，确有研究的价值。”[②]另外，还用“夫留学生之以善用抽水马桶见称，由来久矣”[③]来讽刺和批评部分中国留学生不学无术而盲目追求生活西化的现象。

其次，《论语》对外国人的伪善和侵略行为表示厌恶与愤慨。《教会学校里的洋人和华人》一文写道：“洋人最喜欢做出肯施舍、肯救济贫人的样子，好好的邻居们，她们偏要东一下、西一下的去拜访，去了的时候，又要做出不耐烦、讨厌、嫌秽的样子。……洋人最会骂人（华人），记得在中学时，某先生因为政治报告多用了一刻钟的时光，洋人当时大怒，红着脸，当着一礼堂的学生，大声说道：‘×先生，你恐怕忘记带一个表来。’其实，×先生正拿着一个表往衣裳里塞。”[④]更可恶的是外国人不懂中国国情，还对中国内政横加干预，对此《论语》说：“最可恨者洋人不懂中国事而又好批评，只视人家国中有草芥而不觉己目中有梁木（见马太福音第三章第七节），譬如他们说到中国土匪，不想本国鼎鼎大名之 Dillinger。说到中国政客，不想本国国会之 Lobbyist。说到中国司法之缺点，不想本国流行之 Lynching。凡此种种，不胜枚举。至洋人说到中国内战，以为中国人好战，也近乎表面的观察。”[⑤]与此同时，《论语》还

---

① 王道成作，《论语》第 5 期，1932 年 11 月 16 日，第 161 页。

② 老华：《华人洋号》，《论语》第 65 期，1935 年 5 月 16 日，“论语”栏目，第 821 页。

③ 溜子：《奉命考察欧洲各国抽水马桶记》，《论语》第 60 期，1935 年 3 月 1 日，第 601 页。

④ 蔼若作，《论语》第 55 期，1934 年 12 月 16 日，第 336 页。

⑤ 老总：《谈洋人和洋教》，《论语》第 69 期，1935 年 8 月 1 日，第 1012 ~ 1013 页。

全文译载了美国作家赛珍珠的《新爱国主义》[1]，因为该文充满着对中国传统文化的眷恋和崇敬之情。可见，《论语》对西方的态度是相当复杂的，它既看到了中国传统文化的腐朽和没落，主张在相互尊重和平等的前提下向西方文化学习，但在情感上又排斥西方。

小　结

一、《论语》半月刊的社会文化观

《论语》的社会文化观有以下几个特点：其一，《论语》的社会文化观是开放的。它将眼光放眼于全球文明，既服膺中国传统的精英文化，又喜爱中国的民间文化；既艳羡西方文明，又强调保留中国民族文化的独特性。用包容一切文化的气魄，积极引进西方文化，顺应当时中外文化交流的潮流。李喜所先生曾说："在中外文化交流史上，民国时期是一个极为特殊的阶段，从 1912 年民国建立到 1949 年国民党政府撤出祖国大陆，只有短短的 37 年。但是，从中外文化交流的广度和深度、影响和意义来说，这一阶段却是中外文化交流史上一个比较繁荣的时期。"[2]《论语》以开放的心态面对中西文化交流，搭建沟通中西文明的桥梁，这种做法值得肯定。众所周知，文化是一个民族的历史积淀，是同一个国家和民族的前途与命运休戚相关的。加强对外文化交流，不仅不会消除民族特有的文化，反而还能在一定程度上强化和锻炼文化的民族性。正

① 林疑今译，《论语》第 27 期，1933 年 10 月 16 日，第 151 ~ 155 页。

② 李喜所主编：《五千年中外文化交流史》第 4 卷，北京：世界知识出版社 2002 年版，第 1 页。

如民国时期发生的中西医学之争，中医界面对着西医的挑战，不仅没有衰弱，反而奋起自救，学习西医，提出“会通中西医”的口号，将中医发扬光大。可见，在中西文化融合的过程中，中国传统文化的现代化改造也在进行，从而构成中华民族的新文化。民国时期正处于中国传统文化到现代文化转型的途中，接受西方的文化理念势在必行，《论语》充当了传播西方文化的使者，使读者能够更好地了解西方文化的人文精神。

其二，《论语》的社会文化观又具有浓烈的市民气息。该刊极力消解孔子的神圣形象，将其看作是有着七情六欲具有真情实感的人，试图重新塑造一个布衣孔子的形象，以此来表达其市民文化的理念。正如林语堂所说：“冒孔家牌者，非今日之《论语》，乃隋朝的王通。本刊偷《论语》之名，不偷《论语》之实。文中子偷《论语》之实，不偷《论语》之名。”[①]看似矛盾的话语却蕴涵着《论语》鲜明的文化理念，该刊关注民众的日常生活，孔子并非像宋明理学所说是一个圣人，而是有着真实情感的普通人。而且，该刊还非常关注民间文化习俗，刊登大量考证民俗文化的文章，如《端午节考》、《灯节小史》等。在废除旧历新年问题上，坚持民间文化的立场，反对国民政府废除旧历新年等岁时节令的粗暴做法，翻译大量西方幽默作品，增加该刊的娱乐性，刊物自始至终体现出一种平民化的文化性格。

最后，《论语》的社会文化观体现出这一文人群体复杂的文化情感。他们既能深切感受到传统文化的没落与腐朽，又领悟着传统文化的内在魅力；理智上既能认识到向西方文化学习的必要性，

① 语堂作，《论语》第30期，1933年12月1日，“我的话”栏目，第258页。

情感又倾向于中国的传统文化。他们用"染指,中饱,分羹,私肥,这是中国民族亘古以来上自王公大臣下至贩夫小卒文武老幼男女贤愚共同擅长的技术"①来批判中国的国民性,同时又主张穿中式服装,认为中式服装比洋服不但舒服,而且"暗中是与中国人之性格相合的"②。穿中式服装的人往往是年事渐长,素养渐深,事理渐达,心气渐平;或是社会上已经取得相当身份,事业上已经有相当成就的人,不必用洋装以掩饰其不通英语及其童骀之气。该刊既充满了对西方文化的赞扬,但又认为西方礼仪不如中国礼仪来得文明,正如《论语》看待西人的握手之礼是一种"野蛮习惯"③。这种复杂的文化情感直接造成了《论语》社会文化观的矛盾性。

二、《论语》半月刊社会文化观的成因及评价

《论语》社会文化观的形成原因主要有以下三点:第一,以《论语》为中心的文人群体多数有留学经历,如林语堂曾留学美国和德国;孙伏园、孙福熙、刘半农、徐讦等留学法国;邵洵美、俞平伯、老舍、陆晶清、王礼锡等留学英国;沈有乾、全增嘏、潘光旦、赵元任、海戈(张海平)、简又文、刘英士、余上沅等留学美国;李青崖留学比利时;郁达夫、章克标、谢冰莹、丰子恺等留学日本;孟斯根留学苏联。他们视野开阔,思维活跃,既熟悉国外先进的政治制度和文明成果,又有一定的国学底蕴,试图借用外国先进文化来改变中国落后的局面,为中国古老文明注入新的活力。因而,他们主张中西文

① 语:《粘指民族》,《论语》第5期,1932年11月16日,"论语"栏目,第148页。
② 语堂:《论西装》,《论语》第39期,1934年4月16日,"我的话"栏目,706页。
③ 语堂:《论握手》,《论语》第72期,1935年9月16日,"我的话"栏目,第1136页。

化博采众长，以期在中国建立新型文化。这对《论语》的社会文化观影响很大，决定了《论语》开放的文化态度。

第二，这一文人群体自海外归来，大多逗留于上海地区，深受海派文化的影响。海派文化有着开新、灵活、善变、包罗万象、市民性等多重特点，这就决定着《论语》的社会文化观不仅具有开放的特点，而且还有市民性的特点。这种文化观决定了该刊非常强调文化的多元性；破除庙堂文化，宣扬市井文化；关注民众日常生活和提倡民众正常的休闲与娱乐等。所以，该刊重塑孔子的布衣形象，并将其引为同道；关注民间风俗，坚持民间文化的立场，并主张吸烟、品茗和享受人生等。

第三，林语堂和邵洵美对中西文化的态度，直接影响到《论语》的社会文化观。林语堂幼年蒙学于四书五经，中学和大学就读于教会学校，后又留学美国和德国，因而，他具有多元的文化背景。这种多元的文化背景，使他能够站在整个人类文化发展的高度上去看待中西文化的关系，提出"两脚踏东西文化，一心评宇宙文章"的观点，真正摆脱一元文化的局限，兼顾中西文化，以海纳百川的气魄，来对待中西文化交流。但与此同时，由于其薄弱的国学底蕴和丰富的西学知识，又使他难以找到自己的文化立足点，身为一个中国人不甚了解本民族的传统文化；虽然深刻理解西方文化，但又没有民族归属感，使他身处中西文化的夹缝之中，从而形成其复杂的文化情感。这种复杂情感体现在《论语》内容上，则表现为对中西文化的矛盾态度。与林语堂相比，邵洵美则更为西化，早年迷恋希腊诗人莎弗的诗歌，学作新体诗，曾一度被称为颓废派诗人；崇拜希腊文化的贴近自然、注重人生和智慧超然的特点，强调文学个性和生活的趣味性；出身纨绔且经常出入于交际场所，与西方人来往密切。这些都会影响《论语》的社会文化观。

综上所述,《论语》的社会文化观兼具传统和现代的双重特征。该刊既主张变通地继承中国传统文化,又主张向西方的先进文化学习,以期建立中国的新型文化。虽然,该刊在重新建构孔子形象、解读儒家经典的过程中存在着牵强附会的地方;内容有迎合市民口味的倾向和艳羡地看待西方文化等弊端,但是这丝毫不能抹杀该刊具有现代气质的社会文化观,它不仅促进了中西文化交流,而且也为传统文化的现代化转型做出了贡献。

第五章 《论语》半月刊的妇女观

清末以降,通商口岸不断开辟,逐渐形成了以上海为中心的面向外部世界开放型的城市体系。时至民国,中国的都市化进程又有了长足的发展,新兴城市逐步增多且具备了便捷、舒适的生活环境。这些新兴城市被纳入世界的资本主义市场体系,催生了城市中商品经济的发展和多国文化的交流,所以民国时期城市文化的特点是商品化、世俗化和多样化。生活在城市中的妇女,其生活方式和思想观念也日益脱离传统,逐渐西化和现代化。虽然城市妇女种类众多,包括家庭主妇、妾、知识女性和职业女性、下层妇女、交际花和妓女等等,其西化和现代化程度略有不同,但从总体来说,民国时期城市妇女的解放程度空前,不仅拥有受教育的权利,而且还冲破传统的伦理道德,在两性交往、婚姻家庭和职业选择等方面都有了很大的自由度。

自从林语堂在第21期《论语》上声称“我们要谈女人了”①之后,妇女问题便成为《论语》的一个重要话题。该刊主要关注城市妇女的日常生活和思想观念,涉及城市妇女的服饰、审美观念、男女关系、婚姻家庭、伦理道德和社会地位等多个方面。

---

① 林语堂:《谈女人》,《论语》第21期,1933年7月16日,“论语”栏目,第748页。

第一节 “态自天生，非可强造”

——对城市妇女装扮的主张

一、“赶快废除高跟鞋”：对妇女时髦穿着的态度

《论语》非常关注民国时期城市妇女着装打扮和审美观念的变化，并从发式、服装、鞋子和审美观念等方面对其展开辛辣的讽刺。

其一，《论语》对烫发之风进行嘲讽。当时的城市妇女为了追求时髦，不惜冒着“为烫发而葬身火窟”[①]的危险，争先恐后的剪发和烫发。《论语》刊载了南京某社女记者烫发的痛苦经历。当理发师将她的头发缠卷在铅条上时，她感到“头皮好像要离开头而脱下来，他卷一下拉一下我便痛一下”，待到卷完之后，“头上一方面一阵阵地疼着，一方面那些铅条又像千斤重担似地压着”。之后又进行电烫，“疼得麻木了的头上，也开始感到灼热了；从灼热而变成炙热，而且‘吱吱吱……’地发出响声，好像用铁器烙猪毛一般地发出一股臭气”[②]，整个脑袋都要着起火来。等到拆掉铅条时，头发被拉得更痛。这种痛苦经历使得作者发誓，以后再也不去烫发。

而且《论语》认为，妇女烫发不仅不美，而且还会适得其反，使其外表变得怪模怪样。第5期曾刊载一则漫画，画的是一个身着高领洋服、烫着卷发的时髦女子对自己的狗说：“非非，我们到外头走走吧！”于是该女子牵着自己的爱犬走在路上，另一女子看到她

---

① 曙山：《女人截发考》，《论语》第29期，1933年11月16日，第233页。

② 赵芳：《烫发记》，《论语》第139期，1947年10月16日，第943~944页。

的发式,惊讶地把手中的物品掉在地上,并自言自语地说:“怎么时髦女子都有天鹅头?”接着该女士牵着爱犬来到了动物园,路遇一只长颈鹿和一只骆驼,骆驼对长颈鹿说:“那脖子有点像你吧!”长颈鹿答:“是啊!”又碰到几只脖子很长的鹤,便问她:“姐姐,你也要学我们时髦吗?”时髦女士匆忙走开。慌忙之中,遇到蛇的观赏区,蛇窃窃私语:“再长几寸便有我们的曲线了。”最终,时髦女士落荒而逃,并说:“我再也不去动物园了。”①该漫画尽讽刺之能事,暗示当时妇女追求的时髦装扮与动物园里各式动物特征相似。由此可见,虽然《论语》没有明确反对妇女烫发以追求时髦发型的做法,但是从选刊的文章内容来看,《论语》很不赞同妇女烫发,因为它认为妇女烫发既要忍受痛苦,又不美观。

其二,《论语》认为民国时期流行的高领服饰既不实用,也不舒服。民国时期女性服饰的衣领样式众多,有元宝领、朝板领、小反领、竹筒领和西装领等等,这些带领的服饰取代了中国传统的斜襟衣,其中最流行的要数竹筒高领。这种服饰衣领不仅高度大,而且质地坚硬,穿起来既不舒服也不方便。对此,《论语》戏谑地说明了高领服饰的由来:“从前英后 Alexandra,因额上有一大黑痣,故以发覆之,英国妇女不知其故,争相效仿,以打前留海为时髦。照这个道理推想起来,首创现在风行一时的高领者,必定是一个项颈上有瘰疬的女子。”②并细数高领服饰的诸多不便,“每次扣上,粉颈立起红痕,实可有上吊未遂之误会;而谈必低声,后顾必赖‘向后转’,仰视必赖突肚,俯视必赖湾(应为“弯”——笔者注)腰,左右顾必赖瞟

① 《高领女子受窘》,《论语》第5期,1932年11月16日,第150页。
② 《高领的由来》,《论语》第3期,1932年10月16日,“雨花”栏目,第99页。

眼斜视，以致颈节骨之转动无形麻痹，声带亦遂而变态……”所以《论语》认为，“女子衣服上生一条硬领，真是同在坐椅上面长钉子一样的无理”①，坚决反对妇女穿这种高领服饰。

其三，《论语》对城市妇女穿高跟鞋的潮流更为反感，经常刊载文章、漫画和广告来讽刺高跟鞋，如《赶快废除高跟鞋！》、《高跟鞋》、《女子纵论》、《高跟与平底》等文和漫画《提高女子地位》等。其中《赶快废除高跟鞋！》一文写道：“谁都不能赞成高跟鞋；谁都不能不讨厌高跟鞋！既不能赏之为美，又没法夸之为卫生。中国女界脱离旧日金莲万分惨酷祸海，好容易才略获头绪，谁想到他们会即转而向一些番鬼婆们去学和缠足制度也差不离的有害而且连国货都不是的又一种坏风。”②并戏谑道：“现在的高跟鞋不是和金莲一样！否则，为什么在电车上男人要让女人坐呢？”③可见，《论语》将高跟鞋和三寸金莲等量齐观，都会对女性健康造成危害，所以提出了“赶快废除高跟鞋”的倡议。

其四，《论语》更不能接受城市妇女以袒露为美的时代潮流。《论语》第43期上载季默《北国见闻录》一文，曾这样描述当时北平女子的着装打扮：“晚近平市女子妆饰，日新月异，光怪陆离，大有不可方物之概，而市人评论之语，亦复隽妙。因见女子于首部则冬戴红帽，夏戴阔冠，于颈部则冬围狐皮，夏围面纱，两手虽在炎暑，亦必御手套，冬令更无论矣，独于腿部，则力求袒露，夏日裸胫，冬亦不过薄丝袜一层，故谓之曰：‘瞒上不瞒下。’又见夏日浪漫女子

---

① 徐讦：《论女子的衣领》，《论语》第34期，1934年2月1日，第485～486页。

② 从狼：《赶快废高跟鞋！》，《论语》第18期，1933年6月1日，第641页。

③ 老表：《高跟鞋》，《论语》第18期，1933年6月1日，第642页。

有不御裤者,又曰:‘自己方便,与人方便。’”①该文以“瞒上不瞒下”、“自己方便,与人方便”的戏谑口吻,讽刺了北平女性追求奢华和袒露之风的风气。此外,《论语》还对“十足九赤脚”②的现象进行了讽刺:“披了头发光了鸭,摩而登之登而摩。劝君莫认作婊子,啊呀罪过阿弥陀!”③将城市妇女的穿着打扮比作妓女,鲜明地表明了刊物的立场。

综上所述,民国时期城市妇女的审美观在西方文化的影响下正在发生变化,从以传统含蓄柔弱为美变成以现代健康曲线为美,当时妇女的装扮都是为了表现其身体的曲线和健康而设计的。《论语》第109期的“半月要闻”栏目,曾转载中央社伦敦路透社电讯,1937年3月22日中国第一女外交家黄安礼女士到达伦敦,就任中国大使馆三等秘书之职,在接受路透社采访时,身穿华制的高领旗袍,脚蹬英制高跟皮鞋,和路透社记者大谈中国女子的现代健康美,并认为“就女子而论,英国与中国实无殊异之处,并谓英国女子之解放,尚不如其心目中之所预期者”④。对此,《论语》站在传统文化的立场上,对妇女的时髦装扮展开批评,可见该刊的妇女观是非常传统的。

二、“身体发肤,受之父母,不敢毁伤,孝之始也”:妇女装扮应回归传统

面对着城市妇女穿着打扮的日益西化,《论语》开始追究其产

① 季默:《北国见闻录·新妆(五)》,《论语》第43期,1934年6月16日,第910页。

② 仁:《赤脚》,《论语》第135期,1947年8月16日,“雨花”栏目,第792页。

③ 刘半农:《自注自批桐花芝豆堂诗集》,《论语》第25期,1933年9月16日,第20~21页。

④ 《论语》第109期,1937年4月1日,“半月要闻”栏目,第602页。

生的原因。首先,《论语》认为妇女重视着装首先由于其虚荣心在作怪。《妻子的病》①一文,描写一位妻子因一件漂亮外衣而生病继而痊愈的故事,"使她痛苦的是一件外衣,而唯一的圣药又是一件外衣。一个裁衣匠医好了没有医生能医的病证"。而《军官的太太》②一文,则描写了军官的太太单身在家非常孤独和寂寞,但当她看到美丽的丝绸时,立刻展现笑颜的故事。《论语》用讲故事的方式,暗喻了民国时期城市妇女对美丽服饰的强烈欲望,已达到了一种病态的程度。

其次,《论语》妇女追求时髦是男权社会造成的恶果。林语堂曾说:"试问女子不花钱打扮,男人要不要看她? ……女子之烫发高跟便是含着对男子最刻薄的批评,而这批评常常是对的"③,将妇女追求时髦的做法归罪于男人身上。可见,虽然《论语》批判城市妇女的时髦装扮,但是还在一定程度上为妇女辩护,对妇女充满理解和同情。

《论语》还提出自己的妇女审美观。该刊认为妇女的穿着打扮应该适当回归传统,效仿古代妇女蓄长发和穿中式服装。"头发本是很可宝贵的,'身体发肤,受之父母,不敢毁伤,孝之始也'"④;"斜襟衣有含蓄蕴籍,柔和潇洒之美,在中国画幅里都可见到,与中国女子固有的美点实能相得相彰"⑤。由此可见,《论语》认为中国妇女的美来源于传统,传统妇女的穿着打扮更符合中国女性的气质和传统文化的习惯。

---

① [德]C. Gellert 作、哥夫译:《妻子的病》,《论语》第 34 期,1934 年 2 月 1 日,"西洋幽默"栏目,第 517 ~518 页。

② 无朋:《军官的太太》,《论语》第 73 期,1935 年 10 月 1 日,第 67 ~69 页。

③ 语堂:《摩登女子辩》,《论语》第 67 期,1935 年 6 月 16 日,"我的话"栏目,第 918 页。

④ 胡拉:《拥护女人蓄发》,《论语》第 78 期,1935 年第 12 月 16 日,第 261 页。

⑤ 徐讦:《论女子的衣领》,《论语》第 34 期,1934 年 2 月 1 日,第 485 页。

《论语》主张妇女装扮应适当回归传统，但并不赞同国民政府和各地政府以维持风化为由，出台各种规定限制妇女着装自由的做法。《论语》曾经将封建保守意识浓厚的《陈济棠提倡服用节俭办法》[①]、《时下女性之摩登病希望教育家有以诊治而预防之论》[②]等文载于"古香斋"栏目之中。"古香斋"栏目是《论语》专载各地奇事奇行的栏目，多刊登国民政府种种不合时宜的行动、政令和法规及因风俗人情变迁而引起的各种奇闻轶事。可见，该刊对于这些做法是持否定态度的。

总之，《论语》的审美观深受李笠翁"态自天生。非可强造，强造之态。不能饰美。止（应为"只"——笔者注）能愈增其陋"[③]观点的影响，认为女性的美丽取决于天然之"态度"，而非后天之雕琢，所以，主张妇女的装扮应恰如其分，过分地追求西化和盲目地恢复传统，都会损害妇女自然的美感。可见，《论语》的妇女观是传统的，但绝不是封建的。

第二节 "把握好分寸"

——对男女交往的主张

一、"女子尚无真正合法地位"：对新型男女关系的态度

《论语》非常关注民国时期男女之间的自由交往，如《吻着陶醉

① 光迈剪寄，《论语》第64期，1935年5月1日，"古香斋"栏目，第815～816页。

② 刘祖恩作，《论语》第13期，1933年3月16日，"古香斋"栏目，第459～460页。

③ 李笠翁：《态度》，《论语》第22期，1933年8月1日，"幽默文选"栏目，第830页。

吧》一文,讲述一个女子到乐器公司购买歌谱的故事。女:"《我舍不得你》,有吗?"男店员:"没有,《妹妹我爱你》,好吗?"女:"不……《关不住了》呢?"男店员:"啊……抱歉得很,那么就《吻着陶醉吧》?"①由此可知,《论语》非常擅于捕捉时代变化的讯息,以当时社会上流行的歌曲来说明民国时期城市间男女交往的新型关系,即已经冲破授受不亲的封建藩篱而大胆言爱。

大学生积极争取男女之间交往自由的权利。北京大学学生反对学校禁止女生入男生寝室的规定,于是召集大会,其召集开会原函写道:"为民族生机,文化前途以及北大往昔之荣誉,不能不起而反对云。"②男女之间还可以直接地表达对对方的爱慕之情。如老舍的《恋歌》中写道:自从那天我看见您,姑娘,我才开始觉得了生命。……我害着相思与胃病!我在梦中,唤过您多少声"笛耳",和多少声"大耳令"③。类似的还有:"呀哟,妹妹!我爱你了"④;"又有数日未见着你,使我心中真是十分的焦急"⑤;"爱的,小牛儿,心肝"⑥等等。而且,当时城市里流行跳交际舞,更增加了男女接触的机会。《论语》第131期上"半月要闻"栏目中有则禁舞的消息:"参政员张之江提议禁止交际舞,渠称:男女交际舞非仅授受而亲,且舞时男女相抱,缠绵摩擦,非微撤除杜渐防微,竟大开方便之门,极

---

① 李良太:《吻着陶醉吧》,《论语》第17期,1933年5月16日,"雨花"栏目,第621页。

② 《论语》第30期,1933年12月1日,"半月要闻"栏目,第257页。

③ 老舍:《恋歌》,《论语》第7期,1932年12月16日,第226页。

④ 聂崇恭:《赋得妹妹我爱你》,《论语》第17期,1933年5月16日,第619页。

⑤ 江寄萍:《学做才子佳人诗一首》,《论语》第20期,1933年7月1日,第740页。

⑥ 冠冕:《国历七月七,月夜望天空》,《论语》第46期,1934年8月1日,第1030页。

恣情纵欲之能事,为保障中华民国之体面,应予严禁。参政员廖学章说:跳舞可以 Kiss,故亦主禁止。"①可见,民国时期男女可以同校,甚至可以同泳,自由交往的机会增多,男女之间授受不亲的传统观念不断受到挑战,北京大学女学生开始走进男生寝室;异性之间表达爱情的方式也由传统的含蓄婉约变为现代的直接大胆;公共场合下的男女共舞等现象习以为常。

面对着民国时期男女之间的自由交往,《论语》认为:"中国现在正实行两种文化,婚姻之事,并不例外。如阁下之对象,必须为友人介绍,必须经你的老太太同意,将来必须请人择一佳期,乃致必须请会亲友等等,均为我们的固有文化;另一方面,经人介绍后开始往还,又必须渐渐隔离旁人仅仅两个一道,必须看电影,必须郊外短足旅行,乃致必须开旅馆等等,这又是采取西式,而此两者并行,在表面看来也无甚冲突,充其量也无非为了同居而已。但在这种制度下,时常造成许多悲剧,而被牺牲的几乎百分之九十九属于女子,其故在中国男子百分之九十九,当着发生问题以后,仍站在固有文化的立场去对付他的对象,而女子则在现代中国尚无真正的合法地位故也。"②所以,受中国传统文化的影响,在男女交往的过程中,女性依然处于弱势地位,一旦男女的恋爱关系发生变故,男子会凭借传统的道德观、贞洁观来谴责女性。可见,《论语》并不反对男女之间的自由交往,但是也善意地提醒妇女一定要把握好分寸,因为传统文化的势力依旧强大。

---

① 《论语》第 131 期,1947 年 6 月 16 日,第 569 页。
② 海戈:《寄友人论讲恋爱书》,《论语》第 150 期,1948 年 4 月 1 日,第 1436 页。

二、"女子贞操是女性生活的中央问题":妇女应重视贞操

民国时期,城市间男女平等交往、恋爱自由观念的提倡,表明了中国传统的社会在西方文化的影响下也开始走向现代,这无疑是一种进步,但是,由于迫切地想冲破封建礼教和传统文化对于男女交往的束缚,极力追求交往的自由和开放,又使男女关系走向另一个极端——追求性解放。《论语》就曾刊载了《玄武湖之樱花》一文,反映当时男女交往过程中随性媾和的情况:"春神来时,南京玄武湖中负名的樱花也跟了开着笑脸,首都士女相约游湖赏花,不足为怪;但曾有不少恋人,触景生情,情不自禁,乃在蝴蝶飞舞的花丛中,掀开绿衣黄里,幕天席地,行其心跳肉麻之事。因想及诗经'溱与洧'章,其描写正古今一辙。爰仿写一首,而记其事云。城墙外,玄武湖,水儿怪清幽。多少少年同姑娘,采得樱花勃勃香。姑娘说:'上湖里去逛么?'少年说:'已经去过了啰!''重去一趟吧?玄武湖的中间,定有快福供你玩!'由是这少年同姑娘,在湖里玩出椿事儿丑死人也;还把樱花作赠别。"①可见,当时少男少女之间的交往,已大大突破了传统礼教的禁区,偷尝禁果的现象屡见不鲜。而且当时男女未婚同居的现象也非常普遍,《论语》第8期"古香斋"栏目中,曾刊载的《终止姘约启事》中写道:"黄绍裳律师代表吕兆麟、张爱林声明终止姘约启事:兹据当事人吕兆麟、张爱林两君声称,伊俩因姘度以来意见不合,现得亲友关说无条件的终止姘约,嗣后男婚女嫁各听自由,请由本律师在场证明,除缮立字据分别存

① 陆鸣秋:《玄武湖之樱花》,《论语》第17期,1933年5月16日,第591页。

执外，请为登报声明等语，据此合亟代登如上事务所。”[①]由此可知，传统节烈观已遭受严重的冲击。

对此，《论语》认为，中国毕竟经历过两千多年的封建社会，虽然封建专制制度废除已久，但是传统的伦理道德依旧存在，所以妇女要保护好自己的利益。刊载《开房间》一文，来告诫妇女如何应对男友提出的同居要求，“世人对于两性事情的看法和论调，大般是素来极不诚意的。旧风俗未免有极其腐败的地方，革新的运动往往有人利用来作弊，且，事事都要成心往不好里想。你对于两性事情，虽然时常不能不顾到世人的议论，然而万不可自己心里为世人见解所左右。假如你被人邀请同居的话，自然有很多不应允的理由”。在处理两性关系时切不可随波逐流，如果有男子提出同居的要求，应该慎重考虑。因为“自古以来，女子身体上的贞操与否可以说是女性生活里头的中央问题”，不要因追求时髦或图一时之乐而随意与人同居。如果不听劝阻行婚前野合之事，就会影响自己今后的生活，“婚前野合以前便千万要顾及，就是将来你会遇到你的真正天缘，一个你至乐永从为伴侣者；那么，到那个时际有一种紧要问题会发生：是不是你的意中人能够谅解你在前的浪漫”[②]。虽然该文出自西方人之手，但是《论语》详细刊登此文，也可以表明其传统的贞洁观。

面对社会上男女交往日益开放的情况，《论语》告诫妇女不要盲目追求时髦，而要保护好自己，以免成为传统节烈观的牺牲品。

---

① 《论语》第8期，1933年1月1日，“古香斋”栏目，第284页。

② 樱姊：《开房间——一篇关于两性的母训》，《论语》第43期，1934年6月16日，第893~894页。

就像北京大学女学生李静淑自缢于西斋的事件,起因就是被男友抛弃,家人又很顽固而造成的悲剧①。传统礼教和家庭规约对妇女的束缚作用非常大,当妇女遭到男人遗弃的时候,传统的节烈观和羞耻感还会对妇女的心理发生作用,促使她们选择自杀,酿成悲剧。

《论语》提醒妇女要保护好自己的贞操,但同时也反对变态的处女癖和贞洁观。该刊认为过分强调处女膜的做法是一种中国封建社会产生的变态行为,正如林语堂所说:"患沙蒂斯姆②变态者每以对方之苦为自己之乐。中国人之性欲史上,颇不乏例,如西门庆之所为,最合此病症象,而其病态则不限于西门庆。心理变态最复杂微妙,且所谓变态不变态,亦难画定界限。普通观念之含有沙蒂斯姆意味者,如处女癖便是其一,贞洁观念便是其二。"将维持风化的责任都让女子去承担,"女子愈肯吃苦,男子愈加快乐,或为题奏旌节,或为立传表扬"。③

总而言之,《论语》认为在中西文化共同作用下的民国社会,男女之间的交往相当开放,但是传统伦理道德依旧存在,而且势力强大。因此,妇女在同男子交往时,应该遵从传统文化对于女子的要求,把握好分寸,慎重考虑婚前性行为,不要因为贪图短暂的快乐而丧失女子最宝贵的贞操。由此可见,《论语》的性道德观念极为传统。

---

① 难知:《缢女图考释》,《论语》第29期,1933年11月16日,第219~200页。

② 沙蒂斯姆为Sadism之音译,即虐待狂,性虐待狂。

③ 语堂:《沙蒂斯姆与尊孔》,《论语》第51期,1934年10月16日,"我的话"栏目,第134~135页。

第三节 “只有结婚，才能给女子以解放”
——对城市妇女婚姻和家庭的主张

在《论语》看来，民国时期城市妇女的婚姻受西方文化的影响，已经开始从传统走向现代，在择偶条件、婚姻仪式、婚前契约、再嫁和离婚等方面都夹杂传统与现代的双重因素，并对这些变化提出了自己的观点和看法。

一、“只要经济确甚充裕，为侧室亦可”：经济条件是其择偶最重要的标准

《论语》认为民国时期择偶标准发生巨大的变化，城市妇女谈婚论嫁的条件已突破了“门当户对”的传统门第观念，择偶标准已从家庭转向个人，更关注对方的外貌和经济条件。如《论语》第2期章衣萍《不亦乐斋随笔》一文中记载：北京女师大一位女生，听过汪精卫演讲，心慕汪先生面貌的美，把汪先生的照片贴在床上。有同学替她介绍男朋友便说：“那男人像不像汪精卫？那男人像不像汪精卫？”①可见，《论语》认为，民国时期外貌已经变为城市妇女择偶的重要标准。

虽然《论语》认为外貌已经成为城市妇女择偶的重要标准，但是经济基础才是当时城市妇女择偶最看重的条件，并不断刊载相关消息和文章来证明自己的观点。如《论语》第29期“半月要闻”栏目中曾刊载：“一品端貌秀，肆（应为“肄”——笔者注）业故都某

① 《论语》第2期，1932年10月1日，第23页。

大学，因反对旧式婚姻，与家庭脱离关系之女士，在报纸登广告征婚，言明只要经济确甚充裕，为侧室亦可。”①又如《赋得妹妹我爱你》中说：“你切不可听信谣言，惑乱心旌，张三有白玉，李四有黄金，这班家伙算什么，统统是些猪猡王巴乌龟精！你不要瞧我，帽歪鞋破，衣衫不整，我是个鼎鼎大名的风流诗人。”②与此同时，男性在选择婚姻时，也开始考虑女方的经济条件，如《论语》第18期“古香斋”栏目中《定县某报之征婚启事》一文：“敝籍山西祁县，念八岁，小康家庭，萱在堂。初中肄业，十八岁时，承戚挈引绥远包头供职某银号已十载，成绩优良，客春，妻夭折，兹拟征求有资无产岳翁亲令媛女士为终身伴侣，希双方合组家庭节消耗。有诚意缔结者投函包头恒义银号任佐。”③可见，该刊认为，当时人们对于婚姻的态度变得更为务实和理性。也正是由于结婚以经济为先决条件，所以经常引发因经济失恋而自杀的事件，如《论语》第6期柳雯的《一页实行同居宣言》一文中说：“天在海上曾久住三月有余。每天见闻有某校或旅馆里的男洋博士女洋硕士等。因经济失恋而自杀的很多很多。”④

除此之外，《论语》还提到了民国时期革命化的爱情，如《一页实行同居宣言》一文载：“要同声疾呼道：（一）反对经济恋爱！（二）革命化的爱情。是真的纯洁的。神圣而永久的！（三）愿天下有情人都成了眷属！”⑤该刊虽然注意到了五四以来的革命恋爱现

① 《论语》第29期，1933年11月16日，“半月要闻”栏目，第214页。
② 聂崇恭作，《论语》第17期，1933年5月16日，第619页。
③ 《论语》第18期，1933年6月1日，“古香斋”栏目，第664页。
④ 柳雯作，《论语》第6期，1932年12月1日，“古香斋”栏目，第203～204页。
⑤ 柳雯作，《论语》第6期，1932年12月1日，“古香斋”栏目，第204页。

象，但是它认为“志同道合”并不是当时城市妇女择偶的重要标准，而经济基础才是城市妇女最看重的择偶标准。

由此可见，《论语》眼中的城市妇女是爱慕金钱、追求虚荣的代名词，她们以经济条件作为最重要的择偶标准，虽然务实而理性，但也在一定程度上被物化和商品化，对此，《论语》是竭力讽刺和批评的。

总之，《论语》在一定程度上反映出了当时城市妇女择偶标准的变化，但是也存在偏激的一面。因为民国时期城市妇女择偶时，会考虑相貌、性情、健康、学问、能力及经济基础等多个方面的条件，而不是像《论语》说的那样只考虑对方的经济基础。因为城市妇女对婚姻的幸福已经有了多种理解和诠释，其择偶标准日趋多元化。

二、“所谓文明结婚而言，便似猴子串戏”：对新式婚姻形式的看法

在中国传统文化中，婚姻过程中的每一项仪式都是在父母的名义之下举行的，父母充当主婚人的位置。所谓父母之命、媒妁之言，媒人议亲时自然是代表家长，而非代表新郎前往女家求婚。纳彩、问名、纳吉、纳征、请期无一不用主婚人的名义，婚事的安排和进行都是在他们的意志之下完成的，子女只能听从安排。但是，时至民国欧风东渐，男女可以通过自由恋爱，自愿结合，婚姻仪式也不断简化，出现了“国难结婚”①和“集团结婚”②等新型婚姻仪式。

---

① 《论语》第2期，1932年10月1日，“雨花”栏目，第21页。

② 沈有乾：《中国的集团结婚》，《论语》第133期，1947年7月16日，第675～676页。

对此,《论语》非常关注,刊载了驻扎在福建同安的国民党第四行政督察区专署黄专员的通令。通令内容为:“查夫妇为人伦之始。家庭之基。是以诗咏关雎,礼崇合卺,古时婚礼有定判焉。自欧风东渐,人好新奇,结婚仪式,时习一变,因删繁而弊流过简,敬居之意全无。或浪漫而误解自由,登报即为告娶,甚有散分喜柬,措词怪诞不经。‘我们实行同居’,我两爱情结合。自署当事人姓名,心中竟无尊长。口吻既涉轻薄,举动实失端庄,流行所至,足以影响固有良风,沦为浇俗,忧世者未尝不三置叹焉。各该县长,为一县行政长官,有负俗移风之责。当此新生活运动之时,对于民间结婚所用请柬,既有前述不良之现象,务须随时注意,严加取缔,庶可以端风化,而正人心。大抵文字之应用与仪礼之流行,非但足觇教育之良窳群情之趋向,而社会之习尚,与民族之增高或坠落,极有关系。除分令外,合行令仰该县长遵照,体斯意旨,布告周知,一面随时稽察,严行分别取缔纠正,以纳民轨物。慎勿以小节可不必拘,而致失大礼。是为至要云云。”①说明了国民政府反对婚姻仪式简化的原因,是由于现代婚姻仪式“自署当事人姓名,心中竟无尊长”,完全摧毁了“父母之命、媒妁之言”的中国传统婚姻观。国民政府是从维护封建家长制的角度反对新式婚姻仪式的。

而《论语》则从民俗文化难以一时革除的角度出发来批评新式婚姻仪式,在普通民众眼里,“即以所谓文明结婚而言,便似猴子串戏,一般贺客更是道地的观众,立不立在立的地方,坐不坐在坐的

① 《论语》第76期,1935年11月16日,“半月要闻”栏目,第171页。

地方，热闹些的场面，假使作个鸟瞰，好像蚂蚁打仗”①。可见，虽然国民政府和《论语》反对新式婚姻仪式的出发点不同，但是对新式婚姻仪式的态度是一致的，都认为新式婚姻仪式不如传统婚俗好。

此外，《论语》还注意到了民国时期出现的类似当今社会婚前财产公证的契约性婚约。《论语》第35期“群言堂”栏目曾刊载读者“木衣”从《北辰报》(北平)剪下来的《新婚约》一文：

> 北平盐业银行梁仲安之侄梁其凯，系美国纽约大学经济硕士，现任东北大学教授，与美国女硕士克伦女士，于十二月二十四日，在协和大礼堂举行结婚礼，有某牧师为证婚人，闻其婚约，系刘萃华大律师所签订，青年会干事美国海士安为公证人，兹将其婚约内容，略录如下。立婚约人梁其凯硕士，克伦女硕士，今因其凯家无遗产，幸得叔父仲安公资助，始得教养留学美国，得有硕士地位，现因与美国女硕士克伦，情投意合，深愿结为正式婚姻，永远共同生活，双方同意，特约定婚约列下：(一)据家长之意，深愿吾二人永远好合，百年不离，吾二人亦深愿如此，但倘因人情变迁，将来设有一方行为，造成合于法律规定离婚原因，双方甘愿按照原有爱情，互相宥恕，双方以无条件离异，各以其有艺能，自谋生计，各不相扰，不索赔偿；(二)因其凯深受叔力，资助叔兄弟等，留学成材，以光大吾梁氏之门第；(三)将来女硕士若在美国有继承财产与债务，由女士自行管理与偿还，并不与丈夫相干，男方亦同；(四)将来双方若有一方因事远离，不行同居时，对方不负扶养义务；

① 邵洵美：《阴历难废论》，《论语》第106期，1937年2月16日，“你的话”栏目，第472页。

>（五）双方财产，各自处理，但男方对于女方财产，可以使用收用，女方对男方亦同；（六）此约系吾二人甘心情愿所订立，并无丝毫勉强，以中英文合璧将来解释，倘有异议，以中文为主，为证明将来有效起见，特请刘萃华大律师为证约人，青年会干事海士安为公证人，以资证明云。①

虽然该文记载的是一桩涉外婚姻，有一定的特殊性，但是也可以看出民国时期婚姻形式的多样性。从该则材料看出，两人在结婚时将双方婚后的财产、债务、权利的归属等问题以契约的形式确定下来，并找来刘萃华大律师为证约人，青年会干事美国海士安女士作公证人，以示契约的有效性。婚姻关系契约化，表明中国传统的婚姻关系正在发生变化。《礼记·婚义》中论及婚姻："婚礼者，将合二姓之好，上以事宗庙，而下以继后世也。"中国传统婚姻的目的是宗族之延续及祖先之祭祀，完全是以家族为中心，不是个人或者是社会的。而且，中国古代礼制和法律视夫妻为一体，夫妻财产不可划分。妻子附属于丈夫，无独立人格，所以家居生活中，妻子虽有丈夫授权于她管理家事的责任，但对家庭财产只有使用权，而无自由处分权。妻子因婚嫁所得财产即嫁奁，也归丈夫家所有。这则结婚契约将男女双方看作是各自独立的人，在相爱的前提下，自愿结为夫妻，婚后各自有独立的财产权和债务权，妻子再也不是丈夫的附庸，反映出民国时期婚姻关系由传统走向现代。虽然《论语》对这种契约式婚姻未置可否，但却将该事当作新鲜事物加以介绍，表明该刊的婚姻观非常传统。

---

① 木衣剪寄：《新婚约》，《论语》第35期，1934年2月16日，第571页。

三、“理想的爱情是永远不能实现的”：对婚姻的态度

《论语》看到民国时期很多城市妇女改变“从一而终”的传统观念，选择再嫁和离婚。如转载了《广州评报》上的《弃女重婚向前夫舞文》一文，记载了一名女子先后两次改嫁的经历。该女子的父亲是清代的孝廉，结婚不到一个月，丈夫死，又嫁作商人妇，商人重义轻别离，南洋经商一去不返。六年后，她又改嫁给某校教员，在改嫁前给丈夫写了临别赠言并刊登在报纸上：

> 盖闻周礼未改，丈夫尽可重婚；而国法虽严，女子不禁再醮。合则留不合则去，婚姻贵乎自由。一而再复而三，夫妇直同儿戏。所以怀嬴虽贱，再联重耳之婚。夏氏不祥，重受巫臣之聘。在古人崇礼数，犹不能从一而终，矧今人专讲自由，何怪夫自二其行。试问柏舟守节，举世曾有何人？可怜柳陌怀春，今日难乎为我！况君之与我，甫结褵于周日，即分袂于六年。枕冷衾寒，长守有夫之寡；星移物换，空留待死之身。虽有夫妇虚名，已无室家乐趣。若待廿五年而嫁，则就木兴嗟，更防三七实之亡。标梅易过，此侬所以汲汲于求去，而亟亟于再婚也。所幸月老多情，赤绳别系。宫人有意，红叶重题。旧娘复作新娘，事非得已；嘉偶变成怨偶，伤如之何！然而朱买臣无力养妻迫得下堂求去，施孝叔不能庇妇致令别夫而行。他年覆水难收，在侬竟成永诀。此后入宫不见，问君何以为情？临别赠言，因风寄意，伏为原谅，无任依驰。[1]

---

① 黎献男投：《弃女重婚向前夫舞文》，《论语》第14期，1933年4月1日，第496～497页。

该临别赠言动之以情、晓之以理地讲述自己再嫁的理由，引经据典地说明“从一而终”自古以来就难以做到，并且将自己“长守有夫之寡”的苦闷心情表达得淋漓尽致，所以她采取了“合则留不合则去”的做法，主动离开了她的第二任丈夫，选择再嫁。

民国时期的城市妇女不仅可以选择再嫁，还可以选择离婚。《论语》第19期“雨花”栏目中《新婚与旧婚》一文，记载了父女俩关于新旧婚姻的对话：

> 父亲：“儿哪，你们刚把蜜月度完现在就要离婚了?！所以我先早说过新式婚姻靠不稳，只有旧式的便如同钉子反了脚的！”
>
> 女儿：“父亲，你老人家的比喻是不错，可是父亲不知道时代有不同，我们新式婚姻正如西式的不反脚螺丝钉，扳起来还是好好的。”①

这则材料可以看出，父女对于离婚的态度截然不同，父亲为女儿离婚感到惋惜，认为还是旧式婚姻靠得住，但是女儿则认为时代不同了，夫妻之间的关系不必强求和勉强，即便是由于感情不睦而离婚，也没有什么可惋惜的，暗示了当时妇女不再把离婚看作是被人嘲笑和鄙视的事情。甚至有些妇女在碰到两人感情不睦、虐待、弃养、重婚、纳妾时，还会主动提出离婚。例如萧鼎瑛收集的成都自1937年3月至1938年11月法院判决书记载的70件离婚案中，有56件是女方主动提出来的，占离婚总数的80%②。离婚的夫妻有

① 王彦华：《新婚与旧婚》，《论语》第19期，1933年6月16日，“雨花”栏目，第702页。

② 萧鼎瑛：《成都离婚案之分析》，见李文海主编：《民国时期社会调查丛编》婚姻家庭卷，福州：福建教育出版社2005年版，第413～414页。

时还会登报宣布离婚的消息，如下：

脱离声明

兹因某某二人意见不睦，现凭见证人某君双方协议离异，自此离异之后，男娶女嫁各听自由，双方均不得干涉，除立离异据各执外，特再登报声明。

廿二年六月某日　某某同启[1]

可见，民国时期，城市妇女已不再将离婚看成是非常羞耻的事情，而是将其作为自己选择生活伴侣和生活方式的权利，在婚姻叫停方面与男子权利等同。这一点，在妻子对于丈夫纳妾的态度上，再一次得到了验证。《论语》第5期"雨花"栏目中，曾刊登了一则笑话：

有粤人某，一日相命，相士看了八字，一算皱了眉头。某问有何不吉？相士曰：贵庚今年四十六，有大劫，夫人今年难以度过。某又问：然则如之何？相士对曰：惟有一法，可以克除此劫，娶妾是也。某素惧阃威，闻言大悦。归以告曰：我原无意娶妾，实为夫人着想耳。夫人桌子一拍曰："今年我既要死，你等明年我死后去娶好了。"[2]

该则材料表明，妻子宁愿自己遭劫身死，也不同意丈夫纳妾。刘臻瑞以成都市9个妇女社会活动团体为对象，调查成都市妇女社会活动时，曾设置"若您丈夫娶妾时，您要采取何种方法？"的问题，对该问题的回答结果是：主张离婚者有58人；不许他娶妾者53人；主张分居者27人；任他娶者10人。[3] 可见，民国时期，城市妇女尤其

---

① 《论语》第20期，1933年7月1日，第722页。

② 公：《娶妾不易》，《论语》第5期，1932年11月16日，第172页。

③ 刘臻瑞：《成都市妇女社会活动调查》，见李文海主编：《民国时期社会调查丛编》婚姻家庭卷，第479页。

是知识女性不允许丈夫纳妾，一旦发现丈夫纳妾，多数采取离婚或者分居的做法。

当然，以上论述城市妇女婚姻生活出现的新景象，多数是发生在中上层妇女群体中。城市中还有一些下层妇女，连基本的婚姻选择权都没有，为了生存将自己出租给城市中的苦力，充当他们暂时的妻子。如《论语》第71期的《北平通讯》中记载：

> 说到女人，平市近更发现租妻之事，颇骇人听闻。做此种交易者，据说多为车夫苦力辈，年来拉车为业者倍增，因而收入减少，东四至西四，索价只三十枚，奔走终日，一饱尚不可得，遑论娶妻？此种交易，定价不一，价格高低，自然当以被租者肌肤姿色为标准，价论包月，每月十元八元，十二元，十五元不等，只须征得三方面之同意，便可一手交钱，一手交货，交易乃成。①

面对妇女离婚再嫁现象的频繁发生，《论语》认为婚姻并非儿戏，要正确理解婚姻的实质。婚姻和恋爱是不同的，“大概男女在恋爱期间，都只看到对方的长处，而忽略其短处，对方提供出来的，也只是些长处而遮掩一己之短处。双方都小心翼翼，惟恐失去了对方的欢心。……等到结婚后，目的都达到了，彼此都放心了，都随便了，你也不迁就我了，我也不敷衍你了。在恋爱期间，彼此都压服遮掩了的个性，现在也自由流露了。你有你的个性，我有我的个性。……这样，一天一天激荡下去，又怎能不请律师给分了家？所以我们说，理想的爱情是永远不能实现的；理想的爱人是永远得不到手的。不能实现的爱情，才值得咀嚼，玩味；不能到手的爱人，

① 李良广：《北平通讯》，《论语》第71期，1935年9月1日，第1120页。

才值得惆怅,依恋!”结婚之后,夫妻双方都会暴露出自身的个性和缺点,所以双方的争执势在必然,“即使怎样理想的夫妇,恐怕不会没有吵过架,拌过嘴的吧。世上如真有一生没吵过架,没拌过嘴的夫妇,那才是奇迹:夫妇常处一室,时间长了,他看见她有些腻,她看见他也有些腻”①。可见,婚姻生活不像恋爱那样轰轰烈烈,而是琐碎和平淡的,所以婚内夫妻发生争执是很正常的事情,不能因为意见不同发生争吵,就考虑离婚再嫁。

婚姻的维系应该靠夫妻双方共同努力。丈夫要礼让妻子,就像希腊哲学家苏格拉底一样,从来不跟自己的妻子计较,并认为“娶妻者,所以锻炼德性也”②,而妻子应付出更多的努力,因为“两种文化产生的后果,我们过的生活,骨子里仍倾向于旧,形式上则大多为新,故讲恋爱,组织小家庭,医生接生以及小孩子进学校都是美式的,而负担老婆儿女之生活,与乎七折八扣拿薪水,又全是中国式的也”③。《论语》认为,民国时期,男子承担了养家的重任,作为妻子理应体谅自己的丈夫,在家中扮演好贤妻良母的角色,就如《维多利亚女王轶事》一文:

> 亚尔伯(Prince Albert 女王之夫)盛怒,躲入房中,维多利亚也盛怒追踪而至,敲门求入。亚尔伯说:“是谁?”“英国女王”里面回答。亚尔伯不理。等一会,又一阵敲门的声乱响。亚尔伯问谁,女王仍以前话应,无效。过一会,忽有微细敲门之声,由是亚尔伯又问是谁。但是这次的回答不同了。“你的

① 陈廷瓒:《男人与女儿》,《论语》第115期,1937年7月1日,第896~897页。

② 《苏格拉底之幽默》,《论语》第3期,1932年10月16日,“雨花”栏目,第98页。

③ 海戈:《寄友人论讲恋爱书》,《论语》第150期,1948年4月1日,第1437页。

妻，亚尔伯。”门遂开。①

该文讲述了英国女王与丈夫吵架的情形，表明维多利亚虽然是英国女王，但是在亚尔伯面前，她仍然是一位妻子，在夫妻双方发生矛盾冲突时，维多利亚女王必须回归其妻子的地位，才能将双方的问题解决好。《论语》刊登这则故事用意十分明确，就是要告诫妇女应该明了自己的角色，不论你怎么能干和伟大，回到家里就应该是一位贤惠的妻子。

四、“女人必须会作母亲”：妇女应该回归家庭

随着离婚的大量增加，中国长期稳定的婚姻家庭结构也遭受冲击，使得本来结构就不够稳定的小家庭变得更易土崩瓦解，这些又给社会带来不安全的因素。社会混乱无序而引发的强奸、乱伦和杀人等恶性刑事的案件，在一定程度上也是由于家庭观念和结构从传统走向现代化的过程中，变得异常的不稳定而造成的。

妇女在家庭中地位也开始发生变化。古代社会大家庭中，女子处于父权、夫权和族权的多重统治下，必须遵守“三从四德”、“三纲五常”的清规戒律。时至民国，整个家族生活在一起的大家庭被小家庭取代，“三从四德”、“三纲五常”失去了对家庭妇女的约束力，她们在步入家庭生活之后，仍然会保留自己的生活方式。如《论语》第22期转载北平《世界日报》上的文章《脱离亡国预兆之家庭启事》：

家门不幸，祖宗灭光，一家五口，冷血者三，贱妻赛美，奢侈成性，奇装异服，专爱洋货。次女笑蘋，性喜摩登跳舞，影院

① Lytton Strachey 作，《论语》第14期，1933年4月1日，“雨花”栏目，第495页。

大出风头。小儿髫龄不愿念书,玩具为伍,嫉视国产,独好仇制,屡加告戒,迄不听从。此等冥顽,亡国预兆,自今日起除长女淑贞认为骨肉外,其余免蛋,永断藤葛,苍天有灵,雷击电劈,法律有效,治之死刑。天刚恨极生风,甘愿独善自身,特此郑重声明①

身为一家之主的李天纲丧失了家中的权威地位,妻女都能选择自己的生活方式,他除了登报声明脱离关系之外,也没有什么良策。

面对近代家庭关系的变迁,《论语》认为:“女人必须可爱,女人必须会爱,女人必须会作母亲。但数者之中,美是根本。我赞美美。我更特别赞美结过婚的女子之美。女人而无母性,是不完全的。因为那无异说是爱的使命还未完成,所谓伟大也还没走到边儿,美当也仍有不足。母性的美,是庄严温婉……只有结了婚的女子才能大方……在目前,只有结婚,才能给女子以解放。结了婚,女子就格外坦然。作了母亲,则一切心中的骄矜和滞碍都更干干净净了。……女人应当是美的,美的完成乃在母性。”②可见,该刊认为城市妇女只有回归家庭,担任贤妻良母的角色,才是完美的女性,女性的美来源于“母性”。

综上所述,《论语》关于城市妇女择偶标准、新式婚姻、离婚再婚和家庭等观点是传统而且理智的。该刊从传统的文化立场出发,抨击城市妇女视经济条件为重要的择偶标准;站在民间文化的立场上抨击新式婚姻;认为女性的美来源于“母性”,并将生育看成是衡量女性是否完整和美的标准;强调妻子在家庭中对丈夫的依

① 李天纲泣启,《论语》第22期,1933年8月1日,第811页。

② 李长之:《论女人和美》,《论语》第36期,1934年3月1日,第586~587页。

附和服从地位等等，都反映其传统的文化特性。而对于婚姻的看法则是理智的。婚姻与炙热而短暂的爱情相比，更强调责任和义务，美满的婚姻是靠夫妻双方共同经营的。可见，《论语》对妇女在婚姻家庭中地位的看法是理智和传统并存，其妇女观还残留着中国传统婚姻文化的男尊女卑和婚姻以生育为目的的观念。

第四节 “做好妻子之外，还应有社会上独立的工作”

——对城市妇女教育和职业的主张

在《论语》看来，虽然民国时期城市妇女大量进入学校、步入职场，社会地位逐渐提高，但是不论从教育成效，还是从职业性质来看，妇女依旧处于社会的从属之地位。

一、“自命不凡的蓝袜子”：苛责城市妇女的教育

《论语》认为，民国时期妇女教育仍受到传统观念的影响，教育目的和课程设置都带有浓重的男权色彩，教育成效微乎其微。

《论语》针对南京京华中学校长傅况麟，因学生王玉蓉身为歌女开除学籍一事发表评论：上海有不少的学校，教女学生唱歌跳舞，不是专一为了开游艺会时可以出风头，不是为可以到别个学校里去帮助开游艺会，那是一种职业的训练，为她们将来可以做歌女、舞女、电影明星。王女士既已是歌女了，再要进学校，实在太开倒车了。[①] 暗讽了当时妇女教育的出发点仍是迎合社会对女性交

① 凯：《歌女不准读书》，《论语》第3期，1932年10月16日，“论语”栏目，第80页。

际的需要,将妇女看作为男人消遣和娱乐的工具与手段。而且,学校中又有摩登女子,只知道艳装、玉食、游乐、消遣、恋爱、金钱、消费、享受等等,对于她们来说教育只养成读画报的能力[①]而已。

《论语》第62期中《教育与女子》一文,回顾了民国时期妇女教育的发展过程,从总体上否定妇女教育的成果。民国元年前后,教育使得女学生"个个以林黛玉自比,伤春悲秋",因为在当时"虽是学到欧西的文明,给女子以解放的机会,得以受教育,可是在一般人看来,仍是觉着女子无才便是德,受教育也不过是稍加点缀罢了。所以那时的教育家,对于女子教育便是唱着良妻贤母的调子。女子的受教育,不是要她们到社会上和男子一样的去作各种事业的,是要作一个良善的妻子并贤慧的母亲。因而学校里的功课,手工,缝纫,烹饪,家事等科是不可缺少的"。所以,那时候大多数女学生最终还会步入家庭,成为贤妻良母。五四运动之后,女学生"做手工缝纫的人慢慢的少了。好些人都爬上讲台,去指手画足的叫着。大家要从旧礼教的樊笼里逃脱出来,开始认明了'人'的意义"[②]。她们不再是丈夫的玩物和家庭的奴隶,极力争取思想上的解放和婚姻上的自由,出现了许多逃婚和独身的女性。其中也有一部分女学生安心在高等学校学习,成为拥有现代知识的知识女性。到1924年前后,国内革命高涨,先前激进的女学生变得更为激烈,"连学校也不要了,把整个的教职员,今天驱逐几个,明日驱逐几个。十一二岁的小姑娘也居然被举在高台上,对人们讲着革命的事"。她们为了表示与男人一样坚强,故意粗声粗气和迈着大

① 高山:《散沙》,《论语》第13期,1933年3月16日,第457页。
② 血因:《教育与女子》,《论语》第62期,1935年4月1日,第701~702页。

步,完全丧失了女性娇弱柔美的特点。此时,先前远离革命静心学习的知识女性乘机进入职场,“这些职业的获得,未始不是教育的功效。果然在好些 Office 里可见到会写洋文、会打字的女子。著名的大学里也有女教授的登讲台。天空里也有女飞行家了,运动会上也有一鸣惊人,为国家增光的游泳家了”①。至此,妇女教育才显现出了一丝的进步性。从此以后,女学生的人生选择变得更为多元化,大部分女学生回归家庭,就像执教于省立某著名女校的某女士,在答朋友来信中发牢骚说:“苦恨年年拿粉笔,为他人教好婆娘!”②但是,也有相当一部分浪漫女子“不愿走进家庭,只在随便的过着孤独的而浪漫的生活。从书本里,她们学了许多知识,她们也许是有雄心的,想照着自己所定的生活路线活下去”③。该文以苛责的眼光来看待妇女教育,认为自清末维新妇女教育之发轫,就没有培养出几个优秀的人才,培养出的尽是会读各种小说,只知风月之事的女学生。

因而,《论语》极力讽刺自命不凡的知识女性,将她们戏称作“蓝袜子”。她们不注重穿着打扮,成天“顶着招牌走路的人……总喜欢别人听她说。她用上天瞎了眼误给她的才能用各国的语言来炫耀自己,她那张嘴永远不会停,舌头每一转就有一个以上的作家跌进了地狱。她毫不费力地就把所有的艺术文物一笔抹杀,虽然她自己从来没有一点高贵的出品或思想。……她们顶看不起的就

---

① 血因:《教育与女子》,《论语》第 62 期,1935 年 4 月 1 日,第 703 页。

② 止水:《女教师的牢骚》,《论语》第 52 期,1934 年 11 月 1 日,“雨花”栏目,第 222 页。

③ 血因:《教育与女子》,《论语》第 62 期,1935 年 4 月 1 日,第 703 页。

是爱情”[①]。针对才女们自满骄傲的神气,作者更欣赏“女子无才便是德”的古训了。

二、“出嫁是女子最称心的职业”:妇女的最终归宿是家庭

《论语》认为,民国时期虽然有大量妇女步入职场,但是妓女业仍然是妇女最重要的职业,因而妇女并未取得独立的经济地位,仍处于社会的从属地位。

该刊详细记载了民国时期妇女从事的职业,有机关职员、闾长、牌长、女侍、营业员、医生、教师等等。《不亦乐斋随笔》[②]中曾记述了这样一件事,南京市政府在纪念周期间开会,市长正在讲演,一个打扮得花枝招展的女职员走进来,市长大怒,命令士兵将迟到的女职员看管起来,女职员娇声说:你不配看管我,我是旁边机关的女职员,今天来这里是参观的。可见,当时南京的政府部门里已有女职员了。这些女职员大多从事一些文字工作,而且工作比较轻松,就像《女职员》一文中写道:“一枝笔就有千斤重,我且剪报,假如公文用白话文,那就多好?昨儿科长请客,今天轮着主任,待明儿再敲了录事科员一顿。时局凭它大变,欠薪可不是玩,我不能白手起家,空嘴买绸缎。幸亏尊重女权,我没曾值过夜,不然,衙门又静,听差眼睛又野!”[③]不仅南京政府机关有女职员,而且地方政府部门也有为数众多的女职员。以台湾省新竹县为例,1947 年 5 月 16 日,该县县长邹清之曾对手下女职员下了一道手令:“人分男

① 窘羊:《蓝袜子》,《论语》第 76 期,1935 年 11 月 16 日,第 195 ~ 196 页。
② 衣萍:《不亦乐斋随笔》,《论语》第 4 期,1932 年 11 月 1 日,第 138 页。
③ 漳州三郎:《女职员》,《论语》第 34 期,1934 年 2 月 1 日,第 486 页。

女,生理各异。女赋经潮,期有常序。潮滋临堤,须用物具。合乎卫生,需以棉絮。兹据查本府各局,科,室女职员每际经期,辄以文稿纸代替棉花,已不卫生,又属浪费。公帑有限,不能负此重大消耗,为此相应通告,希饬所属女同事知照,即刻废止,以重公利为荷。"①

当时妇女还可以充任闾长和牌长,据《女性闾长可升任》一文记载:"内政部解释女性闾长可否升任牌长云,查镇自治施行法,关于闾长既无限于男女之规定,女性当然亦有被选之权,女性既可被选为闾长,依县保卫团法第四条之规定,自无不能委其充任牌长之理,故牌长则不必具备县保卫团法第五条之各要件,只要其为闾长,不独女子可以充任,即令年在四十岁以上之男子在法律上无不可充任之理由,咨请查照。"②妇女流行当女招待:"天津一隅,女侍风盛,各小报上文字,均以谈女招待者为多,但皆滥调,千篇一律,其最常见者为:'剪发天足''未语先笑''年华二八加一''七其行'等语,诚自成风气也。"③还可以充任售货员。如《论语》第 72 期"半月要闻"栏目中,曾刊载某国货商场招聘女职员的广告:"……洋货倾销,利权外溢。敝商场为唤起国民踊跃购买国货起见,特聘女职员数名。除月薪十元不计外;另月付烫发费大洋一元,脂粉资大洋一元"④,利用女性独特的魅力来推销国货。另外,北平"天桥

① 《论语》第 132 期,1947 年 7 月 1 日,"半月要闻"栏目,第 610 页。

② 《女性闾长可升任牌长》,《论语》第 14 期,1933 年 4 月 1 日,"古香斋"栏目,第 496 页。

③ 季默:《北国见闻录 · 女侍滥调(三)》,《论语》第 40 期,1934 年 5 月 1 日,第 783 页。

④ 《论语》第 72 期,1935 年 9 月 16 日,第 1134 页。

新近发现了不少的青年女医士。据说,她们都是时髦漂亮的摩登哪"[①]。可见,妇女可以抛头露面,公然从医。虽然妇女可以进入多种职业,但是政府仍不允许妇女参军。《论语》第150期"半月要闻"栏目中,转载的《大公报》松江通信:"松江第二期征兵已于本月十六日举行抽签,刻正在征集中。岂知中签者之中却有女性一人,该女性姓周名兰欣,乃是岳阳镇老涌泰银楼陆颂裕的媳妇。中签后经声明确系女性,依法不能当兵才算免掉。"[②]

但是,从事以上职业的女性毕竟是少数,而娼妓业则是民国时期妇女最重要的职业。虽然南京国民政府曾下令禁娼,但是由于时禁时弛,效果不甚显著。对此,《论语》曾以南京社会局的口吻自拟了一则《开娼布告》,对开娼政策进行辛辣的讽刺:"照得娼妓制度,原为便利官场。嗣因漫无约束,嫖客皆害梅疮;有伤宗嗣香火,影响政府堂皇。因此忍痛禁制,休教姐姐郎郎。惟是禁娼以还,实属欲盖弥彰,老爷充塞牢狱,姑娘站满街坊;军警朋比揩油,学生旷课捧场;殊非政府初衷,八万嫖客骂娘。不如从早解禁,以期首都繁昌。从此禁令既开,吊膀歇夜无妨。姑娘朝朝新姐,老爷暮暮新郎。闲抽三口鸦片,频叉四圈麻将。倘觉精神疲乏,黎明下碗鸡汤。但有数事奉告,一宿勿过三向,买主一律鳏夫,卖主勿敲竹杠。先后秩序当重,吃醋自属荒唐。并自开娼以后,禁用皮棍手枪。用特郑重声明,勿得稍事反抗,倘敢玩视法令,女打屁股千双,男处宫刑不贷,仰各勿违局长。"[③]该文真实地反映了民国时期嫖娼现象的

① 胡逢辰:《故都杂话》,《论语》第28期,1933年11月1日,第199页。
② 《论语》第150期,1948年4月1日,第1423页。
③ 鸣秋:《开娼布告》,《论语》第19期,1933年6月16日,第675页。

普遍性，上至官员军警，下至学生平民都有嫖娼行为，大量嫖客的存在带动了民国时期娼妓业的发展。

既然娼妓业屡禁不止，国民政府索性将其合法化，采取各种手段加强对该行业的管理。其一，严格管理公娼。向妓女灌输定期检查的观念①；定期组织妓女“打针抽血”②检查身体；规定妓女必须烫发穿高跟鞋③，只许穿绿色衣服④和佩戴桃花徽章⑤；加强妓女和嫖客的安全防范意识⑥等等。其二，对于土娼，亦称私娼和暗娼，则采取从严取缔的政策。《论语》第72期“半月要闻”栏目中，曾刊载漳州取缔土娼的规定：“据公安局孙书记云：本城乐户据经本局收回自办后，乐户分甲乙丙三等征捐，最低之丙等，亦应纳捐六元，但本城各土娼，其间月纳二三元者居多，此等土娼，用情最滥，但因取价低廉，多系交接下流人物，最易传染花柳梅毒，局长奉专员之意，以目前虽不能亟行禁娼，但对于此等流毒滋深之下等土娼，应

---

① 《论语》第87期“半月要闻”栏目中，曾刊载：“苏州娼妓检验所主任杨和庆，以公娼虽经检验，着令疗治，可无毒浊；但狎客方面难免有此种传染病，拟向各妓女灌输此种检验知识，并由公安局着令凡有毒浊恶客，一律拒绝，县局两方，均悉赞同，即日起即可实行。”

② 胡同光剪寄：《船妓请免验措词动人局长批示亦多妙语》，《论语》第32期，1934年1月1日，“古香斋”栏目，第429页。

③ 《论语》第66期“半月要闻”栏目中，曾刊载：“山西当局决令妓女一律佩带桃花章，并须烫发穿高跟鞋，以别于良家妇女。”

④ 《论语》第54期“半月要闻”栏目中，曾刊载一则汉口市新生活运动促进会服装办法的消息，文中第12条规定：“妓女衣只许着绿色，其余一概禁止云。”

⑤ 《论语》第48期“半月要闻”栏目中，曾刊载：“南京社会局发桃花章，交秦淮歌女佩带，歌女中有认桃花为轻薄之象征，有损人格，联合呈请社会局更改式样。社会局主管者云：佩章是识别性质，与歌女身份无关。”

⑥ 《论语》第66期“半月要闻”栏目中，曾刊载：广西省会公安局娼妓检治所，近印发一种告娼妓书，内容分三大段，详述娼妓嫖客性交前后之药品洗涤涂布方法，极确实难得。其中有警句云：“你们有健康的身体，才有饱满的精神，有饱满的精神，你们的营业，何愁不畅旺呢。”可惜未注明：“私娼不准偷读！”

予从严取缔,故现在公安局已派员调查下等土娼状况,拟分别令饬具结永不营业云。”①

国民政府还在管理的基础上,向娼妓业征收“花捐”②,以增加国民政府的财政收入。《论语》第63期“半月要闻”栏目中,曾刊载这样一则消息:“广东佛山花捐,由商包办,向例妓女月经期不能接客,可以报请停捐,期过复业,随时报销。历来如是,并无何等限制。近因妓女生意不佳,无力缴捐,乃多有藉口经期而停业停捐者,以致花捐公司无利可图,故经理李光烈等,即暗中向县府商得改良办法,对于妓女之因经期停业者,非经严格审查,得到准许后,不得停捐。而且信月休养,只限四天,如逾四天之外,虽经期未完,仍须强迫接客,纵不接客,亦必按额照派捐款。”③可见,民国时期,官商勾结在一起,想尽一切办法榨取娼妓业的“花捐”,为此不惜牺牲妓女的利益。

综上所述,《论语》认为:“现在的经济制度,你们都明白,是两性极不平等的。女教员薪水总比男教员少,英美诸国也是如此,在英国则甚至法律不许太太们教书。无论中外,女人可进去的职业(如按摩,打字,女招待等)总比男人可进去的少,而在女人可进去的职业中,男人还会同你们竞争,而在酬劳机会天才上都占便宜。”

---

① 《论语》第72期,1935年9月16日,第1135页。

② 旧中国对娼妓卖淫收入课征的一种捐税。历史上最早征收此捐税始于春秋时期的齐国,“管子治齐,置女闾七百,征其夜合之资,以充国用”。以后各朝代多有沿续,但名称各异。“花捐”一词则是民国时期较为流行的泛称,其他还有妓捐、乐户捐、妓女营业捐、妓女营业牌照捐等名称。从征收对象分,妓捐征于妓女;乐户捐则向妓院老板征收。1913年,北洋政府制定国家税与地方税法草案,乐户捐列入地方税。当时各大城市都有征收。1927年,国民政府实行禁娼,但各地所收捐税并未明令废止,照征不误,作为地方财政来源之一。

③ 《论语》第63期,1935年4月16日,第721页。

因而，“出嫁是女子最好，最相宜，最称心的职业”。出嫁之后的女子，“除了做妻之外，还应有社会上独立的工作”①。婚嫁不仅符合女性的天然本性，而且符合社会对女性的期许，婚嫁是妇女最务实的职业选择。妇女在婚嫁之后，还可以参加一定的社会工作，但是反对那种视读书学习和社会工作为生活全部的妇女，它认为完全知识化、职业化的妇女是被异化了的女性，这种女性丧失了女性天然的美感，变得面目可憎。

小 结

《论语》自 1932 年 9 月 16 日创刊之后近一年的时间里，“关于女人，实在未曾谈到，这是昭然若揭的事实”②，到 1933 年 7 月 16 日，第 21 期《论语》上林语堂扬言“我们要谈女人了”，再到 1937 年 5 月 1 日，第 111 期《论语》上发表《谈“谈女人”》一文，“谈女人最起劲的，要算一辈青年人。——因为我也是青年人，所以真确地知到。几个人无意的聚拢一起谈天，总难免要谈到女人，即使起先只是谈国际大事，或吃喝小事也好，可是，经过了几许盘旋屈曲，其终也，自然而然就绕到女人身上。故女人就无形中形成了一切谈话的焦点”③。妇女日益成为《论语》的焦点话题，从妇女的穿着打扮到妇女婚姻、家庭和职业，无一不是该刊谈论的重要话题。通过前两节的分析，我们可以深刻地了解《论语》的社会文化妇女观。

---

① 林语堂:《婚嫁与女子职业(十九年六月在中西女塾演讲稿)》,《论语》第 24 期,1933 年 9 月 1 日,第 881 ~ 883 页。

② 林语堂:《谈女人》,《论语》第 21 期,1933 年 7 月 16 日,“论语”栏目,第 748 页。

③ 若耶:《谈“谈女人”》,《论语》第 111 期,1937 年 5 月 1 日,第 722 页。

一、《论语》半月刊妇女观的特点

《论语》认为妇女有自己独特的个性，正如钱仁康所说：

我观察女性，是带着趣味的眼光的……

女性的言语最直率。……

女性们是健谈的；但她们不会作正襟危坐，苦口婆心之谈，也不会含吐纵横，滔滔雄辩。她们爱管人家的闲事，也爱说些不着边际的闲话。……

女性的思想的系统是固定的；她们的谈话，如长江大河，一泻千里，不可阻遏。……

有时候，女性的谈话又似短篇小说，没头没尾，没根没由……

口头的谈话当然比较随便些，但在她们的文字中间，也时常暴露着闪烁于瞬间的，未经过理智的整理的思想。……

女性们喜欢"肉麻"，是无可掩饰的事实。……

女性们的情感极容易兴奋，但一会儿注意力倾向到别的事情上去时，先前兴奋的情感又消散得无影无踪了。……

总之，女性的思想与情感是起伏于瞬息间的；但，离开客观的立场说一句闲话：女性们能把握住瞬息间的情感与思想，也许正是她们的天真活泼之处。……

女性们不仅能把握着现实，她们更能抓住过去与未来，她们善于"亡羊补牢"，也善于"临渴掘井"，更善于"未雨绸缪"。她们的生活中，多回忆，也多憧憬。……

同孩子们最能接近的是女性。因为她们本身就有点孩子脾气。——半个不随意，会躲在门角里哭泣；但不多一会又努着嘴笑了。她们喜欢讥笑人家的弱点,模仿人家的怪癖,口头语等,但并不是恶意的。

女性们常常把一件事情看得过分严重;她们在各方面的行为,多少总有些"小题大做"的……①

刊物认为妇女比较感性,能够把握住瞬间的情感和思想,因而有天真活泼之处;但同时妇女又好小题大做,关注日常而琐碎的事情,因而她们往往没有太大的作为。上述对妇女特点的分析有其合理和深刻的地方,但是也从根本上否认妇女在人类社会中所起到的举足轻重的作用,因而又带有浓重的男权色彩,《论语》正是以这种独特的眼光来审视民国时期妇女生活的。

《论语》对妇女的看法是传统的,但绝不是封建的。林语堂曾以"女论语无他,就是女人的理论与谈话"②,来解构中国封建社会规约妇女言行的训书《女论语》的权威地位,而且对国民政府以维持风化为由,颁布的各种妇女穿着打扮的规定条例表示反对。但与此同时,面对着现代化过程中城市妇女生活的新变化,《论语》认为应该适当地回归传统,提倡以贤淑典雅为美;重视贞操;对婚姻与两性关系持严肃谨慎的态度;维持婚姻家庭的和谐稳定等,以期恢复中国传统婚姻观和性道德中的积极因素,从而实现对五四以来所提倡的个性解放和妇女解放的反思。

但是,在反思现代化的过程中,《论语》也出现了消极悲观的心理,总看到事物的阴暗面并将其无限夸大,以致从根本上否认五四以来妇女解放的成果。如极力嘲讽城市妇女追求时尚和摩登的现

① 钱仁康:《咏女性》,《论语》第40期,1934年5月1日,第755~757页。

② 语:《女论语》,《论语》第21期,1933年7月16日,"论语"栏目,第749页。

象，简单地认为这只是妇女的虚荣心在作怪，而没有意识到这种现象的产生，也是妇女的生活态度和文化态度从传统转向现代的表征；夸大了男女之间爱情至上的盲目性，但是没有意识到自由恋爱是中国的伦理价值观从传统走向现代化的表现；片面地认为民国时期妇女以外貌和经济条件为择偶标准，而没有看到择偶标准的多元化对传统"门当户对"姻亲观念的破除；意识到传统的婚姻观和性道德中积极因素的缺失，从而彻底否定妇女教育的成果和职业选择，提倡妇女应该回归家庭做贤妻良母，又陷入了"牝鸡无晨。牝鸡之晨，惟家之索"(《尚书·牧誓》)传统伦理道德的窠臼。

二、《论语》半月刊妇女观的成因及评价

《论语》的灵魂人物是林语堂，所以他对妇女的态度直接影响着《论语》的社会文化妇女观。林语堂是由传统文人转化而来的现代文人，身上兼具中西文化的特点。林语堂6岁启蒙，父亲林至诚亲自教他四书五经、《声律启蒙》、《幼学琼林》；中学和大学分别就读于厦门教会学校寻源书院和圣约翰大学，后又留学美国、德国。从他的知识构成来看，既有中国传统文化的基因，又有西方现代科学文化的知识背景，这种杂糅中西文化于一身的特点，决定了林语堂既具有传统文人的特征，又有很强的现代性。这种复杂的文化基因，决定了他对于一切事物的看法都徘徊于传统和现代之间。

对于妇女的态度也兼具传统和现代的双重特性。林语堂成长于基督教的环境下，"它意味着对赞成女子受教育及反对立妾制度及缠足，保持明显而坚决的态度"①。加上慈爱的母亲、和善的二姐

① 林语堂：《林语堂名著全集》第10卷，第56页。

对他成长的影响，使得林语堂成为一个女性崇拜者，他曾说："我最喜欢同女人讲话。他们真有意思……我喜欢女人，就如她们平常的模样……"[①]当我们阅读林语堂的文学作品时，常常能感到他对女性的尊重、爱护和敬服之情。同时，林语堂也深受中国传统文化的影响，认为妇女最好的归宿是贤妻良母。他曾说："女中豪杰实际上比男性天才要少……对这些妇女来说，自我表现比生儿育女意义更重大。但对占多数的平常人来说，让男人去挣钱养家，妇女自己生儿育女吧！至于自我表现，我曾经见过一些自私自利、出身微贱、可怜倒霉的小家伙最后开花结果，成了温柔可爱、富有自我牺牲精神的母亲，成了她的子女眼中完善高尚的典型。我也看到过一些漂亮的姑娘，矢志不婚，30多岁即蜷缩枯萎，永远也没有达到女性美的第二阶段，没有能像秋天的树林那样辉煌、成熟，通人情而又光彩照人，尤其是一个幸福的妻子分娩3个月之后那个时期。"[②]字里行间透露出对母亲的赞美和崇拜。虽然林语堂赞成妇女接受教育、参与社会工作，但是他认为"不断增加的知识与教育是一大进步，是向理想女性的接近；但是我敢打赌，我们不会有（正如我们不曾有）世界著名的女钢琴家和女画家。我确信，她烧的高汤比她写得诗歌味道更好。她真正的巨著是那个脸蛋圆圆的小男孩。我心目中的理想女性，仍然是那聪明、温柔、坚定的母亲"[③]。而且，林语堂在现实生活中也身体力行，对妻子廖翠凤忠诚、容忍和敬爱。

---

① 语：《女论语》，《论语》第21期，1933年7月16日，"论语"栏目，第749页。

② 林语堂：《中国人（全译本）》，郝志东、沈益洪译，第115～116页。

③ 林语堂：《中国人（全译本）》，郝志东、沈益洪译，第118页。

以林语堂代表的从传统向现代转型的特殊文人群体，大多数人有良好的国学功底，对传统文化充满了眷恋感情，同时还系统地接受了西方科学文化知识，西方化色彩浓重，这批人在社会学和社会心理学上被称作“边缘人”。“由于国际联姻、出访、留学、移民等原因而生活于两种不同文化中的人，这种生活经历使他们几乎同时受到两种不同文化类型的影响、熏陶和教育。虽说他们的内心还存在着旧有价值系统和现存价值观念的冲突，但他们基本上摆脱和超越了本土文化，并能够更加客观、理智、清楚地认识自己民族和其他民族的文化差异”[①]。因而，面对民国时期城市妇女生活现代化过程中的负面效应，他们提出质疑和反思，认为五四以来的妇女解放运动已误入歧途，盲目地提倡爱情至上和性解放，已严重威胁着正常的家庭伦理和社会道德规范，所以主张恢复传统的婚姻观和性道德中的积极因素。

又由于“边缘人”具有转型人格的特点，它在新旧文化或本族文化与他族文化的碰撞、选择、冲突下导致人格分裂呈多变双重化的产物。边际人的心理处在一种失范状态，既有希望又常怀失望；既急需选择又别无选择；既要为适应新环境进行冒险，又要为承受旧传统付出忍耐；在边际人身上痛苦和憧憬并存，颓废和发奋同在”。因而，时常表现出复杂的矛盾心态，对于妇女的看法也是如此，“他们毫不容情地指出女性解放的不彻底，同时又为女性树立一个现代版的家庭主妇的榜样；同情于女子的处境，又以挑剔的目

① 周晓虹：《现代社会心理学：多维视野中的社会行为研究》，上海：上海人民出版社 1997 年版，第 534 页。

光审视着现代女子教育的成果”①。

可见,《论语》的社会文化妇女观是充满矛盾的,既坚决反对封建礼教对妇女的摧残和压迫、支持妇女的解放运动,又主张恢复传统的婚姻观和性道德中的积极因素;既尊重妇女的独立地位,又将妇女看作是男人的附属物,看不惯城市妇女摩登时尚的装扮和追求爱情至上、婚姻自主的行为,提倡妇女应该重视贞操和以婚姻家庭为重,并不时地流露出对知识女性和职业女性的反感等等。

---

① 郭晓鸿:《现代市民话语的文化形态——〈论语〉杂志研究》,博士学位论文,中国社会科学院现当代文学专业,2001 年,第 77 页。

结 语

《论语》在20世纪三四十年代的大众文化期刊中,一枝独秀,自成风流。它既是以林语堂、邵洵美为代表的文人群体展演其政治观点、文化理念和生活态度的一座舞台,又是反映民国时期政治、文化和社会生活的一扇窗口。通过这个舞台和窗口,可以清晰地窥见该文人群体的嬗变和民国社会的转型。出于表达自己和大众的声音的需要,也出于塑造品牌和开拓市场的需要,《论语》自觉不自觉地在某种程度上充当了夹缝中的"代言人"的角色。从社会文化传媒的角度看,《论语》十分典型地反映了近代中国传媒的世俗化、平民化和大众化倾向。

一、舞台:现代传媒视野中的文人群体

(一)《论语》半月刊文人群体的政治理想

《论语》创刊之始即推出幽默品牌,其主要目的就是要寻找一个既安全又有效的途径,来表达自己的政治理想。这一文人群体的政治理想是在中国建立起西方式民主和法制的政治文明,但是该政治理想与国民政府加强权威政治的理念发生剧烈的冲突。为了能够继续表达自己的政见,他们不得不采取委婉幽默的方式进行政治批评。

他们虽然标榜“不谈政治”，但是依旧抹不掉传统士人的文化基因，以道统自居，关心国家政治。对国民政府的伦理政治、符号和仪式政治及官僚政治展开了辛辣的讽刺与批评，但是，这些批评的性质是属于体制内、略带善意的批评，因为他们认为南京国民政府仍然是中国唯一合法的中央政府，要想实现自己的政治理想还要依靠国民政府。因而，从根本上说，这一文人群体承认国民政府的正统地位。

文人论政虽然有利于监督政府行为和遏制政治独裁，并起到一定舆论监督的作用，但是也有其不理性的一面，其中最典型的一例要算是误解国民政府提倡喇嘛教的真实用意。鲁迅先生早就意识到文人论政的缺陷，他说：“知识阶级对于别人的行动，往往以为这样也不好，那样也不好。先前俄国皇帝杀革命党，他们反对皇帝；后来革命党杀皇族，他们也起来反对。问他怎么才好呢？他们也没办法。所以在皇帝时代他们吃苦，在革命时代他们也吃苦，这实在是他们本身的缺点。所以我想，知识阶级能否存在还是个问题。知识和强有力是冲突的，不能并立的……”[①]可见，文人论政习惯于一切从理想出发，不考虑现实情况，虽然对政府各项政策批评得头头是道，但是真正让他们来管理国家的话，反而没有了主意。

（二）《论语》半月刊文人群体的文化理念

这一文人群体对中西文化有自己独特的理解，将孔子看作是平民文化的代表和幽默文化的始祖；将中国民间文化看作是一种艺术；还将外国文学看作是人类文化的精华，大力翻译和传播外国文学作品，加强中西文化的交流，以期建立新型文化。他们以开放

① 鲁迅：《关于知识阶级》，见《集外集拾遗补编》，《鲁迅全集》第8卷，第225页。

的心态接受西方文化的同时，也提倡保护中国民族文化的独特性；既大力引进西方幽默文学作品，又关注中国传统的民间文化习俗，体现出理性和平民化的文化立场。

同时，这一文人群体身处古今、中西、新旧多重文化交织的文化潮流中，他们既能深切感受到传统文化的没落与腐朽，又领悟着传统文化的内在魅力；理智上既能认识到向西方文化学习的必要性，情感上又倾向于中国的传统文化；既主张向西方学习，又反对媚外之风和外国人的侵略，从而陷入了文化选择的两难境地。由于传统与现代的多元价值观念同时起作用，这就在一定程度上造成了他们的思想混乱和抉择困难，以致出现了不协调的自我和角色。

（三）《论语》半月刊文人群体的道德观念

《论语》对妇女生活的看法表明，该文人群体的道德观念是传统的，但绝不是封建的。林语堂曾以“女论语无他，就是女人的理论与谈话”，来解构中国封建社会规约妇女言行的训书《女论语》的权威地位；而且对国民政府以维持风化为由，颁布的各种妇女穿着打扮的规定条例表示反对。但与此同时，面对着现代化过程中城市妇女生活的新变化，《论语》认为应该适当地回归传统，提倡以贤淑典雅为美；重视贞操；对婚姻与两性关系持严肃谨慎的态度；维持婚姻家庭的和谐稳定等，以期恢复中国传统婚姻观和性道德中的积极因素，从而实现对五四以来所提倡的个性解放和妇女解放的反思，为中国社会的现代化进程提供了可行的伦理价值观，有一定合理性。

但是，在反思现代化的过程中，他们也出现了消极悲观的心理，总看到事物的阴暗面并将其无限夸大，以致从根本上否认五四以来妇女解放的成果。如极力嘲讽城市妇女追求时尚和摩登的现象，简单地认为这只是妇女的虚荣心在作怪，而没有意识到这种现象的产生，也是妇女的生活态度和文化态度从传统转向现代的表征；夸大了男女之间爱情至上的盲目性，但是没有意识到自由恋爱是中国的伦理价值观从传统走向现代化的表现；片面地认为民国时期妇女以外貌和经济条件为择偶标准，而没有看到择偶标准的多元化对传统“门当户对”的姻亲观念的破除；意识到传统的婚姻观和性道德中积极因素的缺失，从而彻底否定妇女教育的成果和职业选择；提倡妇女应该回归家庭作贤妻良母，又陷入了“牝鸡无晨。牝鸡之晨，惟家之索”传统伦理道德的窠臼。

(四)《论语》半月刊文人群体的价值观念和生活态度

《论语》创刊的初衷是这一文人群体“吐闷气”的场所，起初依托于邵洵美经营的时代印刷厂，并没有考虑赢利问题，待到该刊大获好评之后，他们意识到《论语》的巨大商机，开始精心策划该刊的内容和风格。由于《论语》的读者群是由具备一定的文化知识、收入较好及一定社会知名度的“中产阶层”、公司职员和普通市民等市民阶层组成，所以他们适时地推出幽默品牌，加强刊物的娱乐性和可读性；开展悬赏征文活动，加强与读者的互动性；创办特色刊号，反映社会热点问题，以迎合市民阶层的文化需求。同时，还注意宣扬自己的文化理念，提升市民文化的品位。由此可见，《论语》的文人群体已经逸出传统文人的模式。中国传统文人是重义轻利的，是唯一可以做到“无恒产者亦可有恒心”的士人阶层，而《论语》文人则在考虑“义”的同时，也兼顾“利”的方面，加强刊物的大众化、世俗化和社会化倾向，以迎合市民文化的需要。通过对《论语》的分析，我们可以真切地感受到传统文人向现代文人转型的特征。

另一方面，这一文人群体经历过残酷的政治运动，对政治产生惧怕心理，从而转向消极避世的极端。以《论语》为舞台，宣泄人生苦闷和提倡休闲娱乐文化，以期在乱世之中找到自己的精神家园。他们提倡吸烟、品茗和午睡的好处，强调在宏大的革命叙事话语之外，还有去"革命化"的世俗文化。反映出了传统文人向现代文人转变的边缘化过程，并在这一过程中，表现出其苦闷的心情和尴尬的地位。

综上所述，不论是从政治理想、文化观念、道德观念、价值观念还是从生活态度方面来看，《论语》的文人群体都属于从传统到现代转型的知识分子。从社会学和社会心理学角度来看，他们扮演着一种"边际人"的角色。正像叶南客所说："边际人是在社会文化变迁或地理迁徙过程中产生的一种转型人格。它是在新旧文化或本族文化与他族文化的碰撞、选择、冲突下导致人格分裂呈多变双重化的产物。边际人的心理处在一种失范状态，既有希望又常怀失望；既急需选择又别无选择；既要为适应新环境进行冒险，又要为承受旧传统付出忍耐；在边际人身上痛苦和憧憬并存，颓废和发奋同在。"他们既处在传统之中，又置身于传统之外；既跨进了现代的门槛，又未完全投身于现代的怀抱，这种尴尬的地位，使得他们的心里充满着痛苦和挣扎。表现在行动上即是对任何事物的看法都存在着巨大的矛盾，既标榜"不谈政治"，又不断挑战政府的检查尺度；既要回归传统，又要传播西方文化；既支持妇女解放，又重视贞操；既宣扬自己的崇高理想，又注重实际的经济利益。

二、窗口：现代传媒视野中的民国社会转型

"杂志是伟大的注释家"，通过《论语》对民国时期政治、文化和

妇女生活的阐述，我们看到了民国社会的变迁。

（一）传统和现代杂糅的政治文明

《论语》详细刊载了国民政府恢复“尊孔读经”等伦理政治建设和利用“民族扫墓”、“总理纪念周”、“植树仪式”加强符号和仪式政治的做法，反映出了民国政治是传统和现代杂糅的政治文明。在民国政治领域中，并行存在着两套权力运作系统，一是根据西方近代政治体制中的“三权分立”原则和孙中山“五权宪法”思想建立的五院制；一是国民党一党专政。五院制合理地划分了各领域及职责，强调分权，而一党专制则强调集权，这就形成两个权力运作系统的矛盾和冲突，最终造成了国民党“弱势独裁”的局面。国民政府为了改变这种弱势独裁的政治局面，不得不向儒家文化寻找政治资源，恢复儒家“礼、义、廉、耻”的封建伦理道德以控制人民的思想；还利用个人崇拜的民众心理，进行“民族扫墓”、“总理纪念周”、“植树仪式”等意识形态日常化建构，以达到加强政治权威的目的。由此可见，国民政府加强政权建设的思路是回归传统，利用传统的政治资源来重新树立政治权威，这就造成了民国时期政治文明中传统和现代因素杂糅于一体的局面。

中国作为一个后发外生型现代化的国家，政治的现代化必须进行较大规模的政治体制与社会结构的转换，这样就会使政府陷于难以摆脱的两难困境。既试图进行现代化性质的政治改革，又不想丧失传统的政治文化对政治力量和社会资源的控制力，从而使其政权建设处于一种矛盾的状态之中。既要利用传统政治资源加强政府对政治的控制力，最终又想在中国建立现代民主和法治国家，从而造成民国时期政治建设的悖论。这种悖论表现为政治形式是民主的，内容则是封建的；政权建设的最终目标是建立民主共和国,但手段是传统的。该悖论一直困扰着国民政府,没有得到有效的解决。

(二)生活方式的现代化变迁

《论语》关注民国社会的中西方文化的交流和妇女生活的变迁,翔实而真切地反映出民国社会生活方式的现代化变迁。当时,西方文化大量传入中国,给中国社会带来了翻天覆地的变化。国外的生活习惯和观念大量涌入,与本土的文化和风俗相碰撞,形成富有现代意味的生活场景。中国人生活习惯日趋西化,提倡改洋名、说洋泾浜英语、穿西装、吃西餐、看电影、过洋节、跳舞、自由恋爱、文明结婚等等。其中,以城市妇女的生活和观念变化最为显著,她们穿洋服、高跟鞋、烫发、化妆;提倡男女交往自由开放;主张受教育和婚姻自由,这些都与中国传统文化中"三从四德"、"女子无才便是德"的观念发生冲突,在一定程度上也造成她们思想上的困惑。因而,民国时期女性自杀问题也是相当严重,也是中国社会由传统到现代的表征。

同时,《论语》还选刊大量介绍中国传统民俗的文章,真实再现了当时民俗变迁的情形。可见,民国时期,虽然西方文化在某些方面改变了中国的社会生活,但是却没有从根本上动摇民族文化的传统,民间风俗和社会礼仪仍有很强的生命力,如中国人依旧习惯于过旧历新年,坚持新年的风俗和食俗,体现了民族文化传统的顽强延续性。

三、夹缝中的"代言人":《论语》半月刊的历史定位

(一)夹在"左"、"右"之间

1930 年 3 月,中国左翼作家联盟在上海成立,共产党左的革命

文化阵营形成，与此同时，南京国民党政府也开始建构自己的政治文化以加强政府权威。面对着两种政治性质对立的精英文化阵营，《论语》试图建立革命与“民族主义”宏大叙事下的大众文化，标榜“不谈革命”，既不投向左，赞同无产阶级文学，也不满意“右”，接受南京国民政府的官方哲学，因而自觉不自觉地将自身置于两种权威文化的夹缝之中。但它并没有被边缘化，相反由于《论语》具有广泛的社会文化影响力，成为社会文化浪潮中的弄潮儿。

《论语》不惜力气宣传幽默文化，关注城市妇女的日常生活，消解孔子的圣人形象，关注民间风俗和民间艺术形式，提倡娱乐文化等做法，都是要在政治化的社会文化之外开拓非政治化的社会文化领域，塑造属于宏大叙事之外的日常生活话语符号及其社会文化权威。

（二）试图塑造社会权威形象

所谓“社会权威”是指在社会实践活动中产生出来的使人信服的社会力量和威望，或在某种社会范围内最有地位的社会成员和事物。社会权威的产生有其物质基础和客观必然性。它一般是基于个人或群体在某种社会活动中表现出超乎常人的能力、取得非常突出的成就；并得到社会公认，从而产生巨大的影响，甚至能对他人产生支配作用。有些社会权威则是基于掌握的权力或所处的地位而形成的。文化、科学、艺术、教育等各个领域都有各自的社会权威。

在当时，《论语》就试图建立自己的社会权威形象，并从刊物编辑、经营和内容上下功夫，以期博得广大读者的喜爱，增加市场占有量。其一，积极打造幽默品牌，发出刊物自己的声音；其二，封面设计和栏目编排独具匠心；其三，设置“群言堂”、“编读的短札”等栏目，加强与读者的交流和互动；其四，降低生产成本、扩大销售渠道,不断加大该刊的市场占有量;其五,关注社会生活的各个层面,充当各种代言人形象。在政治上,充当西方民主和法制的代言人,对南京国民政府的权威政治进行批判;在文化上,充当孔子的门人形象,以期取得文化权威的地位,充当民间文化的保护者,以对抗南京国民政府废除岁时节令的种种做法;在妇女问题上,充当传统伦理道德的发言人,以期改变和引领社会风气等等。

《论语》建构社会权威的努力在一定程度上取得了成效,并在社会上引起轰动的效应,正像鲁迅所说:“轰的一声,天下无不幽默和小品”,致使其读者群不仅地域分布广泛,而且身份多元,初步具备了大众文化性质,博得了广大市民阶层的喜爱。也正是由于《论语》建构社会权威的做法取得了成效,才使得该刊的创办和经营者获取了丰厚的利润回报;并在一定程度上形成了一个独立于政府之外的类似于“公共空间”性质的舆论场域,对南京国民政府的政治统治起到了一定的批评和监督功效。

四、近代中国传媒的世俗化倾向

从关注内容、刊物格调和办刊方式来看,《论语》都反映出近代中国传媒的大众化、世俗化和社会化的发展方向。首先,《论语》关注内容是社会热点和普通市民的日常生活。《论语》经常向读者发出征稿通知,如《论语社征求北平南京通信启事》、《低能校长》、《无能县长》、“谈漫步;闲谈;谈书籍;谈书”、《现代教育》、《论语与我》、“民间幽默故事”的《征文启事》、《记读经》、《记会考》、《本刊征文启事》、《鬼故事号征文启事》、《家的专号征文启事》、“灯的专号”征文、《癖好专号征文小启》、“吃的专号”征文、“病的专号”征文、“新年特大号”征文、“逃难专号”征文等等。征稿内容多涉及社会热点和普通市民的日常生活，经常刊载普通市民生活的感受和体会，具有浓厚的市民气息。

其次，《论语》始终保持着一种小资情调，这种小资情调正是市民生活的真实反映。它将自己定位为市民消遣的佳品，如《无聊哲学》一文中说："聪明之人——即世之先知先觉——乃有吸烟，喝酒，品茗，打牌，睡觉，逛马路，读《论语》……的种种办法。"[①]将《论语》与吸烟、喝酒、品茗、打牌、睡觉、逛马路等量齐观，其性质定位普通市民工作、生活之余，打发无聊时间的休闲方式。而且，该刊不断宣扬吸烟、品茗及喝酒等民间休闲方式的好处，如说"吸烟是无聊的上乘哲学。不解吸烟的妙处，简直是不知道人生的真味"[②]；喝茶是"人每每于饭饱、酒醉、疲劳过甚或忧愁莫解的时候，一旦遇有一杯芬芳适口的香茗，把它端起来咕噜咕噜的几口喝下去，其功用正如阿芙蓉膏之对于沮流气沮的黑籍朋友，能立刻的使其活跃鼓舞，精神焕发；又如深恶严冬困苦的人们，一到清朗明媚的春天，忽置身于清旷秀丽的境地，有谁能不陡觉那般清快怡悦的舒服，真无言可喻？"[③]；"人不能无愁的，酒就是销愁的绝品"[④]等等。这些充分表现出《论语》的市民化、世俗化和社会化的倾向。

最后，《论语》办刊方式采取编辑和读者共办的方式。自《论语》第113期起，邵洵美增设"编读的短札"栏目，用于刊登读者的来信。因为他们认为"要编好一个刊物，不应单由一二编辑做主，应该是编者与读者紧密合作，编者对来稿是编编读读，读者则不妨

---

① 于思作，《论语》第38期，1934年4月1日，第679页。

② 于思：《无聊哲学》，《论语》第38期，1934年4月1日，第679页。

③ 曙山：《说茶》，《论语》第15期，1933年4月16日，第537页。

④ 于思：《无聊哲学》，《论语》第38期，1934年4月1日，第680页。

读读编编,提供意见"①,以此加强刊物与读者之间的沟通和交流。该刊与读者的关系再也不是启蒙被启蒙的关系,而是站在同一平台上对话的关系。

《论语》充分体现出近代中国大众传播媒介的大众化、世俗化和社会化的发展方向,使得文化传播从特权阶层解放出来,出现了民间化的特点。文本创造者身份的普泛化、传播机制的市场化和文化接受的大众化,是前所未有的变革。它打破了封建正统文化、精英文化的传统,影响了近代中国文化的发展方向。②

"古今中外"汇融的民国时期孕育了《论语》,而《论语》又以十分活泼的"幽默文化"风格参与了民国社会从传统向现代的转型。其"幽默"特色和身处南京国民政府时期的传统文人之心路历程,至今仍令人回味。

---

① 林达祖:《我编〈论语〉的几点回忆》,《读者良友》(香港),1986 年第 6 期,第 66 页。

② 参见左玉河、李文平:《近年来中国近代社会文化史研究述评》,《教学与研究》,2005 年第 3 期,第 65 页。

参考文献

一、杂志、报刊

1.《论语》,1932年9月16日创刊,上海时代图书公司。

2.《申报》影印本,1932~1949年,上海书店1983~1985年版。

3.《中央日报》,1932~1949年,上海书店出版社、江苏古籍出版社1994年影印版。

4.《人间世》,1934年4月5日创刊,上海良友图书印刷公司。

5.《逸经》,1936年3月5日创刊,上海人间书屋。

6.《现代》,1932年5月创刊,现代书局。

7. 李求实主编:《上海报》,1929年4月17日创刊,中国共产党江苏省委员会出版。

8.《南京日报》,1989年1月17日。

9.《吉林日报》,2000年8月11日。

10.《金陵晚报》,2006年9月13日。

二、古籍

1.《尚书》

2.《孟子》

3.《孝经》

三、档案资料

1.《上海市军管会为军管时代印刷厂命令》,上海市档案馆:Q431—

1—208—18,1949年。

2.《上海军管会新闻出版处有关军管时代印刷厂报告》,上海市档案馆,Q431—1—208—32,1949年。

3.《时代印刷厂物资清册》,上海市档案馆,Q431—1—208—37,1949年。

4.《上海市时代图书公司〈时代画报〉、〈论语〉半月刊登记申请表》,上海市档案馆,Q6—12—88—56,1946年7月。

5.《上海市社会局关于办理时代图书公司复刊,合法登记证事与上海市社会局、中宣部、时代图书公司的来往文书》,上海市档案馆,Q6—12—88—61,1946年7月。

6.《时代印刷厂的概况调查》,上海市档案馆,Q78—2—15802,1947年1月。

7.《上海市社会局查禁其他书刊》,上海市档案馆,Q6—12—168,1949年4月。

四、资料汇编

1. 张静庐辑注:《中国近现代出版史料》现代乙编,上海:上海书店出版社2003年版。

2. 上海通社编:《上海研究资料》,上海:上海书店1984年版。

3. 吴汉民主编:《20世纪上海文史资料文库》第6辑,上海书店出版社1999年版。

4. 李文海主编:《民国时期社会调查丛编:婚姻家庭卷》,福州:福建教育出版社2005年版。

5. 上海书店出版社编:《〈论语〉选萃》10卷本,上海:上海书店出版社 1997 年版。
6. 白丁编选:《钓台的春昼——〈论语〉萃编》,上海:上海古籍出版社 1999 年版。
7. 柯灵主编,冯金牛编选:《午夜高楼——〈宇宙风〉萃编》,上海:上海古籍出版社 1999 年版。
8. 中国藏学研究中心、中国第一历史档案馆等编:《元以来西藏地方与中央政府关系档案史料汇编》,北京:中国藏学出版社 1994 年版。

五、工具书、地方志

1. 徐友春主编:《民国人物大辞典》,石家庄:河北人民出版社 2007 年版。
2. 阎纯德主编:《中国文学家辞典》现代第 5 分册,成都:四川文艺出版社 1992 年版。
3. 徐乃翔、钦鸿编:《中国现代文学作者笔名录》,长沙市:湖南文艺出版社 1988 年版。
4. 陈玉堂编著:《中国近现代人物名号大辞典:全编增订本》,杭州:浙江古籍出版社 2005 年版。
5.《上海通志》编纂委员会编:《上海通志》,上海:上海人民出版社 2005 年版。

六、文集、日记、回忆录和传记

1. 林语堂:《林语堂名著全集》,长春:东北师范大学出版社 1994 年版。

2. 林语堂:《行素集》,石家庄:河北教育出版社 1995 年版。

3. 林语堂:《林语堂自传》,工爻、张振玉译,西安:陕西师范大学出版社 2005 年版。

4. 林语堂:《中国人(全译本)》,郝志东、沈益洪译,上海:学林出版社 2006 年版。

5. 林语堂:《吾国与吾民》,黄嘉德译,西安:陕西师范大学出版社 2003 年版。

6. 林语堂:《从异教徒到基督徒》,谢绮霞译,西安:陕西师范大学出版社 2004 年版。

7. 朱光潜:《朱光潜全集》,合肥:安徽教育出版社 1987 年版。

8. 邵洵美著,陈子善编:《洵美文存》,沈阳:辽宁教育出版社 2006 年版。

9. 阿英:《阿英全集》第 2、4、6 卷,合肥:安徽教育出版社 2003 年版。

10. 中国社会科学院近代史研究所中华民国史组编:《胡适来往书信选》(中册),北京:中华书局 1979 年版。

11. 郁达夫:《郁达夫全集》,杭州:浙江文艺出版社 1992 年版。

12. 沈从文:《沈从文全集》,太原:北岳文艺出版社 2002 年版。

13. 陈福康、蒋山青编:《章克标文集》,上海:上海社会科学院出版社 2003 年版。

14. 章克标:《九十自述》,北京:中国文联出版社 2000 年版。

15. 盛佩玉著,邵阳、吴立岚编注:《盛氏家族·邵洵美与我:盛佩玉的回忆》,北京:人民文学出版社 2004 年版。

16. 老舍:《老舍自述》,北京:京华出版社 2005 年版。

17. 老舍:《老舍全集》,北京:人民文学出版社 1999 年版。

18. 孙中山:《孙中山选集》,北京:人民出版社 1981 年版。
19. 孙中山著,中山大学历史系孙中山研究室等编:《孙中山全集》第 2 卷,北京:中华书局 1982 年版。
20. 鲁迅:《鲁迅全集》,北京:人民文学出版社 2005 年版。
21. 曹聚仁:《文坛五十年》,上海:东方出版中心 1997 年版。
22. 曹聚仁:《我与我的世界》,北京:人民文学出版社 1983 年版。
23. 曹聚仁:《天一阁人物谭》,上海:上海人民出版社 2000 年版。
24. 施建伟:《林语堂传》,北京:北京十月文艺出版社 1999 年版。
25. 万平近:《林语堂传》,福州:海峡文艺出版社 1998 年版。
26. 万平近:《林语堂评传》,上海:上海远东出版社 2008 年版。
27. 邵绡红:《我的爸爸邵洵美》,上海:上海书店出版社 2005 年版。
28. 林淇:《海上才子:邵洵美传》,上海:上海人民出版社 2002 年版。
29. 郁云:《我的父亲郁达夫》,台北:兰亭书店 1986 年版。
30. 叶浅予:《叶浅予自传——细叙沧桑记流年》,北京:中国社会科学出版社 2006 年版。
31. 王兆胜:《林语堂正传》,南京:江苏文艺出版社 2010 年版。

七、专著

1. 陈望道编:《小品文和漫画:〈太白〉一卷纪念特辑》,上海:上海书店 1981 年版。
2. 姚公鹤:《上海闲话》,吴德铎标点,上海:上海古籍出版社 1989 年版。
3. 宋应离主编:《中国期刊发展史》,开封:河南大学出版社 2000

年版。

4. 戈公振:《中国报学史(插图整理本)》,上海:上海古籍出版社 2003 年版。

5. 子通主编:《林语堂评说 70 年》,北京:中国华侨出版社 2003 年版。

6. 杨义主笔,[日]中井政喜、张中良合著:《中国新文学图志》,北京:人民文学出版社 1997 年版。

7. 许道明:《插图本中国新文学史》,上海:上海古籍出版社 2005 年版。

8. 赵海彦:《中国现代趣味主义文学思潮》,北京:中国社会科学出版社 2005 年版。

9. 张岂之主编:《中国历史·晚清民国卷》,北京:高等教育出版社 2005 年版。

10. 熊月之主编:《上海通史》,上海:上海人民出版社 1999 年版。

11. 王儒年:《欲望的想像:1920 ~ 1930 年代〈申报〉广告的文化史研究》,上海:上海人民出版社 2007 年版。

12. 上海文艺出版社编:《中国新文学大系:1927 ~ 1937》第 1 集,上海:上海文艺出版社 1987 年版。

13. 钱锺书:《写在人生边上·人生边上的边上·石语》,北京:三联书店 2007 年版。

14. 吕若涵:《"论语派"论》,上海:上海三联书店 2002 年版。

15. 方平:《晚清上海的公共领域:1895 ~ 1911》,上海:上海人民出版社 2007 年版。

16. 陈明远:《文化人的经济生活》,上海:文汇出版社 2005 年版。

17. 杨乃济:《随看随写》,天津:天津古籍出版社 2002 年版。

18. 段宝林:《中国民间文学概要》,北京:北京大学出版社 2002 年版。
19. 周晓虹:《现代社会心理学:多维视野中的社会行为研究》,上海:上海人民出版社 1997 年版。
20. 郭于华主编:《仪式与社会变迁》,北京:社会科学文献出版社 2000 年版。
21. 钟敬文:《民俗学概论》,上海:上海文艺出版社 1998 年版。
22. 李喜所主编:《五千年中外文化交流史》第 4 卷,北京:世界知识出版社 2002 年版。
23. 李喜所:《中国近代社会与文化研究》,北京:人民出版社 2003 年版。
24. 柯平:《阴阳脸:中国传统知识分子生态考察》,北京:东方出版社 2004 年版。
25. 徐百尧:《中国文人:漠海孤帆》,兰州:甘肃人民出版社 1997 年版。
26. 周宪:《美学是什么》,北京:北京大学出版社 2002 年版。
27. 杨代春:《〈万国公报〉与晚清中西文化交流》,长沙:湖南人民出版社 2002 年版。
28. 侯杰:《〈大公报〉与近代中国社会》,天津:南开大学出版社 2006 年版。
29. 陈亚联编:《林语堂的才情人生》,北京:东方出版社 2006 年版。
30. 畅广元主编:《文学文化学》,沈阳:辽宁人民出版社 2000 年版。
31. 李剑鸣:《历史学家的修养和技艺》,上海:上海三联书店 2007 年版。
32. 刘志琴主编:《近代中国社会文化变迁录》,杭州:浙江人民出版社 1998 年版。
33. 李长莉:《晚清上海社会的变迁——生活与伦理的近代化》,天津:天津人民出版社 2002 年版。
34. 严昌洪:《20 世纪中国社会生活变迁史》,北京:人民出版社 2007 年版。
35. 余英时:《士与中国文化》,上海:上海人民出版社 2003 年版。
36. 余英时:《中国思想传统与现代诠释》,南京:江苏人民出版社 2004 年版。
37. 李康化:《漫话老上海知识阶层》,上海:上海人民出版社 2003 年版。
38. 马嘶:《百年冷暖》,北京:北京图书馆出版社 2003 年版。
39. 魏朝勇:《民国时期文学的政治想像》,北京:华夏出版社 2006 年版。
40. 朱晓进:《政治文化与二十世纪三十年代文学》,北京:人民出版社 2006 年版。
41. 张宝明:《多维视野下的〈大公报〉研究》,北京:商务印书馆 2007 年版。
42. 王亚南:《中国官僚政治研究》,北京:中国社会科学出版社 2005 年版。
43. 刘晔:《知识分子与中国革命》,天津:天津人民出版社 2004 年版。
44. 陈国庆主编:《中国近代社会转型研究》,北京:社会科学文献出版社 2005 年版。
45. 王兆胜:《闲话林语堂》,北京:中国国家广播出版社 2002 年版。
46. 罗荣渠:《现代化新论——世界与中国的现代化进程》,北京:北京大学出版社 1995 年版。

47. 王奇生:《党员、党权与党争:1924 ~ 1949 年中国国民党的组织形态》,上海:上海书店出版社 2003 年版。

48. 钱理群、温儒敏、吴福辉:《中国现代文学三十年(修订本)》,北京:北京大学出版社 1998 年版。

49. 廖超慧:《中国现代文学思潮论争史》,武汉:武汉出版社 1997 年版。

50. 张世珍:《论语时期的林语堂研究》,台北:文史哲出版社 1993 年版。

51. 刘心皇:《现代中国文学史话》第 3 卷,台北:正中书局 1979 年版。

52. 沈谦:《林语堂与萧伯纳:看文人妙语生花》,台北:九歌出版社 1999 年版。

八、外国译著

1. [美]梅尔文·德费勒(M. L. Defleur)、[美]埃弗雷特·丹尼斯(E. D. Dennis):《大众传播通论》,颜建军等译,北京:华夏出版社 1989 年版。

2. [法]马克·布洛赫(Marc Bloch):《为历史学辩护》,张和声、程郁译,北京:中国人民大学出版社 2006 年版。

3. [美]何天爵(Chester Holcombe):《真正的中国佬》,鞠方安译,北京:中华书局 2006 年版。

4. [德]哈贝马斯(Juergen Habermas):《公共领域的结构转型》,曹卫东等译,上海:学林出版社 2004 年版。

5. [美]沃纳·赛佛林(Werner J. Severin)、[美]小詹姆斯·坦卡德

(James W. Tankard, Jr.):《传播理论:起源、方法与应用》,郭镇之等译,北京:华夏出版社 2000 年版。

九、外国论著

1. Lin Yutang, *A History of the Press and Public Opinion in China*, Chicago: The University of Chicago Press, 1936.

十、论文

1. 林达祖:《我与邵洵美合编〈论语〉之回忆》,《新文学史料》,1997 年第 3 期。

2. 林达祖:《追念邵洵美》,《湖州师专学报》(社会科学版),1985 年第 2 期。

3. 林达祖:《出版家、翻译家、诗人邵洵美》,《南通师专学报》(社会科学版),1991 年第 4 期。

4. 章克标:《林语堂》,《明报月刊》(香港地区),1988 年第 3 期。

5. 章克标:《闲话〈论语〉半月刊》,《读者良友》(香港地区),1986 年第 6 期。

6. 章克标:《林语堂在上海》,《文汇月刊》,1989 年第 10 期。

7. 绡红:《黄苗子、郁风夫妇及丁聪谈邵洵美往事》,《新文学史料》,2006 年第 1 期。

8. 吴立岚:《读两篇记录章克标谈话的文章有感》,《湖州师专学报》(社会科学版),1985 年第 2 期。

9. 施建伟:《试谈前期的〈论语〉半月刊》,《天津社会科学》,1983 年第 4 期。

10. 施建伟:《林语堂幽默观的发展轨迹(论文摘要)》,《同济大学学报》(人文·社会科学版),1997年第1期。
11. 施建伟:《语丝派的分化和论语派的歧途——语丝派与论语派比较研究之一》,《南开学报》(哲学社会科学版),1984年第2期。
12. 施建伟:《论语派及〈论语〉的矛盾性和复杂性》,《中国现代文学研究丛刊》,1984年第3期。
13. 施建伟:《"左联"与论语派》,《社会科学》,1991年第3期。
14. 杨剑龙:《论幽默闲适小品创作热潮的滥觞与兴盛》,《社会科学辑刊》,2001年第3期。
15. 杨剑龙:《论语派小品文创作论》,《学术月刊》,2001年第9期。
16. 杨剑龙:《论语派小品文的闲适笔调论》,《中山大学学报》(社会科学版),2005年第2期。
17. 陈娇娥:《浅析〈论语〉杂志的文体风格》,《美与时代》,2005年第3期。
18. 陈娇娥:《论语:现代中国幽默的发源之地》,《厦门文学》,2005年第4期。
19. 郭晓鸿:《从〈论语〉鬼故事专号看现代中国的文化冲突》,《太原师范学院学报》(社会科学版),2004年第3卷第4期。
20. 郭晓鸿:《〈论语〉杂志的文化身份》,《文学评论》,2002年第2期。
21. 沈立行:《林语堂与三十年代的〈论语〉半月刊》,《纵横》,1999年第7期。
22. 沙望孙:《也谈林语堂和〈论语〉上的一首打油诗》,《纵横》,2000年第3期。

23. 郑建军、韦庆丽:《〈论语〉半月刊的常与变》,《山西师大学报》(社会科学版),2005 年第 6 期。
24. 谢其章:《历史的哈哈镜——〈论语〉杂志的"专号"》,《中国编辑》,2003 年第 6 期。
25. 俞王毛:《林氏刊物与海派文学》,《美与时代》,2005 年第12 期。
26. 万平近:《老舍与林语堂及其论语派》,《新文学论丛》,1984 年第 4 辑。
27. 陈学勇:《老舍、郁达夫与论语派》,《书屋》,1998 年第 1 期。
28. 许凤才:《郁达夫与〈论语〉》,《河北师范大学学报》(哲学社会科学版),1986 年第 3 期。
29. 徐型:《貌合神离:丰子恺与"论语派"》,《南通大学学报》(社会科学版),2005 年第 3 期。
30. 陈金淦:《评"论语派"》,《徐州师范学院学报》,1979 年第 3 期。
31. 吕若涵:《20 世纪 30 年代"小品文热"的文化学透视》,《广西师范大学学报》(哲学社会科学版),2006 年第 2 期。
32. 田青:《道家心性意识与"论语派"的文化编码》,《呼伦贝尔学院学报》,2004 年第 1 期。
33. 王小敬:《邵洵美研究综述》,《哈尔滨师专学报》,2000 年第 6 期。
34. 葛胜华:《点击"邵洵美"》,《现代语文》,2002 年第 8 期。
35.《毁家兴书的邵洵美》,《出版参考》,2004 年第 32 期。
36. 王京芳:《邵洵美年表》,《新文学史料》,2006 年第 1 期。
37. 张伟:《邵洵美和他的出版事业》,《中国编辑》,2006 年第 4 期。
38. 喜饶尼玛、扎西才旦:《试析抗日救亡运动中九世班禅在内蒙古的宣化活动》,《内蒙古师范大学学报》(哲学社会科学版),2005

年第5期。

39. 陈蕴茜:《时间、仪式维度中的“总理纪念周”》,《开放时代》,2005年第4期。

40. 陈蕴茜:《植树节与孙中山崇拜》,《南京大学学报》(哲学·人文科学·社会科学版),2006年第5期。

41. 左玉河、李文平:《近年来中国近代社会文化史研究述评》,《教学与研究》,2005年第3期。

十一、学位论文

1. 田焱:《〈论语〉杂志研究》,硕士学位论文,上海师范大学中国现当代文学专业,2006年。

2. 叶芳芳:《邵洵美的文艺探索之路——从〈狮吼〉、〈金屋〉到〈论语〉》,硕士学位论文,华东师范大学文学与传媒专业,2009年。

3. 韩爱萍:《邵洵美与〈论语〉杂志关系之探析》,硕士学位论文,杭州师范大学中国现当代文学专业,2011年。

4. 郭晓鸿:《现代市民话语的文化形态——〈论语〉杂志研究》,博士学位论文,中国社会科学院现当代文学专业,2001年。

5. 陈琳琳:《论三十年代林语堂及论语派的文学创作》,博士学位论文,复旦大学现当代文学专业,1999年。

6. 王京芳:《邵洵美和他的出版事业》,博士学位论文,华东师范大学中国现当代文学专业,2007年。

7. 蔡元唯:《林语堂研究:从政府的批判者到幽默的独立作家(一九二三~一九三六)》,硕士学位论文,“中国文化大学”史学研究所,2005年。

8. 郑颖:《五四新文学时期的小品文研究》,硕士学位论文,“中国文化大学”中国文学研究所,1996 年。

9. 黄怡静:《林语堂中文散文研究》,硕士学位论文,佛光人文社会学院文学系,2005 年。

10. 李丽英:《林语堂论语时期小品文研究》,硕士学位论文,台湾师范大学国文学系,2007 年。

11. 邱华苓:《林语堂〈论语〉时期幽默文学研究》,硕士学位论文,中正大学中国文学系,2002 年。

12. 邱华苓:《林语堂散文研究》,博士学位论文,“中国文化大学”中国文学系,2012 年。

13. 黄于真:《林语堂闲适思想之研究——以〈生活的艺术〉为据》,硕士学位论文,高雄师范大学国文教学硕士班,2004 年。

14. 宫以斯贴:《林语堂〈京华烟云〉(张译本)之研究》,硕士学位论文,“中国文化大学”中国文学研究所,1992 年。

15. 胡馨丹:《林语堂长篇小说研究》,硕士学位论文,台北东海大学中国文学研究所,1992 年。

16. 陈丽娟:《林语堂〈京华烟云〉研究》,硕士学位论文,“中国文化大学”中国文学研究所,2003 年。

17. 周怡伶:《林语堂小说研究》,硕士学位论文,台湾中山大学中国文学研究所,2008 年。

附　录

一、林语堂在《论语》半月刊上发表的文章

1. 无署名:《缘起》,《论语》第1期,1932年9月16日。
2. 语堂:《悼张宗昌》,《论语》第1期,1932年9月16日,“论语”栏目。
3. 语:《有驴无人骑》,《论语》第1期,1932年9月16日,“论语”栏目。
4. 语:《中政会先生未学算法》,《论语》第1期,1932年9月16日,“论语”栏目。
5. 语:《学者会议》,《论语》第1期,1932年9月16日,“论语”栏目。
6. 语:《中大得人》,《论语》第1期,1932年9月16日,“论语”栏目。
7. 语:《牛兰被审》,《论语》第1期,1932年9月16日,“论语”栏目。
8. 语:《图书评论多幽默》,《论语》第1期,1932年9月16日,“论语”栏目。
9. 语:《李石岑善言性与天道》,《论语》第1期,1932年9月16日,“论语”栏目。
10. 语堂:《读萧伯讷传偶识》,《论语》第1期,1932年9月16日,“有不为斋随笔”栏目。
11. 宰予:《弥罗妙文》,《论语》第1期,1932年9月16日,“书报介

绍”栏目。

12. 语堂:《答青崖论幽默译名》,《论语》第1期,1932年9月16日。

13. 语:《岁在壬申》,《论语》第2期,1932年10月1日,“论语”栏目。

14. 语:《一国三公》,《论语》第2期,1932年10月1日,“论语”栏目。

15. 语:《述而主义》,《论语》第2期,1932年10月1日,“论语”栏目。

16. 语:《汤尔和识见》,《论语》第2期,1932年10月1日,“论语”栏目。

17. 语:《蒋介石亦论语派中人》,《论语》第2期,1932年10月1日,“论语”栏目。

18. 语:《马克思风》,《论语》第2期,1932年10月1日,“论语”栏目。

19. 语:《中国何以没有民治》,《论语》第2期,1932年10月1日,“论语”栏目。

20. 语堂:《阿芳》,《论语》第2期,1932年10月1日。

21. 语堂:《跋童锡祜“卖国救国政策”》,《论语》第2期,1932年10月1日,“群言堂”栏目。

22. 语:《说难行易》,《论语》第3期,1932年10月16日,“论语”栏目。

23. 语:《思甘地》,《论语》第3期,1932年10月16日,“论语”栏目。

24. 语:《奉旨不哭不笑》,《论语》第3期,1932年10月16日,“论语”栏目。

25. 语:《〈申报〉〈新闻报〉之老大》,《论语》第3期,1932年10月16日,“论语”栏目。

26. 语:《涵养》,《论语》第3期,1932年10月16日,“论语”栏目。

27. 语:《半部韩非治天下》,《论语》第3期,1932年10月16日,“论语”栏目。

28. 宰予:《如何救国示威》,《论语》第3期,1932年10月16日,“论语”栏目。

29. 宰予:《拟某名流为李顿报告发表谈话意见》,《论语》第3期,1932年10月16日。

30. 无署名:《我们的态度》,《论语》第3期,1932年10月16日。

31. 语堂:《编者复函——答韩慕孙》,《论语》第3期,1932年10月16日。

32. 语堂:《读邓肯自传》,《论语》第3期,1932年10月16日,“有不为斋随笔”栏目。

33. 语堂:《答徐绪昌》,《论语》第3期,1932年10月16日,“群言堂”栏目。

34. 语堂:《答李宝泉》,《论语》第3期,1932年10月16日,“群言堂”栏目。

35. 语堂:《答×××小伙计》,《论语》第3期,1932年10月16日,“群言堂”栏目。

36. 语:《吾家主席》,《论语》第4期,1932年11月1日,“论语”栏目。

37. 语:《汪精卫出国》,《论语》第4期,1932年11月1日,“论语”栏目。

38. 语:《今年大可买猪仔》,《论语》第4期,1932年11月1日,“论语”栏目。

39. 语:《你不好打倒你之下文》,《论语》第4期,1932年11月1日,“论语”栏目。

40. 语堂:《尊禹论》,《论语》第4期,1932年11月1日。

41. 语堂:《九疑》,《论语》第4期,1932年11月1日。

42. 语:《文章五味》,《论语》第5期,1932年11月16日,“论语”栏目。

43. 语:《谁揠此苗?》,《论语》第5期,1932年11月16日,“论语”栏目。

44. 语:《哀梁作友》,《论语》第5期,1932年11月16日,“论语”栏目。

45. 语:《陈,胡,钱,刘》,《论语》第5期,1932年11月16日,“论语”栏目。

46. 语:《孔子亦论语派中人》,《论语》第5期,1932年11月16日,“论语”栏目。

47. 语:《粘指民族》,《论语》第5期,1932年11月16日,“论语”栏目。

48. 语:《颜任光之幽默》,《论语》第5期,1932年11月16日,“雨花”栏目。

49. 语:《刘熙亦幽默》,《论语》第5期,1932年11月16日,“雨花”栏目。

50. 语堂:《哥伦比亚大学及其他》,《论语》第5期,1932年11月16日,“有不为斋随笔”栏日。

51. 语:《编辑罪言》,《论语》第6期,1932年12月1日,“论语”栏目。

52. 语:《回也不愚》,《论语》第 6 期,1932 年 12 月 1 日,“论语”栏目。

53. 语:《司法得人》,《论语》第 6 期,1932 年 12 月 1 日,“论语”栏目。

54. 语:《寄怀汉卿》,《论语》第 6 期,1932 年 12 月 1 日,“论语”栏目。

55. 语:《捐助义勇军》,《论语》第 6 期,1932 年 12 月 1 日,“论语”栏目。

56. 语堂:《我的戒烟》,《论语》第 6 期,1932 年 12 月 1 日。

57. 语:《脸与法治》,《论语》第 7 期,1932 年 12 月 16 日,“论语”栏目。

58. 语:《新旧文学》,《论语》第 7 期,1932 年 12 月 16 日,“论语”栏目。

59. 语:《赋得迁都》,《论语》第 7 期,1932 年 12 月 16 日,“论语”栏目。

60. 语:《会心的微笑》,《论语》第 7 期,1932 年 12 月 16 日,“论语”栏目。

61. 语:《新年恭喜》,《论语》第 8 期,1933 年 1 月 1 日,“论语”栏目。

62. 语:《又来宪法》,《论语》第 8 期,1933 年 1 月 1 日,“论语”栏目。

63. 语:《得体文章》,《论语》第 8 期,1933 年 1 月 1 日,“论语”栏目。

64. 语:《文章无法》,《论语》第 8 期,1933 年 1 月 1 日,“论语”栏目。

65. 语:《十大宏愿》,《论语》第 8 期,1933 年 1 月 1 日,“论语”栏目。

66. 语:《祝寿》,《论语》第 9 期,1933 年 1 月 16 日,“论语”栏目。

67. 语:《笨拙记者受封》,《论语》第 9 期,1933 年 1 月 16 日,“论语”栏目。

68. 语:《个人的梦》,《论语》第 9 期,1933 年 1 月 16 日,“论语”栏目。

69. 语:《纸烟考》,《论语》第 9 期,1933 年 1 月 16 日,“论语”栏目。

70. 语堂:《谈牛津》,《论语》第 9 期,1933 年 1 月 16 日,“有不为斋随笔”栏目。

71. 语:《吃糍粑有感》,《论语》第 10 期,1933 年 2 月 1 日,“论语”栏目。

72. 语:《刘铁云之讽刺》,《论语》第 10 期,1933 年 2 月 1 日,“论语”栏目。

73. 语:《吸烟与教育》,《论语》第 10 期,1933 年 2 月 1 日,“论语”栏目。

74. 语:《无题》,《论语》第 10 期,1933 年 2 月 1 日,“论语”栏目。

75. 语:《唔笃走嚧》,《论语》第 10 期,1933 年 2 月 1 日,“雨花”栏目。

76. 语:《等因抵抗歌》,《论语》第 11 期,1933 年 2 月 16 日,“论语”栏目。

77. 语:《糍粑与糖元宝》,《论语》第 11 期,1933 年 2 月 16 日,“论语”栏目。

78. 语:《变卖以后须搬场》,《论语》第 11 期,1933 年 2 月 16 日,“论语”栏目。

79. 语:《适用青天》,《论语》第 11 期,1933 年 2 月 16 日,“论语”栏目。

80. 语堂:《强奸论语? ——答支先生》,《论语》第 11 期,1933 年 2 月 16 日,“群言堂”栏目。

81. 语堂:《答平凡先生》,《论语》第 11 期,1933 年 2 月 16 日,“群言堂”栏目。

82. 无署名:《天下第一不通文章》,《论语》第 12 期,1933 年 3 月 1 日,“论语”栏目。

83. 语:《萧伯纳与上海扶轮会》,《论语》第 12 期,1933 年 3 月 1 日,“论语”栏目。

84. 语:《萧伯纳与美国》,《论语》第 12 期,1933 年 3 月 1 日,“论语”栏目。

85. 语堂:《水乎水乎洋洋盈耳》,《论语》第 12 期,1933 年 3 月 1 日。

86. 语堂:《欢迎萧伯讷文考证》,《论语》第 12 期,1933 年 3 月 1 日。

87. 语堂:《再谈萧伯讷》,《论语》第 12 期,1933 年 3 月 1 日,“有不为斋随笔”栏目。

88. 语:《军歌非文人做得的》,《论语》第 13 期,1933 年 3 月 16 日,“论语”栏目。

89. 语:《斯斐恩斯之谜》,《论语》第 13 期,1933 年 3 月 16 日,“论语”栏目。

90. 语:《论佛乘飞机》,《论语》第 13 期,1933 年 3 月 16 日,“论语”栏目。

91. 语堂:《初期白话诗稿》,《论语》第 13 期,1933 年 3 月 16 日。

92. 林语堂:《谈言论自由》,《论语》第 13 期,1933 年 3 月 16 日。

93. 语:《中国究有臭虫否》,《论语》第 14 期,1933 年 4 月 1 日,“论语”栏目。

94. 语:《卢本斯戴恩轶事》,《论语》第 14 期,1933 年 4 月 1 日,“雨花”栏目。

95. 语:《编辑滋味》,《论语》第 15 期,1933 年 4 月 16 日,“论语”栏目。

96. 语:《说文德》,《论语》第 15 期,1933 年 4 月 16 日,“论语”栏目。

97. 语堂:《萨天师语录》,《论语》第 15 期,1933 年 4 月 16 日。

98. 语堂:《论文》,《论语》第 15 期,1933 年 4 月 16 日,“有不为斋随笔”栏目。

99. 语堂:《蚤虱辨:驳——答孤鸿先生》,《论语》第 16 期,1933 年 5 月 1 日,“论语”栏目。

100. 语堂:《答罗志希先生书》,《论语》第 16 期,1933 年 5 月 1 日,“群言堂”栏目。

101. 语:《梳,蓖,剃,剥,及其他》,《论语》第 17 期,1933 年 5 月 16 日,“论语”栏目。

102. 语:《金圣叹之生理学》,《论语》第 17 期,1933 年 5 月 16 日,“论语”栏目。

103. 语堂:《春日游杭记》,《论语》第 17 期,1933 年 5 月 16 日。

104. 语堂:《代邮》,论语第 18 期,1933 年 6 月 1 日。

105. 语:《民众教育》,《论语》第 19 期,1933 年 6 月 16 日,“论语”栏目。

106. 语:《哈佛味》,《论语》第 19 期,1933 年 6 月 16 日,“论语”栏目。

107. 语:《郑板桥共产党》,《论语》第 19 期,1933 年 6 月 16 日,“论语”栏目。

108. 语:《上海之歌》,《论语》第 19 期,1933 年 6 月 16 日,“论语”栏目。

109. 语:《答灵犀君论论语读法》,《论语》第 20 期,1933 年 7 月 1 日,“论语”栏目。

110. 语:《不要见怪李笠翁》,《论语》第 20 期,1933 年 7 月 1 日,“论语”栏目。

111. 堂:《醒世姻缘女男女五幕剧》,《论语》第 20 期,1933 年 7 月 1 日,“卡吞”栏目。

112. 语堂:《思满大人》,《论语》第 20 期,1933 年 7 月 1 日。

113. 无署名:《谈女人》,《论语》第 21 期,1933 年 7 月 16 日,“论语”栏目。

114. 语堂:《女论语》,《论语》第 21 期,1933 年 7 月 16 日,“论语”栏目。

115. 语堂:《给陈此生先生复信》,《论语》第 21 期,1933 年 7 月 16 日,“群言堂”栏目。

116. 语堂:《基础英文八百五十字》,《论语》第 22 期,1933 年 8 月 1 日,“论语”栏目。

117. 语:《大暑养生》,《论语》第 22 期,1933 年 8 月 1 日,“论语”栏目。

118. 语:《夏娃的苹果》,《论语》第 22 期,1933 年 8 月 1 日,“论语”栏目。

119. 语:《为洋泾浜英语辩》,《论语》第 23 期,1933 年 8 月 16 日,“论语”栏目。

120. 语:《说避暑之益》,《论语》第 23 期,1933 年 8 月 16 日,“论

语”栏目。

121. 语:《白克夫人之伟大》,《论语》第 24 期,1933 年 9 月 1 日,“论语”栏目。

122. 无署名:《婚嫁与女子职业》,《论语》第 24 期,1933 年 9 月 1 日,“论语”栏目。

123. 宰予译:《散文与诗》,法国莫利安著,《论语》第 24 期,1933 年 9 月 1 日,“西洋幽默”栏目。

124. 无署名:《论语周年秋兴有感》,《论语》第 25 期,1933 年 9 月 16 日,“论语”栏目。

125. 无署名:《世界标准英汉辞典之荒谬》,《论语》第 25 期,1933 年 9 月 16 日,“论语”栏目。

126. 无署名:《大荒集序》,《论语》第 25 期,1933 年 9 月 16 日,“论语”栏目。

127. 无署名:《论语录体之用》,《论语》第 26 期,1933 年 10 月 1 日,“论语”栏目。

128. 无署名:《可憎的白话四六》,《论语》第 26 期,1933 年 10 月 1 日,“论语”栏目。

129. 语堂:《论政治病》,《论语》第 27 期,1933 年 10 月 16 日,“我的话”栏目。

130. 语堂:《论文下》,《论语》第 28 期,1933 年 11 月 1 日,“我的话”栏目。

131. 无署名:《与陶亢德书》,《论语》第 28 期,1933 年 11 月 1 日,“我的话”栏目。

132. 语堂:《民国廿二年吊国庆》,《论语》第 28 期,1933 年 11 月 1 日。

133. 语堂:《答柳乃夫书》,《论语》第 28 期,1933 年 11 月 1 日,“群言堂”栏目。

134. 语堂:《答隐名先生书》,《论语》第 28 期,1933 年 11 月 1 日,“群言堂”栏目。

135. 语堂:《提倡俗字》,《论语》第 29 期,1933 年 11 月 16 日,“我的话”栏目。

136. 语堂:《我怎样买牙刷》,《论语》第 30 期,1933 年 12 月 1 日,“我的话”栏目。

137. 语堂:《答周劭“怎样做语录体文?”》,《论语》第 30 期,1933 年 12 月 1 日,“群言堂”栏目。

138. 语堂:《文字国》,《论语》第 31 期,1933 年 12 月 16 日,“我的话”栏目。

139. 语堂:《有不为斋解》,《论语》第 31 期,1933 年 12 月 16 日,“我的话”栏目。

140. 语堂:《答钱克顺书》,《论语》第 31 期,1933 年 12 月 16 日,“群言堂”栏目。

141. 语堂:《与德哥派拉书——东方美人辩》,《论语》第 32 期,1934 年 1 月 1 日,“我的话”栏目。

142. 语堂:《答高植书》,《论语》第 32 期,1934 年 1 月 1 日,“俗字讨论栏”。

143. 语堂:《论幽默(上、中)》,《论语》第 33 期,1934 年 1 月 16 日,“我的话”栏目。

144. 语堂题:《树犹如此》,丰子恺作,《论语》第 33 期,1934 年 1 月 16 日。

145. 语堂:《怎样写“再启”》,《论语》第 34 期,1934 年 2 月 1 日,

"我的话"栏目。

146. 林语堂:《论幽默(下)》,《论语》第35期,1934年2月16日,"我的话"栏目。

147. 语堂:《答郭绳武"幽默与诗教"书》,《论语》第35期,1934年2月16日,"群言堂"栏目。

148. 无署名:《宗教与藏府》,《论语》第35期,1934年2月16日,"我的话"栏目。

149. 语堂:《作文六诀序》,《论语》第36期,1934年3月1日,"我的话"栏目。

150. 语堂:《作文六诀》,《论语》第37期,1934年3月16日,"我的话"栏目。

151. 语堂:《再与陶亢德书》,《论语》第38期,1934年4月1日,"我的话"栏目。

152. 语堂:《发刊人间世意见书》,《论语》第38期,1934年4月1日,"我的话"栏目。

153. 语堂:《跋徐讦"谈中西艺术"》,《论语》第38期,1934年4月1日。

154. 语堂:《论西装》,《论语》第39期,1934年4月16日,"我的话"栏目。

155. 无署名:《论语文选序》,《论语》第39期,1934年4月16日,"我的话"栏目。

156. 岂青:《宣城植树记》,《论语》第39期,1934年4月16日。

157. 语堂:《语录体举例》,《论语》第40期,1934年5月1日,"我的话"栏目。

158. 语堂:《俗字讨论撮要》,《论语》第41期,1934年5月16日,

"我的话"栏目。

159. 语堂:《沓沓"穿中装才是怕老婆"书》,《论语》第 41 期,1934 年 5 月 16 日,"群言堂"栏目。

160. 语堂:《答王静"卸西装法"书》,《论语》第 41 期,1934 年 5 月 16 日,"群言堂"栏目。

161. 语堂:《答黄杰问"中郎尺牍"书》,《论语》第 41 期,1934 年 5 月 16 日,"群言堂"栏目。

162. 语堂:《言志篇》,《论语》第 42 期,1934 年 6 月 1 日,"我的话"栏目。

163. 语堂:《梦影》,《论语》第 43 期,1934 年 6 月 16 日,"我的话"栏目。

164. 语堂:《假定我是土匪(民国十五年旧稿)》,《论语》第 44 期,1934 年 7 月 1 日,"我的话"栏目。

165. 语堂:《我的话(行素集)序》,《论语》第 44 期,1934 年 7 月 1 日,"我的话"栏目。

166. 语堂:《一张字条的写法》,《论语》第 45 期,1934 年 7 月 16 日,"我的话"栏目。

167. 语堂:《山居日记》,《论语》第 46 期,1934 年 8 月 1 日,"我的话"栏目。

168. 语堂:《山居日记(续)》,《论语》第 47 期,1934 年 8 月 16 日,"我的话"栏目。

169. 语堂:《林语堂启事》,《论语》第 47 期,1934 年 8 月 16 日,"我的话"栏目。

170. 语堂:《有不为斋丛书序》,《论语》第 48 期,1934 年 9 月 1 日,"我的话"栏目。

171. 语堂:《四十自叙》,《论语》第 49 期,1934 年 9 月 16 日,“我的话”栏目。

172. 语堂:《狂论》,《论语》第 50 期,1934 年 10 月 1 日,“我的话”栏目。

173. 语堂:《沙蒂斯姆与尊孔》,《论语》第 51 期,1934 年 10 月 16 日,“我的话”栏目。

174. 语堂著:《买鸟》,《论语》第 52 期,黄嘉音译,1934 年 11 月 1 日,“我的话”栏目。

175. 语堂:《一篇没有听众的演讲:其一——婚礼致词》,《论语》第 53 期,1934 年 11 月 16 日,“我的话”栏目。

176. 语堂:《今译美国独立宣言》,《论语》第 54 期,1934 年 12 月 1 日,“我的话”栏目。

177. 语堂:《游杭再记》,《论语》第 55 期,1934 年 12 月 16 日,“我的话”栏目。

178. 语堂:《跋西洋幽默专号》,《论语》第 56 期,1935 年 1 月 1 日,“我的话”栏目。

179. 语堂译:《人生七记》,莎士比亚著,《论语》第 56 期,1935 年 1 月 1 日,“我的话”栏目。

180. 语堂译:《市场的苍蝇》,尼采著,《论语》第 56 期,1935 年 1 月 1 日,“我的话”栏目。

181. 语堂:《做文与做人》,《论语》第 57 期,1935 年 1 月 16 日,“我的话”栏目。

182. 语堂:《思孔子》,《论语》第 58 期,1935 年 2 月 1 日,“我的话”栏目。

183. 语堂:《纪元旦》,《论语》第 59 期,1935 年 2 月 16 日,“我的

话”栏目。

184. 语堂:《裁缝道德》,《论语》第60期,1935年3月1日,“我的话”栏目。

185. 语堂:《林语堂启事》,《论语》第62期,1935年4月1日。

186. 语堂:《教育罪言》,《论语》第62期,1935年4月1日,“我的话”栏目。

187. 语堂:《与徐君论白话文言书》,《论语》第63期,1935年4月16日,“我的话”栏目。

188. 语堂:《我不敢游杭》,《论语》第64期,1935年5月1日,“我的话”栏目。

189. 语堂:《广田示儿记》,《论语》第65期,1935年5月16日,“我的话”栏目。

190. 语堂:《摩登女子辩》,《论语》第67期,1935年6月16日,“我的话”栏目。

191. 语堂:《竹话》,《论语》第69期,1935年8月1日,“我的话”栏目。

192. 语堂:《论握手》,《论语》第72期,1935年9月16日,“我的话”栏目。

193. 语堂:《论语三周年》,《论语》第73期,1935年10月1日,“我的话”栏目。

194. 林玉堂:《最早提倡幽默的两篇文章:(一)征译散文并提倡“幽默”;(二)幽默杂话》,《论语》第73期,1935年10月1日。

195. 语堂:《谈米老鼠(有序)》,《论语》第75期,1935年11月1日,“我的话”栏目。

196. 语堂:《国事亟矣!》,《论语》第78期,1935年12月16日,“我的话”栏目。

197. 语堂:《记隐者》,《论语》第79期,1936年1月1日,“我的话”栏目。

198. 语堂:《外交纠纷》,《论语》第80期,1936年1月16日,“我的话”栏目。

二、邵洵美和盛佩玉的关系

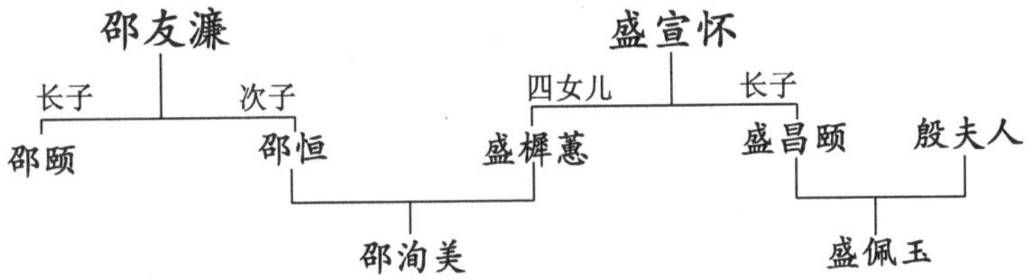

邵洵美原是邵友濂次子邵恒的儿子,后过继给长子邵颐,其生母盛樨蕙是盛宣怀与刁夫人所生,所以邵洵美是盛宣怀的外孙;盛佩玉是盛宣怀的长子盛昌颐与殷夫人所生,是盛宣怀的孙女,所以说,邵洵美和盛佩玉之间是姑表亲的关系。

后　记

本书是在我的博士论文《传统与现代的变奏——〈论语〉半月刊及其眼中的民国》的基础上修改而成。

回忆二十多年的求学之路，充满了太多的艰辛。幸运的是，每当我处于人生低谷时，都会碰到良师益友。2001 年，本科毕业后，我没能如愿以偿地考上研究生，但是求学的渴望依旧强烈。于是，我放弃了毕业分配的机会，全力复习考研。在那段日子里，好友孙爱民给了我太多的鼓励和支持。2002 年，我有幸遇到了兰州大学的赵俪生先生、赵絪老师和我的硕士导师王劲先生，他们都在生活和学习等各个方面，给予我无微不至的关心和照顾，为我走上治学之路打下了坚实的基础。2005 年，硕士毕业后，我荣幸地成为迟云飞先生的弟子，在跟随先生学习的三年时间里，我被先生严谨的治学精神和谦和的处事态度所折服。先生和师母对我的学习和生活给予了无微不至的关怀，尤其是先生在我的博士论文写作上倾注了大量心血，从最初选题、中期开题、文章框架的建构到最后修改，先生都严格把关，悉心指导。先生的严格指导既是论文质量的保证，也是我前进的动力，我将时刻铭记先生的谆谆教诲和殷切的希望。梁景和老师、魏光奇老师也都为我的论文提出了宝贵而切实的建议，他们的师长风范和治学气度是我永远学习的榜样。同窗刘文丽、殷定泉、刘永生、李俊领、肖寒、周侃和李洁冰等进取而乐观的学习态度,使我受益匪浅。在此,一并表达我对他们的谢意!

我之所以能成为一个幸运的人,是由于父母和爱人多年来给予我巨大的精神和物质支持。父母给了我最多的关爱,使我有机会自主地选择生活。我常年求学在外,为家里所做甚少,常深怀愧疚之情。爱人王小强是我求学之路上最坚强的后盾,他的坚强和上进一直支撑着我,使我不敢有丝毫的懈怠。

最后,我也要真诚感谢江苏科技大学马克思主义学院的各位领导在我工作以来对我的支持和帮助。

李英姿

2012 年 8 月 10 日

图书在版编目(CIP)数据

传统与现代的变奏:《论语》半月刊及其眼中的民国/李英姿著. —济南:齐鲁书社,2012. 11
ISBN 978-7-5333-2688-3

Ⅰ. ①传… Ⅱ. ①李… Ⅲ. ①期刊-研究-中国-现代 Ⅳ. ①G239.296

中国版本图书馆 CIP 数据核字(2012)第 260845 号

传统与现代的变奏
——《论语》半月刊及其眼中的民国
李英姿 著

出版发行	齊魯書社
社　　址	济南市英雄山路 189 号
邮　　编	250002
网　　址	www. qlss. com. cn
电子邮箱	qilupress@ 126. com
印　　刷	山东德州新华印务有限责任公司
开　　本	880mm×1230mm 1/32
印　　张	10. 75
插　　页	2
字　　数	269 千
版　　次	2012 年 11 月第 1 版
印　　次	2012 年 11 月第 1 次印刷
标准书号	ISBN 978-7-5333-2688-3
定　　价	31.00 元